日本遺産と播磨

Japan Heritage in Harima

播磨学研究所◉編

播但貫く、銀の馬車道 鉱石の道

資源大国日本の記憶をたどる73kmの轍

馬車道の終着点にあった飾磨津物揚場跡
（島内治彦撮影・姫路市文化国際交流財団提供）
今はモニュメントとして保存されている
（姫路市飾磨区）

旧馬車道沿いの町並み（市川町屋形）

生野鉱山寮馬車道跡の風景
（神河町吉冨付近）

生野鉱山坑道跡（朝来市生野町）　（前畑温子撮影）

市川沿いに残るトロッコ道跡（朝来市生野町）　（前畑温子撮影）

神子畑鋳鉄橋（朝来市佐嚢）

神子畑選鉱場跡
（朝来市佐嚢）

旧神子畑鉱山事務舎（ムーセ旧居）
（朝来市佐嚢）

明延鉱山坑道跡（養父市大屋町）

あかがね号

明延鉱山明神電車、通称「一円電車」
くろがね号

しろがね号

（写真はすべて前畑温子撮影）

荒波を越えた男たちの夢が紡いだ異空間

北前船寄港地・船主集落

坂越の町並み（赤穂市坂越）

室津港を上空から望む

北前船（弁財船）の復元模型
（室津海駅館）

「日本第一」の塩を産したまち
播州赤穂

旧日本専売公社赤穂支局（赤穂市立民俗資料館）
（赤穂市教育委員会提供）

赤穂の塩田を描いた名所絵図
（「西国名所之内　十二
赤穂千軒塩屋」）
（赤穂市立歴史博物館所蔵）

1300年つづく日本の終活の旅

西国三十三所観音巡礼

第二十六番札所
法華山一乗寺
三重塔
（加西市坂本町）

第二十七番札所
書寫山圓教寺　摩尼殿
（姫路市書写）

（写真はいずれも島内治彦撮影・
姫路市文化国際交流財団提供）

◇目次

＊本書は播磨学特別講座「日本遺産と播磨―銀の馬車道・鉱石の道と北前船」（２０１９年４月～12月）をもとに構成したものです。

「日本遺産」とは何か

村上 裕道

「日本遺産（Japan Heritage）」とは、地域の歴史的魅力や特色を通じて我が国の文化・伝統を語るストーリーを文化庁が認定するもの。そして、ストーリーを語る上で不可欠な魅力ある有形・無形の様々な文化財群を総合的に活用する取り組みを支援する制度です。日本遺産の認定は一〇〇件を目標に二〇一五年から始まった。そして、二〇二〇年六月の審査で総計一〇四件を認定し、一旦募集を中止しました。

日本遺産とは、見逃しがちな「日本の美」の再発見を通じ、多くの人に改めて日本各地の歴史的魅力と日本文化の素晴らしさを認識してもらうことと私は考えています。そして、これまでのように地域の文化財を文化財保護法の類型や指定の有無による視点から地域の歴史・風土・風習の視点から文化財を総合的に把握しようとしたところにその特色があると見ています。

◇――求める価値の変遷

本題に入る前に、日本人の求める価値の変遷について確認しておきたいと思います。姫路市が作成した「地域夢プラン」は、地域住民が中心となって、中学校区単位ごとに地域の歴史・文化・自然・伝統などの「地域資源」を掘り起こし、まとめたものです。最終的には市全体の計画にまとめ上げ、総合計画に活かしています。いわば「地域の思い」をまとめ上げたもので、姫路市の宝と言えるプラン（計画）です。その計画書では、「求める価値の変遷」について、次のように説明しています。戦後からしばらくは、「モノの豊かさ」を追い求め、その後、「心の豊かさ」を求める時代になった。そして、今は、暮らしの価値を、もう一度見直し、「場の豊かさ」にそれをどう繋げていけば良いかを考える時代になったと言っています。

姫路城大天守の平成大修理に関わらせていただいたときに、大天守の歴史的な価値を、その「場の豊かさ」にどのように結びつければよいか皆で考えておりました。一九六四年の大天守の修理のときには、それまで年間百数十万人を数えた見学者数が二〇万人を切り、城周辺の商店等からクレームが多数発生しました。一方、今回の平成修理では、貴重な修理中の見学機会を提供することで、一八四万人が見学されました。姫路市はそれに加えて、学習会や訪姫客を考えた行事を姫路城周辺で一年間に約二百イベントも実施しました。

さらに、修理を始める前には「今しか見れない姫路城」、工事中は「今しか見れない城の修理」ということで、エレベーターで上がって修理状況を常時見学できる施設を設けるなど、世界的にもユニークな修理現場となりました。そして、竣工後には「今しか見れない『白すぎ城』」というジョークに近いキャッチコピーを連発しました。場の魅力にチャンスという「時」を重ね訴えて、竣工一年目には、二八六万人の来城をみました。修理工事費が二四、五億円です。二八六万人来て、入場料千円、有料入場者八割ぐらいといたしましょう、一年間で修理工事費相当になるでしょう。つまり、歴史文化が経済活動に直結する時代になっているのです。単に「歴史文化はいいものだ」程度に見て、そういうことを認識しないでいると、時代を読み間違えます。歴史文化を大切にして、魅力の表現につなぐ努力をすれば、沢山の人が興味を持ち、来てくれることを実体験いたしました。

地域夢プランは二〇〇四年からはじめています。「場の豊かさ」を考え、地域の思いとは何かを追い求めておられた。そういう取り組みが、城を中心とした各種の活動へとつながり、その一つとして「今しか見れないシリーズ」のような経済活動にもつながったと見ています。つまり、「場の豊さ」を考える基本的な姿勢に、インバウンド等、観光ビジネス分野の嗜好が寄ってきつつあると見ています。

◇――加速度的に変わる社会状況

次に、なぜそんなことを考えなければいけないのでしょう、現状の分析に入ります。東京圏、大阪圏、名古屋圏の三大都市圏の人口流入調査によると、現状では名古屋圏・大阪圏への流入人口増はありません。東京圏だけに人口が流入していることがわかります。

そして兵庫県では、県作成の二〇四〇年の市町単位の人口予測によると、県北部・西部・淡路島で人口が約六割になり、県内でも人口移動が起きると予測されています。

問題はそれだけではありません。一生懸命働いて建てた家も、使う人がいないと空き家になってしまう。兵庫県内だけですでに空き家が三六万軒、全国で見ると八二〇万軒（二〇一五年調査）あります。それらには、文化財の対象と考える五〇年以上経過した伝統的な工法で建てられた建物、地域の歴史文化を表現する建物も多く含まれることに注意すべきです。家は十年使わなければ屋根に穴があきます。屋根に穴があけば腐り始めます。皆さんが一生懸命建てた家が最終的に潰れるようなことが、今起きつつあるのです。

一方、内閣府は毎年、何に「日本の誇り」を感じるかの世論調査（社会意識に関する世論調査）をしています。時代の感性を考えるのに大切な調査です。「日本の誇りとは？」の問いに、「治安のよさ」が一位を示し、その次に「美しい自然」「すぐれた文化や芸術」「長い歴史と伝統」が続きます。これらが常に上位を占めています。「治安のよさ」については、二〇一一年を境に急激に支持が伸びました。東北大震災時の日本の治安のよさに海外の人は驚き、日本人も再認識しました。「美しい自然」は、例えば、森の場合ですと放っておけば原生林になって人が入れなくなりますから、必ず人が管理している自然を意味するのでしょう。「すぐれた文化や芸術」のなかには歴史的、文化的なものを大切にする活動も入ってきます。「長い歴史と伝統」には、お祭りや行事、お寺や神社など、文化財が大切だということを示しています。これら三項目は、調査が示す初期（一九九〇年代初頭）には、あまり支持されていなかったが、その後、徐々に支持率が上がってきました。五年前ころには、前述の状況となり、その後ほとんど同じで変わっていません。日本人はこれら項目を大切にしたいと思っており、今後も変わらず続くものと推測しています。

ということは、先ほどの、空き家が増えて困っているという「現実」と、「美しい自然」「すぐれた文化や芸術」「長い歴史と伝統」が誇りだという「思い」とがずれ始めているということでしょうか。

地域計画を専門とする先生に、「住環境」「景観、歴史的環境」「福祉、経済、環境共生」という三項目が地域計画の中でどのようにつながっているかを見るために、「兵庫の市民まちづくりの展開・まちづくり年表」を作成してもらいました。一九七〇年代からの調査報告書を丹念に見てもらい、住環境と歴史的環境が一九八〇年代で融合し始めたこと。一九九五年の阪神・淡路大震災以降にそれに加えて環境共生や福祉が融合してきたこと。つまり一九九〇年代の中頃から、地域を考えるときに歴史や文化が基本項目となっていることを確認しました。

このような社会状況の変化を踏まえ、指定文化財の所有者の管理状況を見てみると、国・都道府県・市町村指定文化財、一三万八五六一件（二〇一八年調査）の内、全分野の文化財では、宗教法人と個人所有が過半を越え、建物では約八割でした。つまり、宗教法人有の場合は地域のコミュニティが維持をあきらめると、お堂の存続は困難となり、個人有では、その家庭が維持をあきらめると、なくなります。問題は、これら指定文化財の八割強が人口の減っていく地方にあることです。日本国内にある指定文化財の存続基盤が弱体化しつつあることを国も認識しており、国宝や重要文化財等の管理について、地域総がかりでの管理手法を導入したところです。一方、文化財の指定にもなっていないが、皆さんが大事にしている身近な歴史的、文化的な遺産はどのように維持していけば良いのでしょう。皆さんの「思い」と「現実」とがずれ始めていることを踏まえ、考えないといけない。そういう時代になってきたことをまず最初にご理解願いたいと思います。

◇──観光客の動向

二〇一七年の観光競争力レポートによると、世界的に見て日本の観光ランキングはスペイン、フランス、ドイツに次いで四番目です。アジアでは一番です。とくに評価されているのはユニークな日本の文化観光です。日本の文化資源はオリジナリティがあり、競争力があります。

訪日外国人旅行者数は、二〇一三年には、一〇三六万人でしたが、二〇一八年には、三一〇〇万人を超えます（日本政府観光局記者発表資料）。五年間で三倍の規模（人数）となった、驚異的な分野です。また、外国人旅行者は、関西では主に京都・大阪で消費するようです。京都・大阪のホテルの客室稼働率は七〇％以上（都道府県別客室稼働率　平成二九年一二月第二次速報値より）で、大阪は夏場に近づくと九〇％ぐらいになります。一方、兵庫県は六〇～六五％未満です。

また「京都　入込客数・観光消費額及び外国人宿泊客数の推移（京都府商工労働観光部観光政策課記者発表資料）」を見ると、京都市内の一人当たりの客単価は八八二八円（一九九六年）から一万三〇九五円（二〇〇六年）に伸びています。一方、京都市外の一人当たりの単価は二三〇八円（一九九六年）から一八一七円（二〇〇六年）に落ちています。先ほどの客室稼働率とも合っています。海外の人は魅力たっぷりな京都市内に集中しています。私自身、京都市バスを使って通勤しておりましたが、朝の京都市バスは外国人観光客で通勤客が困るぐらいでした。一方、この間、京都市が地道に取り組んできた「京都ブランド」の発信努力を考える必要があります。同市内の博物館・資料館等の数（京都市内博物館施設連絡協議会への加盟館数）を調べましたところ、この約二〇年の間で館数がほぼ二倍に増えておりました。さらに、各種伝統文化の体験プログラムも開発されたことを見る必要があります。

日本政府としては、今の二倍の六千万人の訪日外国人旅行者を考えています。まわりに広げていかないかぎり、京都市内など、現在集中しているところだけでは、六千万人を処理できません。京都近傍の地域は、京都市が行ってきた地道な努力を熟考する必要があります。

◇——国と民間の取り組み

我が国の社会状況は大きく変化し、政治・経済のグローバリゼーションの進展や過疎化や少子高齢化の進展等による地域社会の衰退に伴い、文化財の継承の基盤となるコミュニティ自体が脆弱化しています。地域の文化多様性の維持・発展が脅かされつつある状況になってきました。一方、日本人の意識として、歴史文化や伝統を大事にしたいと考えるようになってきました。さらに、海外の方も日本の文化に魅力を感じ、多くの人が来訪するようになってきました。その数は六千万人を想定するまでとなり、近い将来、地方に所在する文化財を始めとした地域の歴史文化を如何に活用するかが、地域に所在する文化財等の継承へのキーワードとなってまいりました。

上記の状況を踏まえ、地域文化の厚みが重要と見る文化庁は、二〇一五年に文化財等の個別単体の価値から考えるのではなく、地域の文化を総合的に表現する必要があると考え、「文化財総合活用戦略プラン」を立てました。その内容は①「世界文化遺産の活用の推進」②「『日本遺産』認定の仕組みの創設・活用支援」③「地域の歴史的文化資源の活用」④「観光客増加に向けた情報発信の強化」です。それまで文化庁は文化財の保存を唱導しておりましたが、文化財の継承力強化のために活用を前面に押し出す方針に大きく舵を切ったわけです。

さらに、内閣府でも「国家戦略特区」として、地域活性化や国際観光等の推進を目指して、古民家等の活用のための建築基準法の適用除外等や、歴史的建築物に関する旅館業法の特例を設けました。二〇一七年には「未来投資戦略」において、古民家等の歴史的資源を活用した観光まちづくりについて言及するまでとなりました。

政府としても古民家などの地域の歴史的文化資源を観光に生かすためのファンド（資金を提供するためのシステム）をつくり始めました。また、地方創生に向けた小規模不動産特定共同事業制度を創設して、小さな建物の多い古民家など、小規模不動産の売買事業がしやすくなるように資本金を下げました。さらに、料理人等の育成を行い、地方への人材流動の促進を考えました。そして、ＤＭＯ（観光地域づくり法人）という観光地域づくりをマネジメントするための組織まで制度設計いたしました。法律的にもかなり変わってきました。

兵庫県も、「地域に眠る歴史的文化遺産を発見し、保存し、活用し、まちづくりに活かす能力を持った人材」であるヘリテージマネージャーの育成に取り組んでまいりました。この二〇年で育成活動（約四千人を育成）は全国に拡がり、四四都道府県が取り組むまでになりました。国土交通省も、魅力ある観光まちづくりに向けて、古民家など歴史的建築物の活用を図る地方自治体を支援するため、ガイドラインを新たに作成しました。地域の古民家など、歴史的建築物をうまく利用できるように、制度的な調整を行うまでになっています。

器としての歴史的建築物を安全に現在社会で活かせるよう制度的整備も推進され、マネジメントを司る組織（ＤＭＯ）の導入、そして、プレイヤーの養成へと総合的な取り組みを示すところまで整備されてきました。そのような大きな流れのなかで、その重要な柱として「日本遺産」が創設されたわけです。

◇――日本遺産

今まで文化財といえば、甲冑だ、神社だ、お寺だと、個々ばらばらにその価値を述べる、いわゆる単品主義を基本としていました。それでは地域の歴史文化を味わいに来られた人は、地域を全体として堪能できないし、地域としても魅力をどのように伝えるか、悩むところでした。そこで「日本遺産」という名前を付して、地域の歴史文化の特徴を一つのストーリーとして各構成資産（それぞれの文化財や歴史文化遺産）を結びつけて、わかりやすく、表現しようと考えたのです。

日本遺産に認定するストーリーの審査では、以下の観点から総合的に判断されています。①

興味深さ　②斬新さ　③訴求力　④希少性　⑤地域性　の五項目です。

日本遺産の計画イメージとして、たとえば北前船寄港地のケースで考えましょう。北前船に着目して見ると、その当時の寄港地には、北前船の船主などが寄進した神社や絵馬などが残り、港まちには遠くの町の特産品などが見られる。それぞれに由来を語る物語があり、それらは大阪から北海道までつながる話になります。また、六古窯という呼び名があります。特に古くからある窯業の里を指し、兵庫県内では立杭焼の丹波篠山、それから、備前焼、有田焼などが「六古窯」と呼ばれておりました。その古窯に着目して六つの窯業の里を結びつけた「旅する、千年、六古窯」として、日本の窯業の成り立ちをストーリーとしました。日本遺産として訴求力もあり、興味深さ、斬新さなど、上記五項目を示すということになります。このように、地域の文化財をストーリーで特徴・特色化したり、多地域を一つのストーリーで結んで戦略的発信を試みるなど、それら体制を創造していくことが日本遺産として取り組む内容です。

二〇一七年に文化芸術基本法が改正されました。文化財保護法の上位法令である、基本法です。その改正の趣旨を見ると「観光、まちづくり、国際交流、福祉、教育、産業その他の関連分野における施策を法律の範囲に取り込むこと（第2条10項に記載）」と言っています。つまり文化芸術そのものの振興を考えることから、文化芸術の振興によって、観光、まちづくり、福祉、教育等への実効性のある貢献策を考えなければならない、と基本法の改正の趣旨に謳っているのです（図1）。私はこれら六つの分野の展開には順序があると見ており、教育や社会包摂等の福祉はより基盤的な分野になると見ています。

言い換えれば、国と民間の取り組みで見たように、他分野も歴史文化を大事な項目とした組み立てに代わってきており、文化財を福祉、産業、観光、まちづくりといった分野で活かせるようにすれば、より文化財の継承もしやすくなるということです。大局的には文化財の活かし方も「場の豊かさ」を求める姿も、考え方が一致することもわかってきました。

そして文化財保護法そのものも改正されました。新しい法律が二〇一九年四月に施行されたところです。画期的であるところは、これまで文化財所有者に継承をお願いしていた取り組みから、文化財を継承するため、「文化財保存活用支援団体」や「文化財保存活用地域計画」が制度化されたことです。活用と保存が一体となって、民間の支援団体も制度的に位置づけ、行政と民間組織、住民が一体となって守れるよう、地域総がかりで文化財を次の世代に継承していく方策を本気で考えようとしているところです。

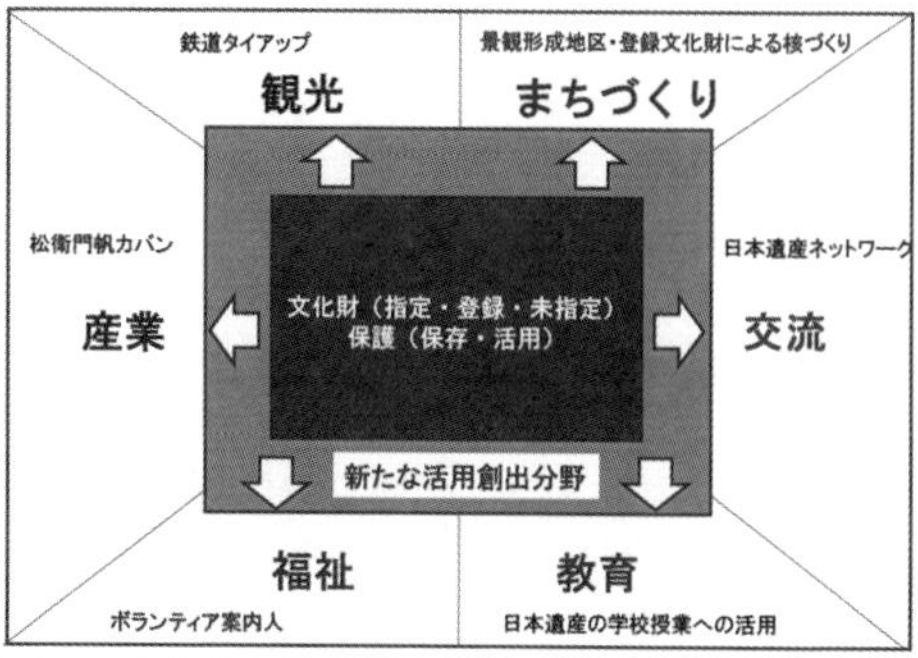

図1　文化芸術基本法が求める実効性のある貢献策を提示すべき分野

地域における文化財の総合的な保存・活用の全体イメージというのは、国が指針を示し、都道府県が「大綱」を策定し、市町村は「文化財保存活用地域計画」を制定するというものです。地域で文化財を位置付けるため「文化財保存活用地域計画」をつくり、その活用を図るため「文化財保存活用支援団体」をきちんと位置付けようとするもので、実施している市町村には国が支援するシステムです。

「日本遺産」についてまとめましょう。我が国の文化財行政は、これまで、文化財保護法にもとづき、国宝、重要文化財、史跡名勝天然記念物など文化財の類型ごとに指定等を行うことにより、いわば〝点〟として保存・活用を図ってきました。一方、地域における文化財のより効果的な保存・活用を図るためには、文化財のその類型を超えて総合的に把握し、それらを一定のテーマやストーリーの下で捉えることが有効であることを確認しました。そして、国は、ついに法律改正を行い、法定計画である『文化財保存活用地域計画』を導入しました。その実施施策の一つとして、地域の歴史的魅力や特色を通じて我が国の文化・伝統を語るストーリーを「日本遺産（Japan Heritage）」として認定し、ストーリーを語る上で不可欠な魅力ある有形・無形の文化財群を総合的に活用する取り組みを支援する事業を創設した、ということです。

兵庫県では、二〇一五年の日本遺産第一回認定のときに丹波篠山市の「丹波篠山 デカンショ節」が認定されました。そして、淡路市・洲本市・南あわじ市の淡路島一体で「『古事記』の冒頭を飾る『国生みの島・淡路』」、姫路市・福崎町・市川町・神河町・朝来市・養父市の「播但貫く、銀の馬車道 鉱石の道」が認定されました。さらに、高砂市・新温泉町・赤穂市・たつの市・姫路市・洲本市・神戸市が「荒波を越えた男たちの夢が紡いだ異空間」として、北前船寄港地が日本遺産になりました。また、先ほどの「きっと恋する六古窯」（丹波篠山市）、「一三〇〇年つづく日本の終活の旅—西国三十三所観音巡礼」（宝塚市・加東市・加西市・姫路市）、「『日本第一』の塩を産したまち 播州赤穂」（赤穂市）、「日本海の風が生んだ絶景と秘境—幸せを呼ぶ霊獣・麒麟が舞う大地」（香美町・新温泉町）そして、大取として、「『伊丹諸白』と『灘の生一本』下り酒が生んだ銘醸地、伊丹と灘五郷」（伊丹市・尼崎市・西宮市・芦屋市・神戸市）が認定され、兵庫県の日本遺産は九つで、最多県となりました。

◇——丹波篠山 デカンショ節—民謡に乗せて歌い継ぐふるさとの記憶

認定前半の、私が計画立案に関与した、ストーリーを中心に兵庫県内の日本遺産の事例をお伝えしたいと思います。まず丹波篠山市ですが、「丹波篠山　デカンショ節」と題して、「城下町として栄えた丹波篠山の地には、江戸時代の民謡を起源とするデカンショ節によって、地域のその時代ごとの風土や人情、名所、名産品が歌い継がれており、地元の人々は、民謡の世界そのままにふるさとの景色を守り伝え、（中略）そして、毎年新たな歌詞を生み出し、今や三百番にも上るデカンショ節を通じ、丹波篠山の街並みや伝統をそこかしこで体験できる世界が展開している」と、丹波篠山の歴史文化における興味深さ、希少性、地域性をデカンショ節に載せて訴えております。

同地は、歴史文化を保護する取り組みが、二〇〇四年に城下町地区の篠山重要伝統的建造物群保存地区（以下、重伝建地区）の選定に結実し、その後、福住重伝建地区、そして、丹波篠山市歴史文化基本構想の策定など、歴史文化を活かしたまちおこし事業に転開し、古民家の再生など新たな動きを産むまでになってきておりました。日本遺産の制度ができた時も発信力の強化になると早速に考えたことを覚えています。

この計画でおもしろいのは、いま三百番ぐらいになっているデカンショ節ですが、今後も自分たちが大切に思うものを歌詞に載せて次世代に伝えようとしていることです。過去からの遺産を未来へつなぐ、こんなツールを持っているところは、日本国中探してもありません。そういう独特な発想をもつデカンショ節を捉えなおして、日本遺産へ昇華しようということになりました。

日本遺産を構成する資産はデカンショ節の歌詞から抜き出されています。そして、核となる構成資産として、篠山重伝建地区内の古民家（町屋）があげられています（写真1）。町屋の内、空き家はホテルに活用され、ＰＲ紙に載せる。そして、オリジナリティ豊かな地域の古民家の出窓から祇園祭の山車が目の前を通る、その劇的な空間を体感できます、と説明する。町屋という歴史的な建物と伝統的な祭が一緒になった姿は、魅力的ですね。

一方、核となる構成資産である町屋を継承するための努力も見ておく必要があります。重要な伝統的な町屋について、古建築関係の専門ＮＰＯであるヘリテージマネージャー組織が「町屋の健康診断」一覧表を作り、安全管理状況を把握しております。このデータを基に、行政、専門ＮＰＯ、自治会や所有者の要望を入れて、町屋の維持修理方策の検討をしているところです。また、町屋で火災が起きたことがありましたが、火災直後に、近隣住民が企業へ寄付を募って焼失した町屋を復旧しました。来訪者への配慮というよ

写真１（上）活用修理された古民家 町屋ホテル NIPPONIA
（下）篠山重伝建地区のまちなみと山車（丹波篠山市教育委員会提供）

り、災害が起きてもすぐさま立ち直るところを自分たちが互いに確認し合ったという感じでした。そして、火元の家には、復旧後に子どもが戻ってきました。周囲の高齢者は次世代が戻ってきたことに意を強くしたというところでした。このような努力が、まちの魅力に影響するのだと思います。

さらに、考えさせられる事例をお伝えします。史跡篠山城内には、木造の篠山小学校が残っております。一時、鉄筋コンクリートの校舎に建て替えようとの声が上がりましたが、祖父母、父母、子どもの三世代が使ったその木造の校舎を命ある限り使い続けようということで、建て替えではなく木造のまま耐震補強を行うことになりました。竣工が近づいたとき、じいちゃん、ばあちゃんから、父兄から、みんなで掃除をされました。私の知人や教師に聞きましたが「こんな光景は見たことが無い」と言っていました。これらの事例を通して感じることは、日本遺産のストーリー展開には、歴史文化をまちづくりに活かす住民の感性が、重要な機能をはたしていることに気がつきます。

また、丹波篠山の「ストリートアートフェスティバル」では、重伝建地区の修理成った町屋の土間をギャラリーとして開放し、さらに、町屋のデザイン的可能性を開花させました（写真2）。この経験を通して、まちなみを一つの美術館と考える可能性を見つけました。まちなみを一つの何かに見立てて考える手法は、その後、「まちなみを一つのホテルと見立てる」事業へと展開し、「古民家再生」と結びついていきました。

町屋（空き家）の再生展開は、雇用に貢献します。人口減少地区で、一二二人の雇用（NOTE事業調べ）が生まれています。若い人が帰ってきている。そういうことが、日本遺産の展開とともに起きていることをどう見れば良いのか。何も篠山が特殊だという話ではないでしょう。どこでもこういう歴史文化を活かしたまちづくりを考えていける時代になっていると私は考えています。

脱線しますが、姫路の参考になる話をお伝えします。篠山城を中心とした一帯は重伝建地区といって、法律で守られている場所です。そこでは町屋の改造については現状変更という手続きが必要です。つまり、まちなみの調和としての完成度は高いが、その分、自由度が低いわけです。丹波篠山で、町屋のホテルやミシュラン一つ星のレストランなど、おもしろいことをし

写真２　篠山ストリートアートフェスティバル

ているのは此の重伝建地区のまわりです。まわりは一般地区だから自由度は高い、だけど雰囲気があって魅力的なんです。そういうところこそ、色々なクリエイティブな活動がしやすいんですね。姫路城とその周辺をイメージすれば、外曲輪を中心としたところと言えるでしょう。

◇──播但貫く、銀の馬車道 鉱石の道

次は、姫路・飾磨港から生野鉱山へと南北一直線に貫く〝銀の馬車道〟、さらに明延鉱山、中瀬鉱山へと続く〝鉱石の道〟です。わが国屈指の鉱山群をめざす全長七三キロメートルのこの道は、日本で最初にできた産業用道路で、現在の高速道路のようなものです。また、構成資産は、生野鉱山に残る重文神子畑鋳鉄橋、県指定旧神子畑鉱山事務舎、県指定羽淵鋳鉄橋、重要文化的景観生野鉱山及び生野鉱山町はじめ、飾磨津物揚場跡、馬車道修築碑など、近代化遺産と呼ぶ、明治以降の西洋技術で建設された資産が多い。さらに、馬車道の沿線には、古民家が点在する福崎町辻川、市川町屋形、神河町粟賀・中村の宿場町として栄えた町並みが残る。辻川の姫路藩の大庄屋を務めた「三木家」は道路建設に際してセットバックをしています。また、粟賀には毒消しとして盛んに飲まれた仙霊茶を製造・販売したお茶問屋「竹内家」、中村に所在する酒造家の「旧難波酒造」など地域のシンボル的な町屋が残り、往時の馬車道沿線の生活

に触れることができます。また近年、福崎町では国登録文化財旧辻川郵便局も修理され、駅前と町中の二カ所に交流館も整備されたところです。

ただし、構成資産を詳細に見ると、未指定の文化財の多いことに気が付きました。特に、馬車道沿線の生活感を示す文化遺産に多いことが判りました。それは、日本遺産を考えるまで、歴史文化を活かしたまちづくりの視点から評価をしていなかったことを表しており、日本遺産を考えながら、同地域の文化遺産の価値付けにつながることを考えました（写真3）。

また、日本遺産の評価を推し進める中で、想像を超えることが起きました。神崎高校では、銀の馬車道について書かれた「神戸新聞」の記事を使って授業をし、生野高校でも、朝来市教育委員会が出前授業をして、生野鉱山について学んでおりまし

写真３（左）県指定 三木家住宅主屋（上）同はなれ（下）（福崎町）
主屋は保存修理、はなれ・土蔵は、本年、活用修理された。
（右）国登録文化財 旧難波酒造店舗兼主屋（神河町・2018 年 5 月登録）
日本遺産を契機に登録され、本年、活用修理された。

た。このように、日本遺産が教材となる時代になったと見ておりましたところ、驚くことに、さらに生野高校では、日本遺産を始めとした文化観光を教育として位置付け「観光・グローバル類型」というコースを新設するまでとなりました。そして、生徒の募集を全県域へ拡げられました。地域だけでは子どもの数が少ないのですが、全県域にすると学校を維持できる数が揃うと、地域と学校の知恵比べで、こんなふうに変化するんだとびっくりしたのを覚えています。日本遺産への取り組みは、観光のみではなく、教育分野にまで影響することを確信するとともに、先ほどの文化芸術基本法に記載する「教育の分野で貢献する」項目の、まさにその実例だと思った次第です。

また、関係市町のなかで、神河町のことが気になっていました。同町は、国指定文化財のない町です。国が法律をつくったのは明治三〇年、それから数えて約一二〇年、国指定文化財がないのです。全ての市町村には、自分の誇りにできる文化財があるはずです。日本遺産の調査を契機に未指定・未登録の文化財の価値付けを行いたいと考えておりました。また、同町では全区長さんとも相談して、歴史文化を活かしたストーリーづくりを補強する歴史文化基本構想をつくり、日本遺産をつむぐ文化財価値の整理をしてくださいました。特に、日本初の高速産業道路と言われる〝銀の馬車道〟は、重い鉱石に耐え得る画期的なマカダム式構造を持った馬車専用道でしたが、発掘調査をして遺構を発見されました。今回の日本遺産の胆ともなる「道」

を見つけたわけです（写真４）。

　南の姫路市から福崎町・市川町・神河町、そして、北の朝来市・養父市に繋がる三市三町を対象地域とした日本遺産でありますが、人口規模、文化財の所在数から考えると、姫路市が圧倒的な存在感を示すことは自明でありましょう。しかし、三市三町をつなぐストーリーにおいて、「道」は神河町に残っているわけです。単に指定文化財（史跡）として考えた場合は、その指定は難しいかもしれないが、南の姫路の物揚げ場、生野の鉱山施設群と共鳴すれば、十分にその価値を述べることができることに気が付きました。日本遺産は、地域が連携した取り組みを展開することにより価値を増幅させること

写真４（左）発掘調査で見つかった「馬車道」の路肩
（右上）発掘調査現場説明会状況（神河町教育委員会提供）
（右下）神河町指定史跡 生野鉱山寮馬車道（2020 年 1 月指定・同上）

を知った次第です。

◇——荒波を越えた男たちの夢が紡いだ異空間——北前船寄港地・船主集落

最後の事例は、いま私が取り組んでいる話です。北前船寄港地・船主集落は、日本海や瀬戸内海沿岸に点々と所在する港町を指し、同港町には、港に通じる小路が随所に走り、通りには広大な商家や豪壮な船主屋敷が建っています（写真5）。また、社寺には奉納された船の絵馬や模型が残り、京など遠方に起源がある祭礼が行われ、節回しの似た民謡が唄われているなど、北前船寄港地独特の雰囲気を醸し出

写真5（上）活用修理された古民家 ゲストハウス東藤田（新温泉町諸寄）
（下）路地の名付け親プロジェクト（同上）

しています。荒波を越え、動く総合商社として巨万の富を生み、各地に繁栄をもたらした北前船貿易を日本遺産として結び付けたものです。

北前船の特徴は、その認定市町村が全部で四五あるなど関係する港の多さにあると思います。日本遺産、北前船寄港地に参加すると、一気に四四の他市町村と共同事業のできるチャンスができるのです。一つヒントをお伝えすると、たとえば高砂の松右衛門帆の布地、あれをトートバッグとして商品化すれば、四四市町村に自然に送れますね。ネットワークの力がどれだけ強いかを考えれば、可能性が拡がることが判ります。また、県内だけでも、瀬戸内側では神戸（兵庫）・高砂・姫路（飾磨）、赤穂（坂越）、たつの（室津）と東西軸が形成されます。このようなネットワーク型の歴史文化を活かしたまちづくりを開く機会を作ったのが、この日本遺産の特徴であると思っています。

写真６（上）活用修理された県指定史跡旧工楽家住宅
（下）高砂市立図書館講座で市民が作る「たかさご八景」

さらに、工楽松右衛門旧宅（写真6）（二〇一九年二月　県指定史跡　工楽松衛門旧宅と高砂堀川湊として指定）を修理したところですが、同所にはこれまで来訪者はいませんでした。ところが開館して一年で三万人が訪れるようになり、その後も増加しています。高砂は山陽電車と直結していますから、山陽電車と組めば独占的にPRできます。さらに私鉄は、近鉄・阪神・阪急など関西一円でネットワークを組んでおり、チラシはその範囲に届きます。最近、鉄道系の旅行商品「北前船ガイドウオーキング～神戸・高砂～」が作成されました。

人づくりも動き出しています。同市立図書館が開催している市民ゼミの中に「映像ゼミ」と呼ぶ講座があり、二〇代から七〇代までの人で映像集を作っているグループがあります。昨年度は、千七百年続く竜山石採石場と石の宝殿を中心に紹介ビデオを作成しました。そして第二作として、日本遺産に併せて『高砂浦・堀川湊』（写真6）を完成させたところです。

画像は、ユーチューブにアップされているので見てください。「高砂八景」という言葉で検索できます。また、オープンストリートマップと言いまして、みんなで自由な地図を作るイベントにも参加、将来には撮りためた動画を嵌め込むことも可能と見ております。これまで、歴史文化を活かしたまちづくりでは、リアルな世界を中心に取り組んできましたが、バーチャルな世界とも連動したまちづくりに拡大し始めたと感じています。

◇――日本遺産の目指す方向性

日本遺産は二〇二〇年六月で一〇四件が認定がされました。北前船寄港地で見たように、全国的なネットワーク型のストーリーもできました。また、銀の馬車道、鉱石の道のように地域内連携型のストーリーも案出されました。そして、丹波篠山のようにまちなみを中心として複合的な分野の文化遺産を磨き上げていく基本的なストーリーもあります。各種パターンが揃ってまいりました。また、日本遺産の承認を受けた上記の事例を見ると、地域の住民を始め日本遺産の計画に係る人たちの感性は相当に進んでいることも理解されます。今後は、法定計画である市町村がつくる「文化財保存活用地域計画」に結びつけ、また、都道府県がつくる「大綱」と連動させていく必要があろうと見ております。

二〇一九年五月、兵庫県では「兵庫県地域遺産活用指針～地域の宝を五国で活かす～」を作成しました。そして、地域遺産を地域づくりに活かす展開手法として、①発見する。②ストーリーを描く。③価値を磨く。④宝を発信する。⑤五国（広域）で活かす。⑥時代に繋ぐ。を定めている。その手法は日本遺産のそれと同種である。国が日本遺産の目標認定数に届いたことから募集を中止したが、地域として継続的な取り組みの術を案出したところと考える。

この取り組みは二つの意味で極めて重要です。一つは、兵庫県において、九つの日本遺産が認定されたが、それを地域ブランドとして、全体の整合性をもって仕上げる考えが、国の展開方針にはない。それは、広域的な観点から地域で仕上げる必要があるのだろう。一つは、地域にとって極めて重要であるが、文化財価値を定めるのに時間のかかるストーリーの事例で力を発揮すると見ています。例えば、日本刀文化があげられます。日本刀の鉄材について、宍粟市千草町の天児屋《てんごや》鉄山跡があり、千種鉄として有名です。島根や鳥取でも鉄が採れ、たたら製鉄が有名です。姫路の日本製鉄広畑製鉄所では、たたら製鉄の技法を、社員が保存会をつくって守っています。備前の刀鍛冶は良く知られているが、西播磨にも腕の良い刀鍛冶がいます。それらの地点をつなぎ紡げば、世界に一つしかない日本刀文化の郷、鉄の採取地、鉄の製錬地、日本刀の作刀地までの一連のイメージを創り上げられます。しかし、千種鉄の採取場だけでも数百地点が数えられ、紡ぎあげるには時間がかかります。すでに県立歴史博物館で千種鉄の調査を実施しており、新たな知見が集まりつつありますが、このように、時間はかかるが中身の濃いストーリーでは、地域の不断の努力を要請される。

本物の歴史と文化を求める産業と先に述べたストーリーの展開をどのようにつなげていくか、それが二一世紀における地域の最重要課題であると考えており、県の取り組みは、その基礎となるものであり極めて重要と考える。今後に期待するところです。

生野銀山が引きよせた人・モノ・いくさ

飛田 恵美子

はじめに

日本の鉱山史を大局的に考えるとき、その中心にいるのは天下人や権力組織です。しかし、彼らや日本遺産・世界遺産に認定された鉱山とその関連遺産だけがその歴史を彩ったのでしょうか。小規模でも多種多様な鉱山と鉱山町に生きた人々、文字に託して語られることのなかった数多の出来事や記憶がこの国を支え、現代の産業の基盤となったことも、等しく大切な事実です。そこで、本稿では生野銀山周辺で伝えられている歴史文化遺産の豊かさを、他の鉱山遺跡、特に石見のそれと比較しながら紹介し、鉱山町に生きた先人に心を寄せます。末尾では、鉱山町周辺に暮らす私たちが歩むべき将来への展望にも言及します。

◇——日本と世界の銀山の歴史

さて、本稿の主題である銀は、安価で家庭でのアクセサリー作りが可能なほど身近な金属です。最古の例はカッパドキア（トルコ）で発見された紀元前四〇〇〇年頃の粒状の銀ですが、その精製法は不明です。その一〇〇〇年後のイラクでは、シュメール人が墓に銀の宝飾品を副葬しています。そして、日本産の銀の精製法である「灰吹法（銀鉱石に鉛や鉛鉱石を吹き合わせて含銀鉛とし、それを骨や松葉などを重ねた鍋に入れて分離する方法）」の痕跡がみとめられたのは、今から四五〇〇年前のアルメニアの遺跡でのことでした。これらの銀が「鉱脈から掘り出されたもの」か「露頭から発見されたもの」なのかは不明です。前者の最古例はギリシア・ラリウム鉱山。その発見を機に、ギリシア・ローマ人の銀への関心は急速に高まり、貨幣や高級什器の素材、すなわち富の象徴となったとともに、ヒ素による暗殺防止の役割を担いました。銀を取り巻く世界経済に大きな変化が訪れたのは、スペインの植民地・ボリビアでポトシ銀山が発見された一五四五年のこと。南米の小さな山村は、採掘のために多くの奴隷労働者が投入され、一気に都市へと変貌したのです。そして、このポトシに先行して世界経済を動かしたのが、石見と生野の銀でした。

では、日本人と銀の出会いはいつか――。有名な考古資料に海北塚《かいほうづか》古墳（茨木市・六世紀）出土勾玉があります。勾玉の素材といえば翡翠・碧玉・ガラス等を連想し、金銀のそれは大変珍しく感じられます。しかしそれ以外であれば、日本各地の横穴式石室を備えた古墳から銀製品は出土しているのです。写真1は宮内中山六号墳（朝来市・六世紀後半代・円墳）出土品です。これは古代但馬国七郡のうち、養父郡の首長を支えた人物および関係者のお墓で、その財宝には金銅装馬具・大刀のほか、銅の表面に銀を貼り付けた耳飾りもあり、この頃すでに日本列島の人々が銀を見ていたと分かります。

文献に目を向けると『日本書紀』巻二九に、天武三年（六七四）に対馬で初めて国産の銀が産出、朝廷に献上されたとあります。これが日本国の銀採掘の出発点です。ちなみに、文武二年（六九八）には因幡国・荒金鉱山の銅が、大宝元年（七〇一）には対馬国の金が朝廷に献上されています。奈良時代の法制度・律令格式のうち、最も有名な「大宝律令」の大宝という言葉は、文武天皇に金が貢納されたのは瑞祥だとしたことに由来し、中国の書物『周礼』『易経』から得た元号です。『万葉集』巻五には「銀も　金も玉も何せむに　勝れる宝　子にしかめやも（子宝に比べれば金銀宝石なぞ…）」と詠った山上憶良の歌が収められていますが、奈良時代において鉱山資源をひどく欲した人物は、先の文武天皇以外にもいました。聖武天皇です。争乱や疫病が続く国家の安寧を、盧舎那仏のご加護に委ねた彼がその造営に乗り出し、山口県の長登銅山は鉱山史の一クライマックスを迎えました。このように、日本各地で鉱山資源の提供が求められたのが奈良時代でした。

写真１　宮内中山６号墳出土品（耳環）

話を戻します。奈良時代以降、日本列島の人々は公地公民制のもと、国家から与えられた土

地で得た産物を租税として納めました。対馬国は特産物「調」として大宰府に銀八九〇両（正倉院宝物の実測値一斤六〇〇～六七〇グラム。銀一両は三七・五～四一・八七五グラム。八九〇両は三三・三七五～三七・二六八，七五グラム）を貢納しました。大宰府は遣唐使や遣唐使廃止後の日中交易を管理しており、銀は輸出品目の一つでした。当時は、鉱石の状態で風通しの良い山上に運び数日間焼き、残留した粒上の銀を取り出していたと、平安時代の文人で対馬国司・大江匡房《おおえのまさふさ》は『対馬貢調記』に記録しています。その後、アジア北西部からの襲撃を受け衰退していきますが、運営者を変えつつ江戸時代まで操業は続きました。

◇──「山」の記憶～山名氏の時代

では、いよいよ生野銀山の歴史に焦点を当てます。伝承によると、鉱山の発見は平安初期の大同年間（八〇六～八一〇）、本格的な採鉱開始は天文一一年（一五四二）とありますが、古代但馬は銀貢納国ではありません。やはり中世までは、対馬が唯一の産地だったようです。

天文一一年以降、天正年間（一五七三～一五九二）には猪名川町の多田、文禄年間（一五九二～一五九六）には佐渡市の鶴子《つるし》、慶長年間（一五九六～一六一五）には湯沢市の院内《いんない》などの銀山が相次いで開発され、日本にシルバーラッシュがおとずれます。その間、但馬守護・山名氏は家臣・太田垣氏から銀山を奪われて勢力を弱め、永禄一二年（一五六九）年には織田信長と豊臣秀吉、そして関ヶ原の戦い後には江戸幕府の直轄領となりました。シルバーラッシュ期、とくに慶長三年（一五九八）の多田からの運上は約七六キログラム、生野は約一〇トンにも上り、江戸幕府成立前後の時期においては、世界で流通する銀の、実に三分の一を日本産の銀が占めたといわれます。以後、日本各地の銀生産量は軒並み下落しますが、比較的安定的に銀を供給し続けたのは石見ではなく、生野でした。

明治新政府成立後は、官営鉱山として外国人技師の助力による復活を経て、三菱合資会社（現・三菱マテリアル株式会社）に払い下げられたというのが、生野鉱山史の大要です。

実は、生野が大同年間に開坑したという伝承を明らかにする、確実な証拠はありません。また、このような伝承があるにも拘らず本格的な開坑は石見よりも後になったのか。これに迫るには、記録に残らなかった事象や石見・生野銀山の立地にも目を向け、当時の鉱山操業システムや流通経路が如何なる情勢下にあったかを探る必要があります。そうしてみると、生野銀山発見のタイミングに納得できる着地点がみつかるか、と考えます。

まず操業システムについて考えます。石見では天文二年（一五三三）の灰吹法導入までの七年間は、銀鉱石を博多へ移送し、そのまま朝鮮半島へ輸出していました。主要な三つの積出港のうち、とくに重要視された温泉津《ゆのつ》沖泊《おきどまり》や鞆ヶ浦までは、二手に分かれる石見銀山街道があり、仙之山との中間地点や要所は山城で防御しています（図1）。また、もとより温泉地として賑わっていた温泉津では、有力寺社が領主の権力が及ばない「無縁の地」を形成し、権力社会から逃れた人々を囲い、自らの勢力要素に替えて存在感を放っていました。

いっぽう、生野は開坑当初から石見の鉱山技術者より伝授された、灰吹法による銀生産が行われました。では、もし石見のように鉱石の状態で輸出するならば、どの経路が最良でしょうか。生野は播磨・但馬の国境の地（図2）。海へ出るには円山川なら七〇キロメートル、市川なら六〇キロメートル、石見と比較すると数倍もの距離を測ります。しかも但馬の守護大名・山名

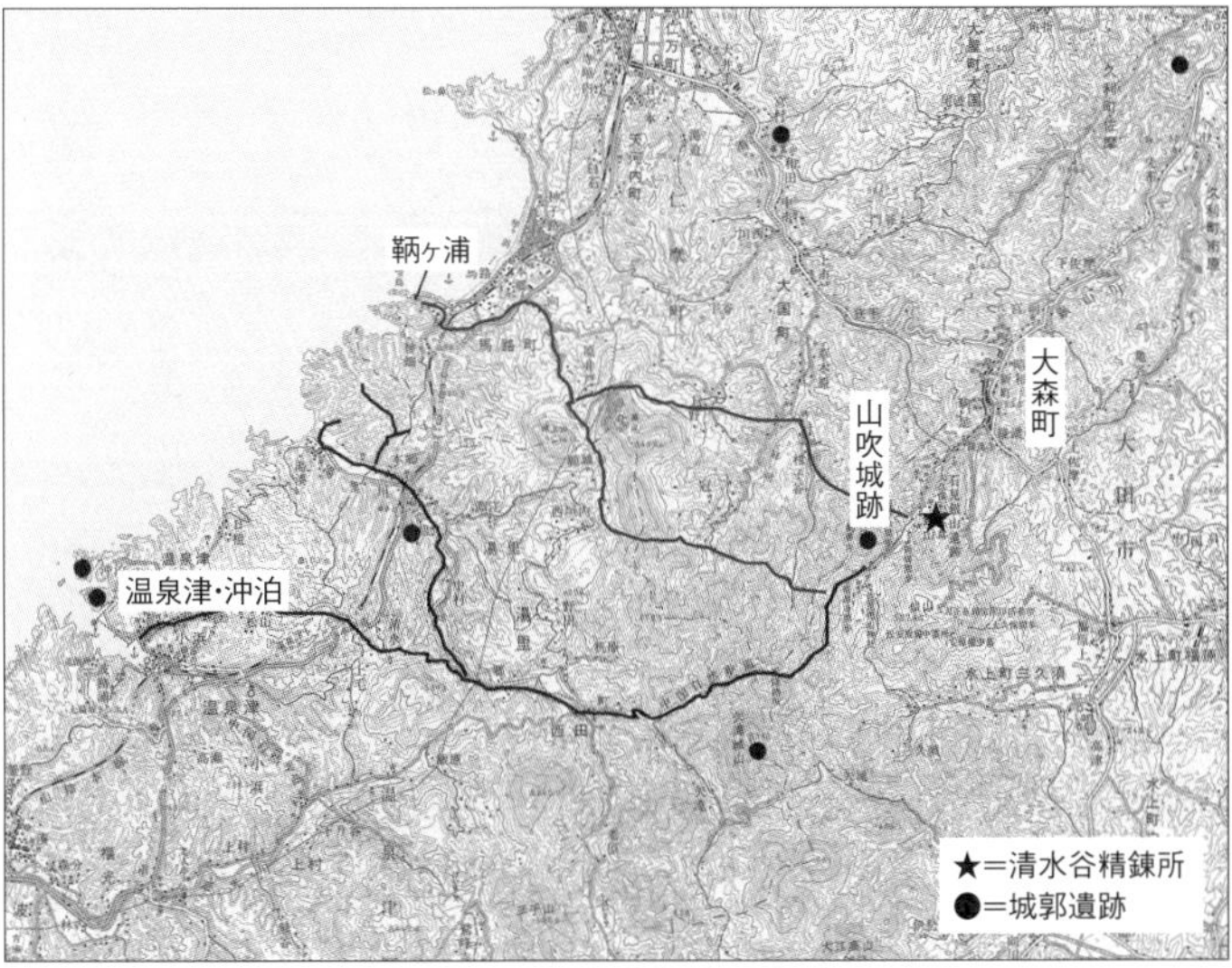

図1　石見銀山街道と山城

氏は竹田城の築城に関わった持豊やその先代から播磨守護・赤松氏とは敵対していました。遠い津居山か敵国内の通過か。もし、灰吹法が開坑当初に導入されていなければ、輸送ルートの選択に山名氏は頭を抱えたでしょう。さて、生野銀山開坑が大同年間であると記す代表的な書物は『工部省沿革報告、生野銀山』。そして、そのベースになっているのが江戸時代の『口奥両山神社縁起』で、やはり大同年間説が確実ではない

図2　山名氏に関する但馬地図

と記しています。現時点での考古学的立証は困難ですが、山神社の縁起にこの記載がなされたこと自体に意味があるのでしょう。それは、文字（一次史料）による記録はなくとも「生野は対馬に次ぐ銀の産地だ」という山の記憶が守り伝えられた可能性がある、ということです。

実は、朝来市内でもとくに生野銀山周辺には守護大名・山名氏が残した歴史文化遺産が多く存在します。黒川地区には山名持豊（宗全）の父・時熙が建立した大明寺が、口銀谷地区には同じく時熙が築城したと考えられる山城・生野城跡があります。また、銀山の北にある古刹・鷲原寺《わしはらじ》には宗全が下賜した『絹本著色仏画十二天像』があります。鷲原寺は古墳時代後期の播磨を中心に活躍した法道仙人が創建した寺院で、山岳信仰の地として背後の岩屋観音・朝来地域の青倉権現・和田山地域の室尾寺（現・法寶寺《ほっぽうじ》）とともに信仰を集めています。

このような寺院に守護大名が宝物を与えるとき、その真意と同時に贈り先が、守護職など為政者が見返りを求められるほど有力な社会勢力であったことを、私たちは意識する必要があります。生野の黒川地区には山名氏の荘園があったので、そこに寺院を建立し城の代わりに丹波との国境に睨みを利かせた、ということも理解できます。鷲原寺に山名氏の存在を強く匂わせることは、生野城の背後には有力寺院が控え、但馬侵攻が容易でないと敵に意識させたでしょう。また、生野に銀山としての記憶があることを宗全が知っていたなら、ここが単なる国境ではないことを強調するために生野周辺での勢力維持を図ったのでは、と考えを巡らせることも可能かと考えます。いずれにせよ、灰吹法導入以前に開坑したら、山名氏は鉱石の輸送について悩み続けたでしょう。

◇――シルバーラッシュのさきがけ・石見銀山

いっぽう、石見銀山はどのような歴史を歩んだのでしょうか。中世の島根県域には、出雲大社（以下、杵築大社）の背後にそびえる弥山《みせん》の北西麓・鷺浦から十六島《うっぷるい》にかけての山腹には鷺鉱山（銅）・鵜峠鉱山が、島根半島東端には片江鉱山（銅・松江市）など複数の鉱山があり、鉱石を買い付けるための船も数多く航行していました。そのなかで、仙之山（大田市）に目を付けたのが博多の商人・神屋壽禎《かみやじゅてい》でした。通常、鉱山は経営者（山師）が測量士や植物・鉱物の知識に長けたものを雇用して引き連れ、自然環境を丹念に観察したうえで採算を見立てますが、この発見に至る経緯は、鷺銅山からの銅買い付

写真２　釜屋間歩（筆者撮影）

けの帰りの船上で受けた、観音菩薩の思し召しであったと石見の『銀山旧記』は伝えます。そして大永六年（一五二六）、神屋壽禎は鷺銅山の経営者山師・三島清左衛門に仙之山について相談し、彼とともに開発に着手したのです。石見での銀生産のピークは江戸幕府開府前後で、当時の栄華を今に伝える遺跡と伝世品が存在します。場所は釜屋間歩《まぶ》（写真2）、開発者は備中の山師・安原伝兵衛です。関ケ原の戦いの直後、彼が経営する釜屋間歩で三六〇〇貫（一三・五トン）もの銀が産出したのです。うち三〇〇〇貫を受け取った徳川家康は伏見で伝兵衛と面会し、当時、武士の間で流行っていた道服と扇子を与えるとともに、備中守を名乗ることを許しました。この出来事は、山師なら誰もが憧れる逸話として語り継がれたでしょう。

そんな石見の評判はソーマ銀の流通とともに海外へ伝わりました。測量士ルイス・ティセラが作成し、一五九一年に発行された日本図には「石見」の文字が「銀山王国」という文字とともに表示されています。いっぽう、ティセラの日本図に記された但馬国には銀山を示す言葉は記されておらず、海外との関係についての実態解明は今後の研究課題です。

◇――生野銀山を巡る攻防～織豊・毛利勢と国人たち～

伝兵衛は銀を通じて莫大な富と名声を得ました。いっぽう、銀を元手に軍事・政治力と領土をも手に入れようとしたのは、室町時代以来の守護大名や、在地勢力として伸張してきた戦国大名です。山名持豊（宗全）が竹田城築城を命じたとの伝承が残る永享三年（一四三一）には、中国山地で発見された銅ヶ丸銅山をめぐり、国人たちが争奪戦を繰り広げたといいます。鉱山が引き寄せた争いは、如何なるものだったのでしょう。

生野銀山が本格的に開坑した天文一一年（一五四二）の但馬守護は山名祐豊。朝来市指定文化財『銀山旧記』（写真3）は、この頃にかきあげ堀の城が築かれたと伝えます。銀の流通を監視するとともに銀山の保守を図るための措置と考えられます。しかし、山名氏による直接的な銀山経営は一二年で終止符を打ちます。自身の有力家臣である竹田城主・太田垣氏に銀山を狙われたのです。太田垣氏は弘治二年（一五五六）、反旗を翻し生野銀山を奪取しました。しかもその三年後には木下藤吉郎秀吉らが二万の軍勢を率いて但馬に侵攻し、生野銀山をはじめ、

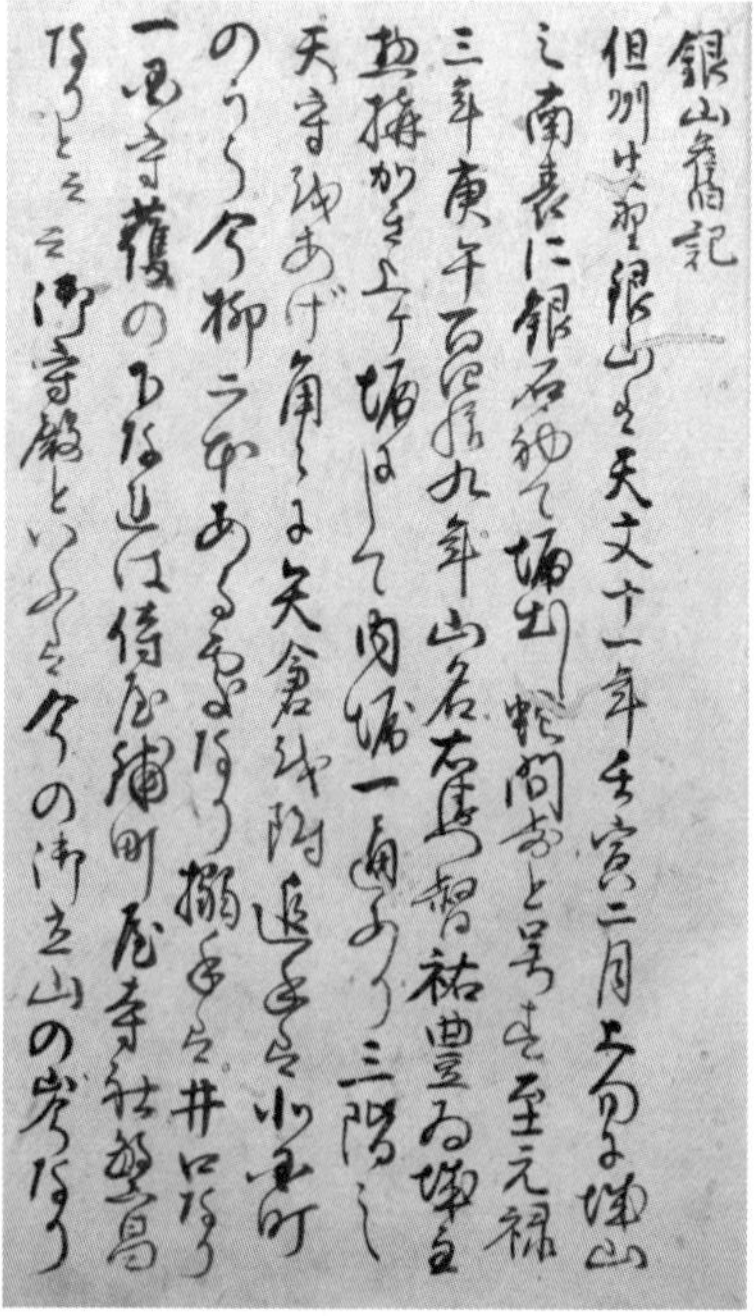

写真３　『銀山旧記』序文（朝来市所蔵・朝来市指定文化財）

但馬の一八ヶ城は陥落しました。資金源となる銀山を失った山名氏は、堺への亡命を経て但馬守護職に復職するものの、徐々に勢力を失いました。天正元年（一五七三）頃には、中国地方の毛利氏、毛利氏と協力関係にあった吉川元春が出雲の尼子氏を撃破しながら但馬地方へと勢力を伸ばしていきました。信長・秀吉の脅威にさらされていた山名氏は天正三年（一五七五）、毛利・吉川両氏と「尼子氏の撃退」という名目のもと手を結びます（芸但和睦）。これにより、毛利・山名氏の挟み撃ちにあう格好となった尼子氏は因幡での勢力を徐々に失い、鳥取城には山名豊国が入城しました。こうして山名氏は毛利と手を結ぶことで銀山を信長・秀吉の勢力から守ろうとしたのです。しかし、二年後には秀吉の弟・秀長の軍勢が但馬に侵攻し、天正八年（一五八〇）には銀山経営権もろとも信長の勢力下に入ったのです。この時点で、但馬は石見銀山を支配する毛利元就の息子・輝元と、織豊勢力の境目となったため、争いが繰り広げられるようになりました。山名氏とその有力家臣たちでさえも毛利方（太田垣輝延・八木豊信・垣屋豊続）と織田方（山名祐豊・垣屋光成・垣屋孝続）に分かれ争いました。しかし天正七年（一五七九）頃には毛利氏が徐々に力を失い、翌年には但馬全域が信長・秀吉の勢力下におかれます。天正一二年（一五八四）には毛利氏も秀吉に降伏し、銀山経営で得た財の一部を秀吉に納めるようになったことで、日本の重要輸出品目である銀を信長・秀吉が掌握したのです。

◇――石見銀山を巡る攻防～大内・毛利・尼子と有力者～

発見当初の石見銀山（当時は大森銀山）は石見国迩摩郡佐摩村にあり、周防・長門を拠点に五か国を治めていた守護大名・大内義興がこれを支配していました。これを狙ったのは、出雲の守護大名・尼子経久・晴久そして安芸高田の戦国武将・毛利元就です。三者のうち、最初に覇権争いから脱落したのは大内氏。天文二〇年（一五五一）に義興の子・義隆が部下の陶孝房（晴賢）の裏切りの末に自刃したことで、石見での勢力を弱めました。大内義隆死去の翌年、大内氏に代わり石見国守護に任ぜられ、弘治元年（一五五五）頃まで石見銀山を支配したのは尼子晴久です。その間、もう一人の主役・毛利元就は弘治元年に陶晴賢を厳島の戦いで破り、陶氏を滅亡させ、周防・長門を支配下に治めたうえで西・南方から尼子氏の支配地に攻め込みました。以後四年ほどは尼子氏・毛利氏は勝敗を分かち合うように戦を重ねますが、弘治四年（一五五八）に尼子氏の臣・小笠原氏が毛利氏に降伏したことを契機に、戦況は毛利氏に傾きます。永禄五年（一五六二）には、山吹城（大田市）に籠っていた尼子氏方の家臣も毛利氏に降伏したことで、大森銀山をめぐる攻防は決着したのです。こうして元就は一族の繁栄を招きましたが、そこに至るまでの苦労は大変なものでした。

さきに、石見・温泉津には領主権力以上に勢力をもつ寺院があったことに触れました。実は、中世の戦というのは有力寺社の後ろ盾によって支えられたという側面があります。その事実と元就を結びつける歴史文化遺産が鰐淵寺《がくえんじ》（出雲市）に伝えられています。それは『毛利元就肖像（重要文化財）』です。鰐淵寺は杵築大社別当寺として大きな力をもつ存在でした。元就は、自分に与した鰐淵寺に自らの肖像を贈るとともに、寺の念願・根本堂建立を実現しました。鰐淵寺根本堂（写真4）には、室町時代初期に足利氏と争い、高野山に南朝を立て自らの復権を図った後醍醐天皇が隠岐から脱出する際に、天台宗最初の末寺である同寺に援助を求め、満願成就の暁にはこれを建立すると請願した経緯があります。身分や目的の規模は違えど、大きな目的を果たした労力の大きさを、白髪の元就像は今に伝えます。

写真4　鰐淵寺根本堂（筆者撮影）

銀山を手に入れた毛利氏はまず、在地有力者と結びつき温泉津を支配下に治め、奉行をおきました（永禄五年・一五六二）。通行人や町での生産活動に税をかけ、経済基盤を築きました。

また、銀山を幕府御領所として形式的に献上し、生産した銀の一部は丁銀として幕府に納めたのです。つまり、元就は銀山と銀を糧に幕府との結びつきを強め、一族の保護を図ったのです。なお、手元に残った銀は厳島神社の造営や祭礼・軍資金に用いたと、毛利家文書は伝えます。ちなみに、天正九年（一五八一）の毛利家に対する税収は、丁銀三六五二枚（一枚四三匁＝一六一・二五グラム）、重量にして五八八・八八五キログラムにもなります。

しかし、天正一二年（一五八四）には元就の息子・輝元が羽柴秀吉に服属し、生産した銀を秀吉に上納するようになりました。秀吉はこの軍資金で武器や食料を入手し、四国・九州を平定しました。その後作られた文禄石州丁銀は、秀吉の野望の象徴といえます。

◇──中世の銀山と街道に開いた文化

銀山への道中や逗留先は、富と権力を求めた人々の思いも蠢きました。それは命を懸けた戦の最中でも同様でした。山名氏が毛利氏・吉川氏と芸但和睦を結び、信長や秀吉の脅威に備えていた天正三年（一五七五）、薩摩の武将・島津家久は京都・伊勢を旅し、帰路に日本海ルートを選んでいます。途中、石見銀山や温泉津で宿泊した折に故郷・薩摩の商人たちと出会い楽しい時を過ごしたという記録が伝わります。温泉津では唐津や朝鮮王朝の焼物も数多く出土することから、各地の商船が出入りする賑やかな光景が浮かびます。また、中国地方を平定し、九州にも勢力を広げていく秀吉に従い、日本海から九州へ赴いた丹後の武将・細川幽斎は天正一五年（一五八七）四月二九日に迩摩・石見銀山を経て、温泉津を訪れています。彼はその間に記した『九州道の記』にて、温泉津に入る前に「城の名も　ことはりなれや　まふよりもほる白銀を山吹にして」と、銀山を守る山吹城を詠っています。

生野銀山周辺で武将たちの足跡を知りうる史料は、室尾寺（現・法寶寺）が資金と引換えに寺の安全を得た証拠である秀吉の禁制（写真5）や太田垣氏の感状（朝来市指定有形文化財『牧田家文書』）のみです。但馬が戦国屈指の武将・毛利氏と信長・秀吉が激戦を繰り広げた場所だったためで、民衆が恐ろしい思いをする日も多かったでしょう。日本の山城には、民衆自身が身を潜めるために築いたものもあるといわれますが、その防御にも限界があります。彼らにとって、身近なうえに麓に山城を構え、秀吉に軍資金を渡して身の安

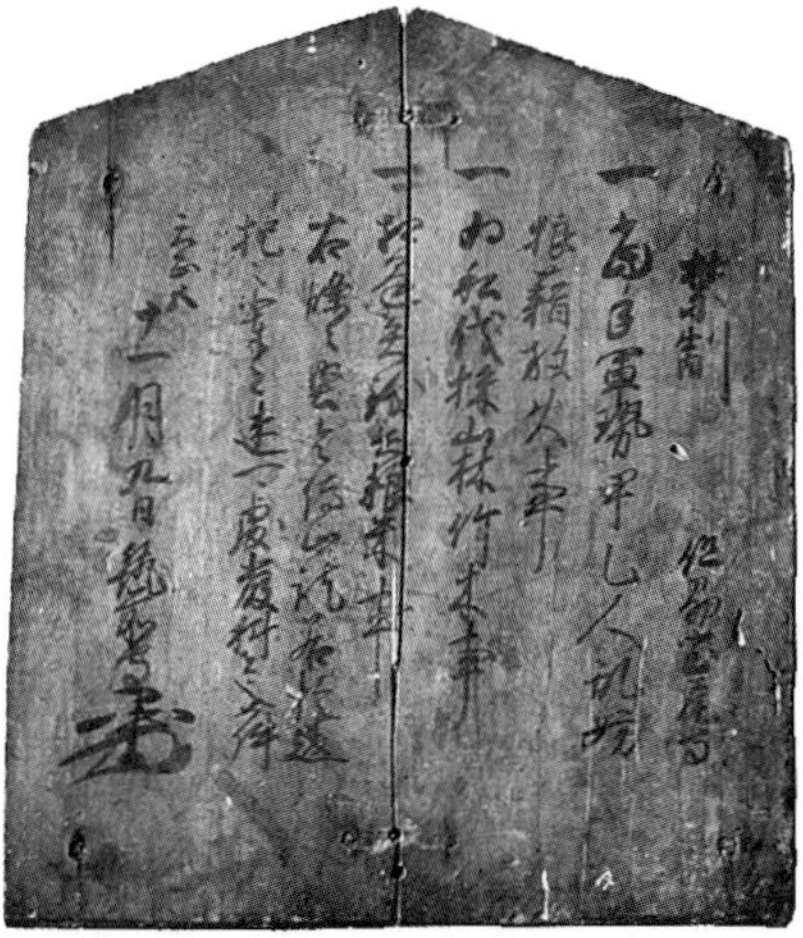

写真5　禁制の制札（朝来市撮影、法寶寺所蔵・朝来市指定有形文化財）

全を図ることのできた有力寺院・室尾寺は、身を守るために駆け込むには最適です。現時点で、実際に民衆が逃げ込んだことを示す史料は確認されていませんが、有力寺社を盾にして必死に生きた人々が銀山周辺にいた可能性は十分考えられます。いずれにせよ、当時の朝来に生きた民衆は、銀に引き寄せられた人と戦に巻き込まれた存在だったといえます。

◇――江戸・明治期の生野鉱山町とその周辺～文化遺産を守る人～

生野銀山に引き寄せられた戦が関ヶ原合戦を経て終結したのちも、生野鉱山町を支えたのは、鉱山を転々としながら太く短い人生を全うした人々でした。そのありさまの一部は、江戸時代の絵巻などに描かれています。また、明治以前における朝来市域の歴史文化遺産に目を向けると、鉱山町とその周辺に、先祖が残した宝物を守ろうとした人々がいたことが分かります。その宝物は先に紹介した兵庫県指定有形文化財『絹本著色仏画十二天像』です。実は、この仏画は三回の修復を経て今に伝わっています。直近の修復は昭和の終わり頃、残る二回は江戸・明治時代のことでした。

十二天像のうち、帝釈天の裏面には「再建寛保三年十月十五日 百六十五年ニ成ル 表具師生野住木村市兵ヱ　明治四十年六月十三日　長沢龍応代」とあります。つまり、制作された室町時代以降、寛保三年（一七四三）に一度目の修復がなされ、一六五年後の明治四〇年（一九〇七）に、生野の表具師・木村市兵衛により二度目の修復がなされたと理解できます。この時点まで月天は生野の三浦得太郎という人の手にあり、修復に伴い買い戻しています。一回目の修復を手掛けたのは生野の表具師であったと思われます。当時から代官所や寺院

写真６　帝釈天（左）と風天（右）（朝来市撮影、鷲原寺所蔵・朝来市寄託）

など、襖を多く使った建造物があり、その製造とケアをする人もこの街に根を下ろしていたと考えるからです。また、伊舎那天に伴う裏書には生野の表具師・御霊所兵士勲八等青山慎太郎が修理し、円山地区の山下順助内から寄進された、とあります。この仏画も一時期は鷲原寺を離れ、生野にあったようですが詳細は不明です。

ところで、十二天のうち風天と帝釈天（写真6）を比較すると、前者の保存状態がひどく良いことに気付きます。江戸時代に新たに買い求められた物だからです。風天が失われた経緯や、買主が鷲原寺か否かは不明ですが、十二天像一式が山名宗全から贈られたものである事実が、寺院と周辺住民の誇りであったということは想像に難くなく、十二天像を一式で守り伝えようとした人々の存在にこそ、高い価値があるといえます。

さらに、鷲原寺の南方にある山を越えた地にあった内山寺《ないさんじ》（廃寺）には、山名氏の安堵状が伝わるだけでなく、寺を廃す折にその建築部材が鷲原寺で利用されたこと、岩谷観音堂の修復にも生野鉱山町の人々が関わっていたことも大切な事実として伝えられています。このような、生野と周辺にまつわる歴史文化遺産を守り継ぐ動きは現代にもみられます。町に眠る古文書の保護・整理や、古い建造物を活かした街の歴史発信がこれに該当します。

◇――労働者を支えたネットワーク～梅と芋と薬草と～

鉱山労働者は鉱脈を求め移りゆくもの。彼らや、彼らを支える各種生業を担う人々が身につけてきた様々な習慣や技術もまた、鉱山が引き寄せた人・モノでした。生野が本格的に開坑した天文一一年（一五四二）頃、石見から鉱夫・技術者がこの地に移住したといわれますし、生野同様に石見からの技術者を受け入れた佐渡島には、今も石見姓が存在します。開坑後は、多くの山師が銀鉱脈を見立て、領主（幕府の奉行や代官）から採掘権を得、鉱脈が尽きれば拠点を移し、時には但馬国外へと旅立ちました。

鉱山を支配する代官たちもまた、山を介して異動しました。それを示してくれる歴史文化遺産は、天領たる鉱山で代官が交代するごとに作成された、江戸時代版の絵手紙・画集「鉱山絵巻」です。任を終えた代官はこれを持ち帰り、土産話に花を咲かせたでしょう。鉱山絵巻の構成と展開には定型があり、ほぼ全ての絵巻は採掘の様子に始まり

写真７　銀山絵巻「山のぼり」（朝来市所蔵・朝来市指定文化財）

ますが、生野は違います。それは、正月二日の朝に山師と彼の抱える労働者と子供たちが、雪中を間歩に向かう様子です（写真7）。この行事を「山のぼり」といい、雪を銀に見立て投げ合う子供たちの姿は採れる銀の豊富なことを願う仕草、行列が携えている御馳走は山神への供物です。

代官一人の動きを示すものが鉱山絵巻であるならば、町全体の動きを示すものは何か—それは、短命かつ田畑をもたないサラリーマンである鉱山労働者のために考え、もたらされたアイデアや食料です。うち、本稿では食料と労働環境改善の対策例を紹介します。

生野銀山に関わる食料は岩津ねぎです。厳しい但馬の冬を丈夫に乗り切るために、享和三年（一八〇三）頃に京都から伝えられました。しかし、当時の生野は銀の残出量が激減し、生産の重心が銅に変わってから久しく、またその価格も安いためほぼ休山状態。つまり、多くの鉱山経営者・労働者が別天地を求め生野を去っていた可能性があり、この味に舌鼓を打った人は私たちが想像するよりも少なかったかもしれません。

石見で鉱山町の人々を象徴するのはサツマイモ（甘藷）。石見にそれがもたらされたのは岩津ねぎ栽培開始の約七〇年前、享保の大飢饉（享保一七年・一七三二）がおきた頃でした。当時の大森代官は井戸平左衛門正明。江戸の勘定奉行で実績を積んできた彼は、享保の飢饉前年に、六〇歳という高齢で着任しました。井戸は、着任と同時に幕府の後ろ盾を得たうえで、当時は持ち出しが禁じられていた種芋を入手し、栽培に乗り出しました。それが、やせた土地でも栽培可能な作物だからです。享保の飢饉後まもなく彼は逝去しましたが、甘藷の栽培は拡大し、中国地方各地で顕彰碑が建てられ、明治時代には彼を祀る神社も創建されています。日本海沿岸における顕彰碑の東端は鳥取市青谷町の『甘藷代官彰徳碑』。江戸期における甘藷栽培に係る資料が但馬海岸に存在しないのは、岩礁の多い地質と関係しているのかもしれません。

岩津ねぎと甘藷は、生野と石見を代表する食料ですが、間歩に入る労働者の為に両地域で共通して取り入れたモノがあります。梅の実です。間歩内で働く者は、そこで舞う粉塵や煤・煙をほぼ直接吸い込みます。それらは肺に溜まり、やがてヨロケ・気絶といった病を引き起こしましたが、梅の実に含まれる青酸配糖体が粉塵の解毒に有効だと認識していたようです。青梅の状態で多量に摂取すると目眩や呼吸困難を引き起こすので、塩漬けや梅干を口に含んだのでしょう。石見では大森代官所に召し抱えられた医師・宮太柱《みやたいちゅう》が梅肉を挟み込んで使う粉

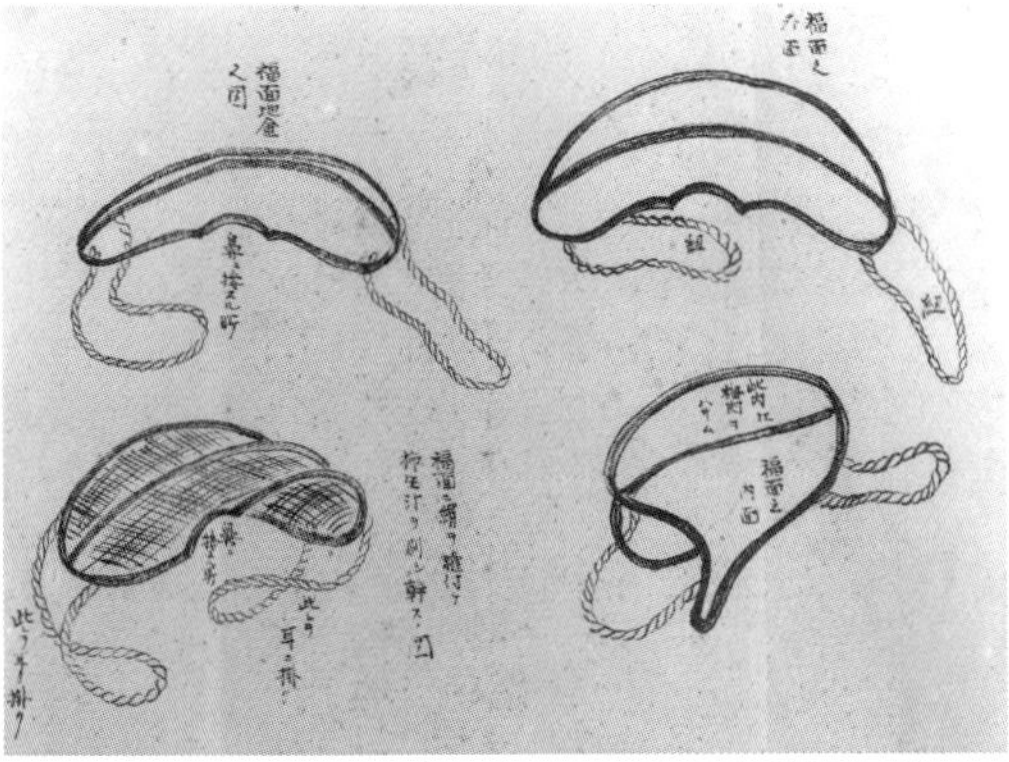

写真８　福面之圖（複製）（石見銀山資料館提供）

塵マスク『福面』を開発し、模式図が今に伝わっています（写真８）。梅の実の効用は生野にも伝えられたようですが福面はなく、代官が梅の木を栽培する土地の工面を庄屋に依頼したこと、坑道内での作業前後に梅干と濁り酒を口に含むよう指導した文書があるのみです。なお、生野の銀山絵巻中に福面を装着した人はいません。理由は模式図を見ればわかります。「福面に絹を縫い付け、柿生汁（柿渋）を刷し…」とあり、柿渋で染めた絹の布二枚の間に梅肉を挟み、さらに鉄枠に挟んで固定したもので、比較的高価な品だと思われます。場所や温度・粉塵の量次第では、福面に付着した粉塵で余計に息苦しくなり、作業に支障を来したかもしれません。また、太柱は薬草成分を含む蒸気を坑道内に送り込み、通気と空気の浄化・皮膚病・呼吸器疾病・防虫を図る装置『薬蒸管』も開発しましたが、やはり銀山絵巻には描かれていません。これも日常的に使うには支障があったのでしょう。

◇――銀山のその後～官営・生野鉱山と藤田組・大森鉱山～

江戸時代初期に生産のピークを迎えた石見・生野の両銀山。以降は坑道を掘り進めることで銀産出量が減少するいっぽう、水抜普請・通気・落盤防止対策などに充てる費用が経営を圧迫し、江戸時代後半期には休山状態へと追い込まれました。しかし、それはあくまで動力が人間であった時代のこと。外国船が頻繁に沿岸に現れはじめた幕末、薩摩藩などでは独自に外国人を雇い、新時代への備えを整えつつありました。そして明治新政府の誕生と同時に彼らは活躍します。当時、東アジア以外では銀本位制が終焉を迎えていましたが、残る需要に応じるべく、これまで安定的に銀を供給してきた生野の復活について、新政府はフランス人鉱山師・コアニェに調査させたのです。そして天領から生まれ変わったのが、火薬や蒸気機関等の新たなエネルギー源を活用した官営・生野鉱山と鉱山町（写真9）・生野鉱山寮馬車道と関

写真9　金香瀬山坑口（朝来市所蔵）

写真10　石州大森鉱山永久坑道（石見銀山資料館提供）

連資産群でした。馬車道の開通に伴い、町の様子は激変しました。

いっぽう、松江藩家老が所有していた石見銀山は、大阪経済界の重鎮・藤田傳三郎率いる藤田組に買収されました。藤田組は秋田や台湾などで鉱山を経営しており、石見でも生野のような復活劇を望んだのでしょう。彼らはフランス人技師を招こうとしたようですが、実際は既存の間歩に手を加えた設備（写真10）で創業したため火薬は使えません。しかも、期待したような成果はなく、清水谷《しみずだに》選鉱場・精錬所も一年弱で閉鎖しました。一時的に盛り返した時もありましたが、昭和一八年（一九四三）の水害により、完全閉山しました。

世界経済を支えた二つの鉱山は、その出発点も終焉も異なりました。しかし、そこに引き寄せられ、利益や幸せを求め懸命に生きた人がいた事実こそは、最も大切な共通事項です。今日、日本各地の鉱山町に生きる人が地域を超えて手を取り合い、各々の記憶の継承と価値の再発見をいかに進めるかが、特色ある一地方として輝くための鍵となるでしょう。

フランス人技術者と銀の馬車道

白井 智子

はじめに

明治六年から三年掛けて生野銀山（現朝来市）―飾磨津（現姫路港）間に築造された『銀の馬車道』。この馬車道を設計したのは、フランス人技師レオン・シスレーです。シスレーは、生野銀山再開発のために主任技師として明治政府に雇用されていたジャン＝フランソワ・コワニェの義弟で、コワニェの要請によりお雇いフランス人技師となり、播磨の近代化に貢献しました。

日仏両国における筆者による調査・研究から得た成果を基に、これまでの間違った情報の訂正と新情報を交えつつ、『銀の馬車道』を中心としてその周辺のフランス人技術者について紹介します。

『銀の馬車道』と「お雇い外国人」

『銀の馬車道』、正式名『生野鉱山寮馬車道』は、生野銀山の鉱物を飾磨津へ、また採掘・製錬に必要な資材や機械およびその他の物資を飾磨津から生野へ、馬車で大量・円滑に輸送するために造られた道です。当時の最新技術を導入して築道され、「日本最初の高速産業道路」とも言われ、日本の重要な近代化遺産です。『銀の馬車道』という名は、平成一五年（二〇〇三）頃、この道を地域振興や観光振興に活用するために付けられた別名で、平成二九年（二〇一七）三月、生野銀山・神子畑鉱山（朝来市）・明延鉱山（養父市）の三エリアを合わせた『鉱石の道』（平成一六年・二〇〇四に命名）と共に「日本遺産」に認定されました。

この道を建造したのは、明治新政府により生野鉱山寮のために雇用されたフランス・リヨン出身の「お雇い外国人」レオン・シスレー（一八四七―一八七八）です。「お雇い外国人」とは、日本の近代化、富国強兵、殖産興業を目的として、欧米の技術などを取り入れるために雇用された外国人のことです。明治新政府は、長年の鎖国により技術や制度など様々な面で欧米諸国からの日本の遅れを痛感し、早急に日本を近代化したいと考えました。それには財力が必要で、検討の末、戦国から江戸時代にかけてそれぞれの時代の為政者により乱掘され、閉山状態だった生野銀山を政府直轄にして財源とすることを決定しました。そこで、生野銀山を早急に新しい技術で再開発するために、「お雇い外国人」を雇用することになりました。

レオン・シスレー

「お雇い外国人」として最初に雇用されたのは、フランス人技師ジャン＝フランソワ・コワニェ（一八三七―一九〇二）です。コワニェは、「薩摩藩遣英使節団」として滞欧中の薩摩藩士、五代友厚（一八三六―一八八五）の依頼により、薩摩藩領内の鉱山開発のために慶応三年（一八六七）より鹿児島に来ていました。明治元年（一八六八）九月、コワニェは、既に来日していたことから、明治政府の外交官となっていた五代友厚の勧めで、生野銀山開発のお雇い外国人に任命されました。明治政府お雇い外国人第一号です。彼は、日本滞在中、生野銀山だけでなく日本全国の鉱山を視察・開発指導を行い、日本の近代化にも貢献した人物で、日本の近代史上重要人物の一人です。

ジャン＝フランソワ・コワニェ

◇――コワニェの正式名とカタカナ表記

筆者がフランスにおいて入手したコワニェの出生証書、婚姻証書、死亡証書など戸籍関連資料を確認したところ、彼の姓名の正確なフランス語表記は「Jean-François Coignet」です。一方、生野銀山跡地の案内板や紹介資料に記載されているコワニェの姓名のカタカナ表記は、「ジャン・フランソア・コワニエ」を始め、「コアニエ」「コワニェ」「コワニー」「フランソワ」「フランシスク」と表記がまちまちです。日本の近代化史上重要人物の名のカタカナ表記が統一されていないことは重大な問題であり、フランス語の発音法に従った正しいカタカナ表記と表記の統一を以下の通り提案します。

コワニェの名（ファーストネーム）Jean-François は、フランス人に多い名で、例えばバルビゾン派の画家ミレー（Jean-François MILLET, 一八一四—一八七五）も同じ名です。ミレーの名のカタカナ表記について調べて見ますと、彼の場合、「ジャン＝フランソワ・ミレー」とカタカナ表記がほぼ統一されています。コワニェの名にもミレーと同じ表記法を採用することにします。姓 Coignet の「Coi」も「フランソワ」に従い「コワ」とし、「gnet」はフランス語の発音に近い「ニェ」と表記するのが妥当でしょう。従って、既にタイトル他で記していますが、コワニェの姓名のカタカナ表記は「ジャン＝フランソワ・コワニェ」に統一したいと考えます。

生野銀山お雇いフランス人

生野銀山は、明治新政府が初めて直轄運営し、最初にお雇い外国人を投入した鉱山です。明治政府が生野銀山開発に注力していたことがわかります。政府は、明治元年（一八六八）九月にコワニェを採用後、明治一四年（一八八一）六月までの一三年間に総勢二四名のフランス人を雇用しました。そのほとんどがコワニェの人選によるものでした。彼らの中には、夫人や子供を同伴している者もおり、当時の生野はフランス人が行き交う西洋風のモダンな町でした。

当時のフランス発行の新聞を調査しますと、その頃頻繁に生野銀山について報道されていました。「日本は外国人技師による指導の下、鉱山開発に取り組んでいて、そのほとんどがフランス人である（拙訳）」とか「フランス人技師コワニェの指揮の下、作業が順調に進んでいる。生野村には、一五人からなるフランス人小集団ができている（拙訳）」などと報道されており、生野は多くのフランス人が働く町としてフランスで知られていました。

二四名のお雇いフランス人の給与を確認しますと、コワニェとシスレーの他、技師三名―ムーシェ、セヴォス、レスカスと、医師二名―エノン、マイエが特に高給でした。鉱山技師ムーシェ（Émile Théophile MOUCHET, 一八四五―一八九五）とセヴォス（Denis SÉVOZ）はコワニェの鉱山開発のアシスタントとして、建築家レスカス（Jules LESCASSE, 一八四一頃―一九〇一）は

コワニェの住居（左）とムーシェの住居（右）

フランス人向け住居建築のため、医師エノン（Aurélien François Augustin HÉNON, 一八三七―一九〇五）とマイエ（François Eugène MAILLET）は西洋医術でフランス人達の医療のために雇用されました。当時の官員録記載の各等級の給料と比較しますと、コワニェは、国のトップの太政大臣、三條実美と同じ額で、ムーシェとセヴォスは、国の政治を担う重要人物、岩倉具視、大隈重信、伊藤博文らより上かほぼ同額、それ以外の人たちも同じ職種の人たちより遥かに厚遇でした。このことからも、政府は生野再開発を重視し、いかに彼等への期待が大きかったかがわかります。

◇――ジャン＝フランソワ・コワニェ　～誕生から学生時代まで～

コワニェは、一八三七年、薬局経営のジャン・マリー・コワニェ（Jean Marie COIGNET, 一七九八―一八四九）とその妻アントワネット（Antoinette, 一八一四―一八五五）の長男として、フランス南東部の町サン＝テティエンヌ（Saint-Étienne）で誕生しました。サン＝テティエンヌは、フランス第二の都市リヨンの南西約六〇キロメートルのところに位置し、現在は、人口約一八万人の小都市となってしまいましたが、かつては、炭坑や武器製造の街、金属や重工業の街として栄えていました。コワニェが生まれた一九世紀初頭、サン＝テティエンヌ一帯は、フランスで最大の工業地帯で、フランスにおける「産業革命の発祥の地」と言われています。サン＝テティエンヌはまた、一八二七年にフランスで最初に鉄道が開業したことでも知られています。当時、フランスの石炭の全生産量の半分がサン＝テティエンヌの炭鉱で産出されており、鉄道敷設は、石炭をその北西一八キロメートルのところにあるロワール川の河港アンドレジュー（現アンドレジュー＝ブテオン，Andrézieux-Bouthéon）まで輸送するのが目的でした。馬が牽引する輸送方法で、それは『銀の馬車道』築道のヒントにもなったと推測されます。

このように工業が盛んであったサン＝テティエンヌで生まれ育ったコワニェは、当然、当時花形の職業であった鉱業に関心を持ち、鉱山士を目指して地元の鉱山学校に入学しました。

コワニェが入学したサン＝テティエンヌ鉱山学校は二年制で、コワニェはここで鉱物学、数学、物理学、化学から建築工学、地質学など、鉱山開発に必要な全ての学問・技術を修得しました。試験は、各科目、筆記と口頭試験が行われ、成績は、試験の点数の他、日頃の出席点・授業態度・小テストの点数も加味されました。全ての科目で合格点を取らないと進級することも卒業することもできない、厳しい学校でした。コワニェのクラスには一年目は二五名の学生がいましたが、最終的に卒業および技師の免許を取得できたのは一二名でした。コワニェは、一二名のうち五位で卒業し、優秀な学生でした。

前述のコワニェ同様に高給であった技師ムーシェとセヴォスもこのサン＝テティエンヌ鉱山

学校の卒業生でした。二人とも常にクラスの一～三位に位置し成績優秀でした。コワニェの人選基準は、優秀かつ母校の後輩など信頼できる人材であったことがわかります。

◇──コワニェファミリー

コワニェの祖父と曽祖父はサン＝テティエンヌの工業である武器製造の専門家で、機械に精通していました。父は薬局経営、伯父や従兄たちは化学者や建築家、というようにコワニェファミリーは全て理系の家系でした。鉱山開発や工場建設にはこれらの専門知識が必要であるため、コワニェは生野銀山再開発において、家族から助言をもらっていたことは十分考えられます。コワニェファミリーの中で、特に父親の五歳年上の兄、即ち伯父の一家はコワニェに直接あるいは間接的に大きく影響を与えたと想像されます。伯父ジャン＝フランソワ・コワニェ（コワニェと同姓同名、一七九三―一八四六）の家族は全員化学者で、リヨンのラ・ギヨティエール（La Guillotière）で大きな化学工場「コワニェ工場（Usine Coignet）」を経営し、膠による接着剤を発明するなど、リヨンでは有名な一家でした。

さらに、伯父の子供や孫たちは、化学者以外に別の顔も持っていました。長男、即ちコワニェの従兄のジャン・フランソワ（彼もまたコワニェと同姓同名、一八一四―一八八八）は、「コワニェコンクリート（Béton Coignet）」と呼ばれる、鉄筋コンクリートの先駆けとなる鉄鋼入りのコンクリートを考案した建築技師で、建築界でも名が知られています。三男（同様にコワニェの従兄）のエティエンヌ・ステファーヌ（Étienne Stéphane, 一八二〇—一八六六）とその息子ジャン・ジャック・フランソワ（Jean Jacques François, 一八五五—一九四七）はリヨンで政治家としても活躍しました。彼らのリヨンへの貢献度は大きく、工場や住居があった通りにはその功績を称えて彼らの名を冠しています。

コワニェの生野銀山での卓越した業績は、このようなコワニェファミリーのＤＮＡの影響も大きいです。

コワニェ通り

◇——コワニェの生野再開発とレオン・シスレーとの繋がり

コワニェが生野銀山を早急に刷新するために、パリの理工科学校（エコール・ポリテクニーク）出身のフランス人技師レオンス・ヴェルニー（François Léonce Verny, 一八三七―一九〇八）が首長を務める「横須賀製鉄所」（慶応元年（一八六五）開設、明治四年（一八七一）「横須賀造船所」に改称）やフランスから取り寄せた西洋機械・機器と最新技術を導入すると、早速その効果が出始め産出量が急増しました。生野で採掘した銀は、まず生野で製錬し、五代友厚が日本の貨幣制度改革のために建設した「大阪造幣寮」に届けました。その輸送方法は、船あるいは馬で姫路の港まで運び、そこから船で大阪に届けるか、あるいは、海まで出ずに内陸部を利用して大阪まで運ぶ方法でした。しかし、生産量が著増した他、発注した機械の搬入、機械を稼働するための石炭や物資の運送など、輸送量全体が激増したため、円滑かつ迅速に輸送するために輸送手段の改善が必要となりました。この輸送手段の改善と近代化のために白羽の矢が立ったのが技師のレオン・シスレー、正式名レオン・オレリアン・ルイ・シスレー（Léon Aurélien Louis SISLEY）でした。

レオン・シスレーは、コワニェがフランス・リヨンで待たせていたフィアンセ、マリー・エリザ・オクタヴィ・シスレー（Marie Elisa Octavie SISLEY, 一八四四―一九二四）の三歳年下の弟で、サン＝テティエンヌ鉱山学校でも一年間学んだ経験がありました。姉マリーが、一八七二年三月四日に、生野に必要な機械等の購入や技師の人選のため一八七一年九月から一時帰国中のコワニェと結婚したことにより、コワニェと義兄弟になりました。コワニェから、日本の仕事を手伝ってくれるよう頼まれたシスレーは、これを快諾しました。

レオンは、明治五年（一八七二）二四歳の時に来日しました。日本に着くや否や生野―姫路間の道路調査を開始し、生野から姫路までの既存の街道を修復しながら、新たな道「馬車道」を造る計画を立てました。

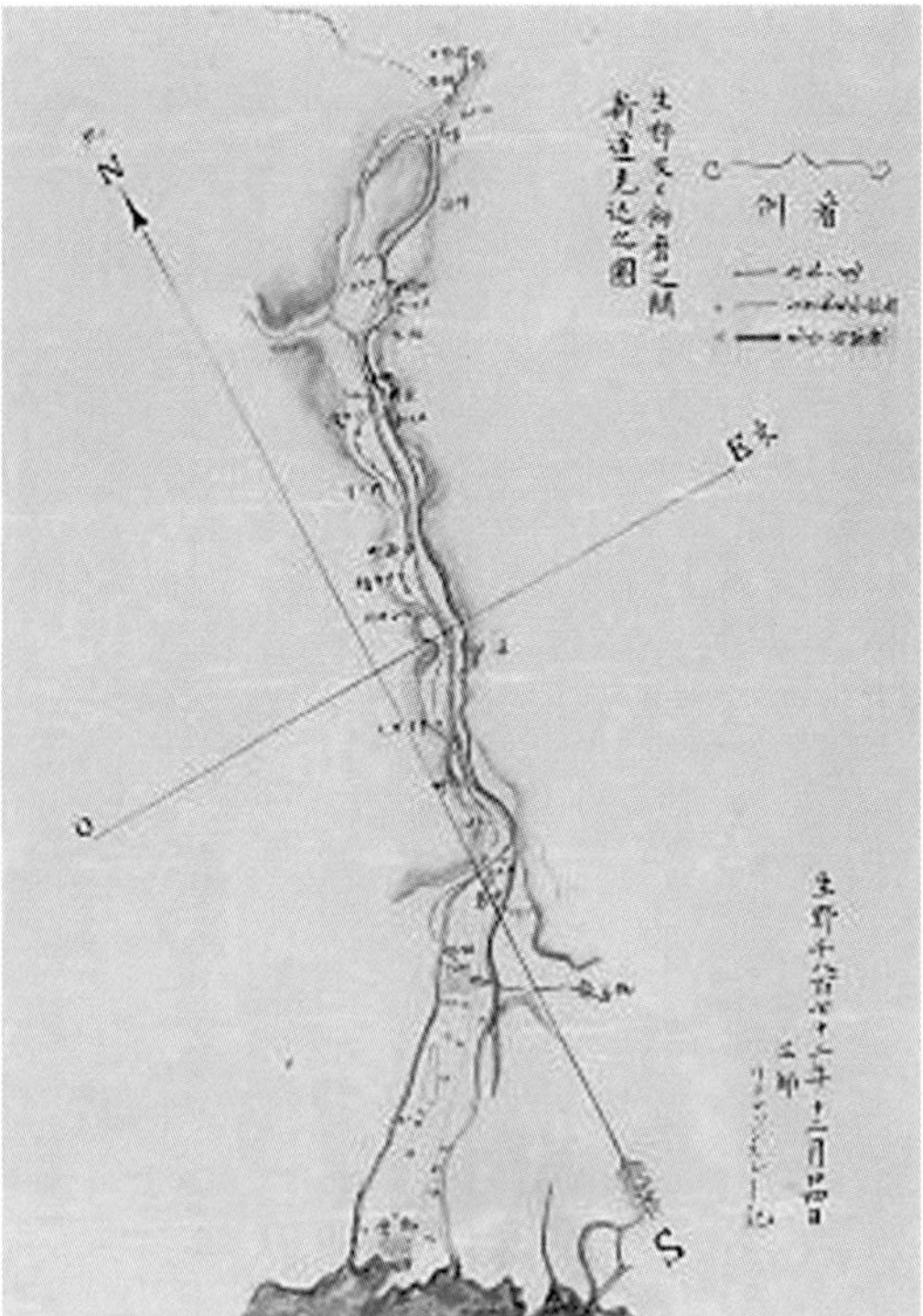

シスレーによる『銀の馬車道』の設計図

レオン・シスレーについて、明治六年（一八七三）四月二五日付の『太政類典』に「鑛山師コアーニ儀弟シスリート申者彼地へ罷り有在鑛山諸學并建築士熟達ノ者ニ付一ケ年間御雇入相成度尤」と、「熟練した鉱山士かつ建築士」であると記載されています。シスレーは、三年掛けて生野銀山・飾磨津間約四九キロメートルに当時の最新工法、「マカダム工法」を用いて「日本最初の産業高速道路」と言える馬車道を築道しました。この「マカダム工法」は、一八一五年イギリスの道路技術者ジョン・ラウドン・マカダム（John Loudon McAdam, 一七五六―一八三六）が馬車交通用に開発した砕石道工法です。耐久性にすぐれかつ安価であり、技術的にも容易で施行期間が短くできたので、ゴムタイヤの自動車が出現するまでの約一〇〇年にわたり世界に広く普及した道路舗装法で、「近代舗装の源流」とも言われています。このシスレー設計による馬車道のお蔭で、物資・機械類の輸送が円滑になり、鉱産物の増産にも繋がりました。

◇――シスレーファミリー

レオンの家系について調査したところ、レオンには親戚の中に二人の世界的に有名な画家がいたことがわかりました。一人は、フランス生まれのイギリス人印象派画家として知られるアルフレッド・シスレーです。レオンとアルフレッドは、イギリス生まれの共通の曾祖父を持ち、父親同士が従兄弟（いとこ）で、レオンとアルフレッドは、再従兄弟（はとこ）の関係です。彼らの先祖は、ユグノー、つまりカルバン派のプロテスタントで、一六八五年にルイ一四世の「ナントの勅令」廃止により、信仰の自由が認められなくなり、迫害されたためイギリスに亡命しました。卸売商をしていたアルフレッドの祖父トマ（Thomas Francis, 一七七一―一八一九）はフランスに移りフランス人女性と結婚し、レオンの祖父ジャン（Jean, 一七七九頃―一八五二）はベルギー人女性マリー・ワルテリーナ・テレーズ（Marie Walterina Thérèse VAN DAEL, 一七六八―一八四六）と結婚し、オランダに居住地を移しました。絹織物卸商をしていたレオンの父ジャン・フランソワ・アンリ（Jean François Henri SISLEY, 一八〇四―一八九一）は、リヨン絹織物産業の中心地リヨンで仕事をするようになり、そこでフランス人女性と結婚し、フランスに帰化しました。その後、園芸家に転身し、リヨン、ラ・ギヨティエールの自宅の庭で植物の研究や品種改良を行い、ヨーロッパの園芸界に多大な影響を与えるフランス園芸界の重鎮になりました。このような経緯から、レオンとアルフレッドはフランス生まれですが、国籍は異なります。

もう一人の画家の親戚は、上記父方の祖母マリーの兄、ヤン・フランス（仏語名：ジャン・フランソワ）・ファン・ダール（Jan Frans(Jean-François) VAN DAEL, 一七六四―一八四〇）です。彼は、「フランドル派の花の画家」とも呼ばれ、花や果物の静物画を描いた作品を多く

アルフレッド・シスレー『洪水と小舟』

残しています。

このように、コワニェファミリーは理系が多かったのに対し、シスレーファミリーは画家や絹織物、園芸関連など、芸術系が多く、対照的な家系だったようです。

エノンファミリー

ヤン・フランス・ファン・ダール『大理石の棚の上の花と鳥の巣』

レオン・シスレー同様、コワニェとマリーの婚姻によって姻戚関係となり、コワニェの要請で来日したもう一人の人物がいます。それは、先に高給者として紹介した医師のエノンです。正式名はオレリアン・フランソワ・オーギュスタン・エノン（フランス語表記は前出）と言い、一八五九年リヨンの病院の付属医学校に入学、一八六四年卒業、医師となりました。
彼の父ジャック・ルイ・エノン（Jacques Louis HÉNON, 一八三七―一九〇五）も医師でした。彼は、一八四一年からシスレー家やコワニェの伯父一家と同じリヨンのラ・ギヨティエールに住んでいました。レオン・シスレーの出生届を見ますと、父エノンが届出の保証人として立ち会い、サインをしています。シスレー家はエノン家と親しくしていたようです。父エノンは、

オーギュスタン・エノン

その後、ローヌ県の県会議員やリヨン市長などを歴任し、リヨンでは政治家としても著名な人物で、コワニェの伯父一家同様、リヨンの歴史書に必ず名が出てくる人物です。医師としてまた政治家として貧しい人々を熱心に助けたエノンは、現在、彼の功績を称えてリヨン市内の縁の地にある通りや地下鉄の駅に彼の名が付けられています。

そのような父をもつオーギュスタン・エノンも優秀で善良な人物だったと想像されます。明治五年（一八七二）一一月一八日付の『太政類典』には「元來風土不宜内外人モ往々疾病ニ罹リ候間醫師不相備置候ハテハ夫カ為事業ニモ差障候ニ付是迄同所ニ於テ月雇罷在候佛國醫師オーギエスタン、ヘノン儀醫術精良ノ人物ニ付従今ニケ年間御雇相成候」と、エノンの医術・人格が優れていることが記載されています。

エノンは、三歳年下の妹ジャンヌ・クレマンティーヌ・オレリー（Jeanne Clémentine Aurélie, 一八四〇—?）が一八六五年にレオン・シスレーの一一歳年上の兄エミール・ルイ・ジャン（Emile Louis Jean, 一八三六—一八八〇）と結婚したことによりシスレー家と姻戚関係となり、さらに一八七二年、レオンの姉マリーがコワニェと結婚したことによりコワニェと姻戚関係となりました。このような経緯でコワニェと出会い、彼の要請で官営鉱山最初の医師となりました。生野滞在中、西洋医学によって鉱山関係者だけでなく地元民の疾病や怪我を治療し、さらには周辺の医師たちに西洋医術を伝授しました。この他、コワニェが開校した日本最初の鉱山学校「生野鉱山学校」の教師も務め、コワニェが鉱山開発と同時に取り組んだ「人材育成」にも協力しました。

このように、コワニェと姻戚関係となったエノンとシスレーは、コワニェのプロジェクトを成功させようと、それぞれの専門の分野で力を発揮し、優れた業績を残しました。先述の通り、コワニェの人選基準は「優秀かつ信頼できる人物」でありました。信頼のおける姻戚関係者から協力者を選ぶことにより、コワニェは安心して自分の仕事に専念でき、計画通り生野銀山の近代化を成し遂げることができました。コワニェによる二人の縁者の起用は大成功だったと言えます。

◇――「生野鉱山学校」と卒業生の活躍

コワニェが生野就任二年目に開設した「生野鉱山学校」には、最新技術や西洋の学問を学ぼうと意欲溢れる人たちが全国から集いました。ここから卒業生十数名が世に出ましたが、自藩に戻って自藩の鉱山運営に尽くすなど、それぞれに後に目覚ましい活躍をしました。その中でも特にコワニェらフランス人技師から大きな影響を受けた人物が二人いました。一人は、後に住友の初代総理人となった広瀬宰平（一八二八―一九一四）、もう一人は後に「北海」という雅号で日本画家として活躍した高島得三（一八五〇―一九三一）です。

広瀬は当時、住友が経営する別子銅山の総支配人でした。別子銅山の近代化を目指して、明治元年（一八六八）より二度に亘って生野に出仕し、自ら坑内に入って熱心に最新の西洋の鉱山技術を学び、別子銅山に応用しました。コワニェと親しくなった広瀬は、コワニェを別子に招聘し、開発のための指導を受けた他、生野銀山を近代化の模範鉱山マザーマインとみなし、生野に倣って西洋機械や技術を導入したり、パリ鉱山学校出身のフランス人技師ルイ・ラロック（Louis Claude Bruno LARROQUE, 1836-1883）を雇用した他、『銀の馬車道』を参考に、別子に馬車あるいは牛車道を建設するなどして、別子銅山を近代化へと導きました。日本の近代資本主義の発展において、コワニェらもその一翼を担ったと言えるでしょう。

一方、高島は、明治五年（一八七二）、二二歳の時に鉱山寮十四出仕技術心得として生野に赴任し、四年間生野に滞在しました。彼は、これからは国際化の時代となることを見越して、外国語、特にフランス語を学ぶべきであると考え、フランス人が多く滞在する生野銀山に行くことを目的として生野を管轄する工部省に入省しました。筆者が入手した高島直筆履歴書には「工部省御雇生野鑛山山技師長仏蘭西人コニエー氏ニ就キ地質学ヲ修ム」と書かれています。

高島は、工部省から生野に派遣されてコワニェの鉱山学校でフランス語や地質学などを学びました。勉強熱心で、フランス人から多くのことを吸収しようと常にフランス人と行動を共にしていた高島は、すぐにフランス語が上達し、馬車道築造の際、通訳に抜擢されました。

明治九年（一八七六）四月、馬車道が完成すると、その二か月後の六月、今度はコワニェの東北・北海道への視察旅行の通訳兼助手に任命されました。高島は四か月間コワニェと共に、コワニェが政府や五代友厚より依頼を受けた阿仁銅山、院内銀山、半田銀山などの官営あるいは民営鉱山を周って、コワニェの実地調査や技術指導の手伝いをしました。高島は余程フランス人らから高い評価と信頼を得ていたようです。絵を描くのが好きだった高島は、旅行中、コワニェと森林を観察しながらスケッチも楽しみました。五三歳の時に日本画家に転身し、その後中央画壇で活躍しますが、彼の晩年の手記に「私の地質学の智識も、将来画家としての研究の上に、実に大恩人の役目をなしたのである」と書いているように、高島はコワニェらフランス人から得た、地質学などの知識を活かして絵を描いていました。

コワニェらフランス人技師が高島に与えた影響はこれだけではありませんでした。高島の詳細については次項以降で紹介します。

◇——高島北海と『銀の馬車道』

幼い頃より父から南画の手ほどきを受け、絵が得意だった高島は、馬車道建設中、通訳をしながら、「通弁書」と自らタイトルを付けた手帳に、建築の様子や工事に使用された測量器・道具を精密に絵で記したり、フランス人から聞いたことを、フランス語を交えて細かく記録したりしていました。この記録帖から、当時の工事の様子や高島とシスレーとの親交の様子を垣間見ることができます。

また、記録の内容から、フランス人たちの考えや工事の詳細についても知ることができます。例えば、フランス人らの考えやシスレーらフランス人は、日本の近代化と文明開化のためには「道」を切り開くことが最重要であると考え、鉄道ではなく、一番メリットの多い「馬車道」を築道することに決めていたこと、そして、その「道」の測量には、フランス発祥のメートル法が、明治八年（一

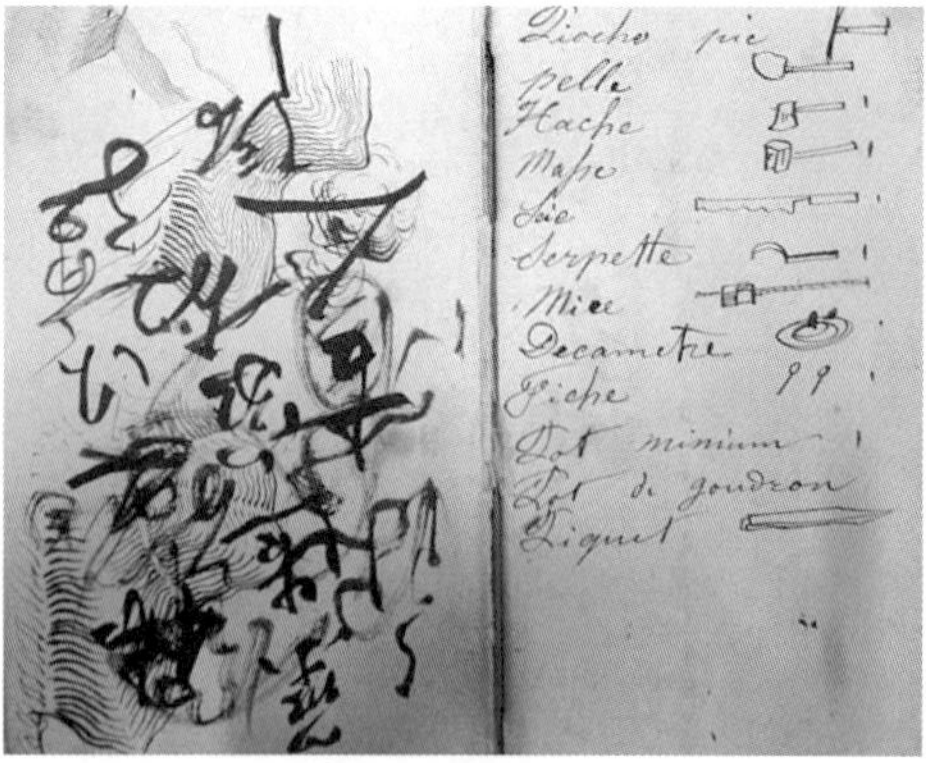

高島北海の手帳

八七五）の「メートル条約」締結の前にも拘わらず、既に用いられていたことがわかりました。日本は明治一八年（一八八五）に本条約に加盟、翌年「メートル条約」公布、本格的な普及は昭和二六年（一九五一）以降ですので、「馬車道」築道には、世界に先駆けてメートル法で測量されていたことになり、日本の建築史上、画期的なことです。

明治九年（一八七六）、馬車道は完成しました。完成を称えて、工事が最も難航した生野橋の袂に記念碑が立てられました。この碑には、シスレーや高島ら工事の功労者の名前や監督役の朝倉盛明による工事の経緯説明文などが刻まれています。朝倉盛明（朝倉清洲、一八四三―一九二五）は、慶應元年（一八六五）、薩摩藩遣英留学生の一員として五代友厚らと共に渡欧し、同三年（一八六八）までフランスでフランス語や鉱山学を学びました。帰国後、薩摩藩でフランス語教師やコワニェの通訳を務め、明治元年（一八六八）からは、コワニェの通訳兼主任

馬車道修築碑

としてコワニェと共に生野に赴き、鉱山の近代化に尽力しました。

◇――高島とエミール・ガレ

コワニェがフランスへ帰国してから七年後の明治一八年（一八八五）年、高島は、生野での活躍とフランス語能力を買われて、政府の命で三年間フランス北西部ロレーヌ地方の都市ナンシーの森林学校に留学しました。現在の学校内には高島専用の特別展示室が設けてあり、そこには高島の関連資料やデッサンが展示されています。

日本画が得意だった高島は、留学中、エミール・ガレ（Charles Martin Emile Gallé，一八四六―一九〇四）を始めとするナンシーの芸術家たちと親交を持ち、彼らにコワニェらから学んだ植物学や地質学を応用した日本画を披露してジャポニスムの影響を

留学中の高島北海（後列左から７人目）

与えました。中でもガレは高島が描いた日本の植物や昆虫を作品に取り入れるなど高島から大きく影響を受け、後にナンシー派のアール・ヌーヴォーを開化させました。ガレは、高島帰国の翌年に開催された一八八九年のパリ万国博覧会で陶器、ガラス、家具の三部門で入賞を果たし、その次の一九〇〇年のパリ万博ではグランプリを始めとする数々の大賞を受賞しました。少なからず高島の影響を受けた証でしょう。一方、高島もナンシー時代の功績が評価され、森林学校を卒業した年の明治二一年（一八八八）、日本人として初めて、フランス政府より「教育功労勲章」が贈られました。

こうしてコワニェらお雇いフランス人を通してフランスから得たものが、高島を通じて日本からの贈り物としてフランス芸術におけるジャポニスムやアール・ヌーヴォー開花に影響を与えました。『銀の馬車道』がなければ、フランスのナンシー派のアール・ヌーヴォーの成功はなかったかもしれず、そう考えると、『銀の馬車道』はフランスの美術にとって大きなカギを握るものだと言っても過言ではありません。

シスレーとノイバラ

シスレーは、『銀の馬車道』建造事業に加え、別の分野、即ちフランスの植物・園芸界においても同じように活躍していました。

当時のフランスは、シーボルト（Philipp Franz Balthasar von Siebold, 一七九六―一八六六）の著書『日本植物誌』（Flora Japonica）や一八六七年のパリ万博での日本の植物の紹介などにより、日本の植物への関心が非常に高まっていました。そのような中日本に渡る、著名園芸家の子息であるシスレーは、フランスの園芸・植物界から日本の植物に関する情報提供を期待されており、また父親からも珍しい植物があればフランスに送るよう頼まれていました。彼は、故郷の人たちの期待に応えるべく、馬車道建築中や行く先々で植物を観察し、時に高島ら日本人にも協力してもらい、日本の植物の種子や球根を収集し、説明書と共に父親に送りました。当時のフランスの植物関連の雑誌を調べますと、日本の植物に関するシスレーの報告書や父に送った手紙が頻繁に掲載されており、シスレーの名や『銀の馬車道』沿線の地名を見ることができます。当時のフランスでは、姫路や生野は、鉱業・建築界だけでなく、植物界や園芸界においても注目されていました。

シスレーが送った植物の種子の中で、父ジャンを特に喜ばせたのは、当時フランスでは珍しい房咲きのバラである日本原種のノイバラでした。リヨンは、一八五〇年から一九四〇年の約一世紀に亘ってバラ産業に力を入れて発展させてきた歴史を持っており、「バラの都」（Capitale des Roses）と呼ばれていました。シスレーの父ジャンもバラの育種を手掛けたり、リヨンのテット・ドール公園（parc de la Tête d'or）でバラの展覧会を主催したりしていました。ジャンの友人が後に植物雑誌の中で「私の旧友のジャン・シスレー氏のリヨン・モンプレジールの庭には、彼の息子が日本から送ってきたポリアンタやムルティフローラ（筆者注：ノイバラのこと）の大きな茂みがあった」とジャンの庭を思い出して書いています。ジャンは息子から受け取ったバラの種を庭に植え、その増殖に成功していたことがわかります。日本のノイバラはジャンの手によってリヨンで咲き誇り、人々を楽しませていたようです。

ジャンにはリヨン在住の著名バラ育種家の友人がいました。その人の名はジャン＝バティスト・アンドレ・ギヨー（Jean-Baptiste André GUILLOT，一八二七―一八九三）、通称ギヨー・フィスと言い、彼が作出したバラにジャンの娘たちの名を付けてジャンにプレゼントする間柄でした。ギヨー・フィスは、ジャンから貰った日本のノイバラと他の品種と交配を重ね、新種のバラを誕生させました。

このように、一八七〇年代、レオン・シスレーを通して、フランスに正確な日本の情報や植物が渡り、フランス人達を魅了す

ギヨー・フィス作『マリー・シスレー』（1868年）

ると同時に、フランスの植物・園芸界を豊かにしていました。

◇――お雇いフランス人帰国後の日仏交流　～今なお続く交流の絆～

フランス人が生野に滞在している間、『銀の馬車道』周辺では、様々な日仏交流が活発に行われていましたが、生野銀山再建終了と共に明治一四年（一八八一）に全てのフランス人が生野を去ってしまいました。しかし、これでフランスとの交流が終わってしまったわけではありませんでした。場所を日本からフランスに移し、フランス留学中の高島を通して続けられていたのです。

高島はフランスで帰国後のコワニェやエノンと再会し、一緒にリヨンやアルプスを散策したりして交流を深めました。その様子は、当時の高島の日記やアルバムから知ることができます。また、コワニェの紹介で、日本から帰仏直後に惜しまれつつ若くして他界した友人レオン・シスレーの父ジャンと知り合い、植物という共通の興味を持つことから親しくなり、ジャンの誘いで彼が関わっている園芸雑誌に日本の植物の紹介記事をイラスト

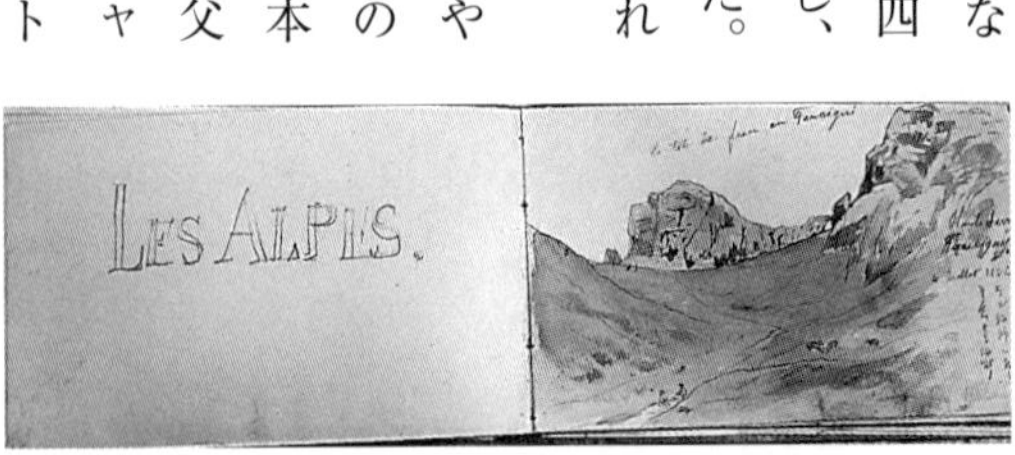

フランス留学時代の高島北海のアルバム

付きで投稿したりしていました。明治二一年（一八八八）、濃密な三年間のフランスでの学生活を終えた高島は、フランスを発つ前に彼らの家を訪れ、数日間を過ごして名残を惜しみました。

そして、時代は現代へと移り、前述のギヨー・フィスの玄孫（やしゃご）ドミニク・マサド（Dominique MASSAD）氏が、ギヨーの跡を継いで世界的著名なバラ育種家となり、数々の日本のノイバラの遺伝子を持つ新たなバラを生み出しています。

現在、筆者の働きかけで、マサド氏の作出のバラが、シスレーゆかりのバラとして、また「日仏交流のシンボル」として、兵庫県および姫路市協力の下、馬車道沿線上に植栽され、地域住民により大切に育てられています。

おわりに

以上のように、お雇いフランス人らは日本の近代化のために、極東の国日本において懸命に働き、それと同時に日仏両国の交流にも努めました。シスレーがフランスに送った日本の植物は、彼らが日本に遺した技術や学問と共に今なお生き続けています。彼らが紡いだ日仏の「絆」は現在もなお続いているのです。

日仏交流史研究を専門とし、また姫路における日仏交流促進を主な目的とした「姫路日仏協会」を主宰する筆者は、彼らの熱き想いと努力を引き継ぎ、今後も姫路とフランスとの交流がより一層活発になるよう尽力していきたいと考えます。

　本稿を読まれて生野銀山や『銀の馬車道』に興味を持ってくださった方は、当時の豊かな日仏交流に思いを馳せながら『銀の馬車道』を辿っていただけると幸いです。

屋形宿から見た
生野街道と馬車道開設

水谷 康夫

はじめに

私が生まれ育った神崎郡市川町神崎の市川を挟んだ対岸に屋形地区があります。市川町で唯一の宿場があった所です。今から二十年ほど前に市川町史編集委員の依頼を受けた時、ごく自然に屋形宿については私が書きたいと思いました。屋形のすぐ近くに住んでいながら、屋形のことはほとんど何も知らなかったからです。高校の社会科教員の私にとって、これがそもそもの郷土史研究との出会いでした。その後、地元に残る読み慣れない古文書と悪戦苦闘を続けた末、平成一七年に『やさしい市川町の歴史』を分担執筆しました。それから十年余り経ち、平成二九年に「銀の馬車道・鉱石の道」が日本遺産に認定されてから、急に私のところにも風が吹いてきました。『バンカル』の執筆依頼、そして播磨学特別講座の講師依頼です。それを機に、今度は地元の長老からも聞き取りを重ね、様々なご教示を受けながらさらに研究を進めていきました。

屋形には「屋形区長文書」（以下、屋形文書）などの古文書がよく保存され、その内容も宿場町ならではの多岐にわたります。今回はそれをもとに、「屋形宿から見た生野街道と馬車道開設」と題して、お話をさせていただきます。

◇──生野街道の宿場とその運営

生野と姫路を結ぶ生野街道（但馬街道）は、江戸時代、生野に代官所が置かれていたこともあり、幕府役人から西国巡礼の庶民にいたるまで広く利用されました。また、生野銀山から大坂への銀の運搬路としてもとても重要でした。

生野─姫路間の宿場（宿駅）およびその領主は、北から南へ次のように配置されていました。神西郡森垣《もりがい》村・同郡真弓村・多可郡猪篠《いざさ》村（以上幕府領）、神東郡粟賀町村（旗本福本池田家領七千石）、同郡屋形村（旗本屋形池田家領三千石）、同郡仁豊野村（姫路藩領一五万石）。各宿駅間の距離は、森垣─屋形間はいずれも二里以内で近かったのに対し、屋形─仁豊野間だけは五里（約二〇キロ）と遠く離れていました。(1) そのため、屋形宿は北の粟賀宿から南の仁豊野宿まで南北六里半、さらには西方の前之庄まで三里半の継立《つぎたて》（継送り）をせねばならず、この街道で最小の領主の下、最大の負担を課せられていました（図1）。

宿駅には、武士や庶民を宿屋・茶屋などに休泊させる役割と、公用の諸荷物や通信物を次の宿駅まで運ぶ継立業務の二つの役割がありました。継立は問屋場という施設で駅役人の差配のもとで行われ、最高責任者は問屋、その補佐役は年寄、その下の書記役は帳付、人足・馬を指図する者は人馬指とよばれました。問屋場には、まず先触れの書状が届きます。これは、御用通行の際に前もって沿道の宿駅に人馬の継立を準備させた命令書です。これを受けて宿駅は具体的に人馬を手配します。

では、屋形文書に残る安政六年（一八五九）の「御先触写并《なら》びに御用状継立帳」より、その仕組みを具体的に見ていきましょう。この文書の三月晦日の記述はこうなっています。

「御用状紙包一つ。賃銭二百十五文を仁豊野宿より受け取り、うち五十文は人足一人分として引き、残りの百六十一文を粟賀宿まで継送りました」

このように、継立は先触れ等の書状・荷物・賃銭がワンセットになっており、賃銭は各宿駅がそれぞれ必要分を受け取り次の宿駅に送る、というシステムで運営されていました。

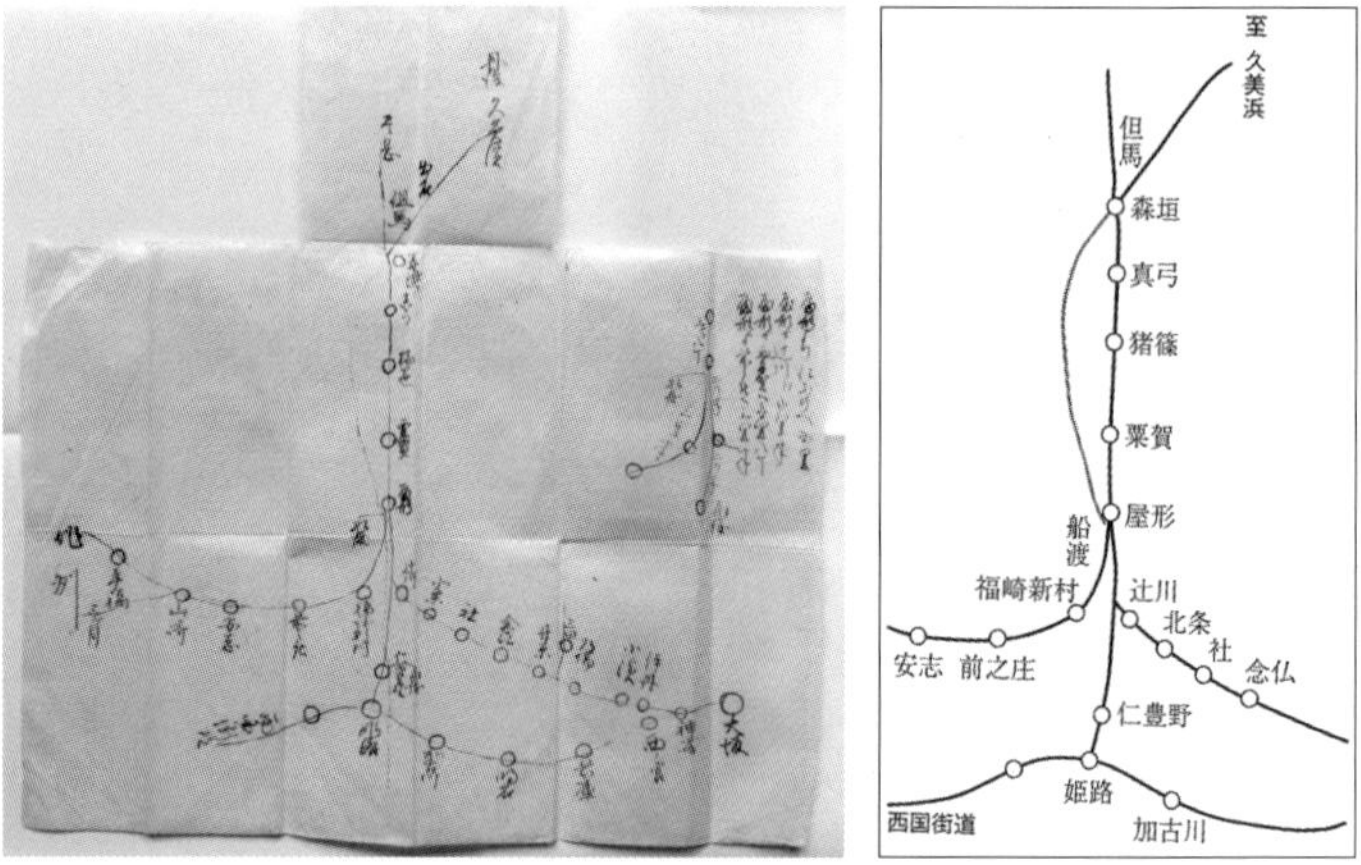

図１　街道図（屋形文書より。右は解読図）

次に人馬賃銭の三つのパターン、無賃、御定《おさだめ》賃銭、相対《あいたい》賃銭について見ていきましょう。そもそも宿駅は領主階級の御用通行のために設けられたもので、この際将軍の朱印状か老中の証文がある場合は無賃、それがない場合は御定賃銭をもって利用できました。御定賃銭は安価な公定料金でしたが、庶民は宿駅と相対で決めるその二〜三倍は高い相対賃銭を支払っていました。ただし、利用客の支払う人馬賃銭だけでは到底足りず、自領に宿駅をもつ領主は宿駅に対して駅場手当を出していました。この利用客が支払う人馬賃銭と駅場手当が宿駅の収入というわけです。

宿場人足には、生野街道の場合、地元の宿村の農民が当たっています。東海道のような大きな街道には助郷(2)がありましたが、脇街道の生野街道にはそれがなく、人馬の負担は御用通行を除いては宿村一村のみで凌いでいました。

表1は元治二年(一八六五)時点での生野街道四か宿の駅場手当を、表2・3はその出人馬数を示したものです。幕末になるにつれ四か宿の出人馬数が増加し、臨時の駅場手当も追加されていることがわかります。文久三年(一八六三)から翌年にかけて特に出人馬数が多くなっているのは、同三年一〇月に「生野の変」(尊王攘夷派が倒幕のため生野に挙兵した事件)が起り、臨時通行が急増したためと推察されます。表1〜3より四か宿を比較すれば、姫路藩領内の仁豊野宿が、伝馬《てんま》(宿駅に常備された公用馬)も置かれ臨時の人足も藩から派遣されるなど、他

表1　四か宿　駅場手当比較

宿　駅	駅馬手当	内　訳
仁豊野	御米11石 御米10石5斗 御米8石 人足200人	定式手当 文久2(1862)〜元治元年(1864)まで3か年の臨時手当 安政6(1859)〜慶應2年(1866)まで8か年の臨時手当 元治元年、臨時通行増加による臨時人足
屋　形	御米10石 御米10石 御米5石 御米2石	定式手当 5年期限で年々継続されている臨時手当 文久3年(1863)、臨時通行増加による1年限りの臨時手当 元治元年、臨時通行増加による1年限りの臨時手当
粟　賀	御米15石 銀1貫目	定式手当 10か年賦による貸し銀(米約7石に相当)
猪　篠	銀3貫996匁9分	万延元(1860)〜元治元年の5か年の手当(米約26石に相当)

注)表1〜3、表5は元治2年(1865)「人馬賃銭御割増年延願書控帳」(屋形文書)より作成。
米1石=10斗=150kg。1貫=1,000匁=10,000分=3.75kg。

表2　四か宿　出人足覚(無賃添え人足含む)

年次等	仁豊野	屋　形	粟　賀	猪　篠
安政7(1860)年	1,038人	2,115人	2,318人	1,311人
万延2(1861)	1,161	2,358	2,082	1,285
文久2(1862)	1,119	1,958	2,020	1,411
文久3(1863)	1,392	3,175	2,803	1,824
元治元(1864)	1,405	2,834	2,355	1,989
5年間合計	6,155	12,435	11,578	7,820
5か年平均	1,231	2,487	2,316	1,564
前の5か年平均(1855〜1859)との比較	+111	+118	+148	+31

表3　仁豊野宿出馬覚
(無賃添え馬含む)

安政7(1860)年	232疋《ひき》
万延2(1861)	289
文久2(1862)	254
文久3(1863)	371
元治元(1864)	315
5年間合計	1,461
5か年平均	292
前の5か年平均(1855〜1859)との比較	+40

の三か宿に比べ一番恵まれていたようです。

◇——各宿駅間の取決め、共同歩調の動き

生野街道の各宿駅は、共通の利害があるときは、それが一致する宿駅間で取決めをしたり、共同歩調をとったりしました。それをまとめたのが表4です。まず、①の文政一一年（一八二八）一月「四ケ宿取為替規定書」を見てみましょう。これは真弓・猪篠・粟賀・屋形宿の人足継立の規定書で、「宮門跡、堂上方の御名をかたり、宿村へ不法がさつなることを申し出る者があれば、四ケ宿申合せて対処しよう」、「四ケ宿は馬無き村方につき、人足を頼まれたら断らないようにしよう」、「臨時入用がある時は四ケ宿に割合出銀しよう」といった取決めが記されています。「不法がさつなることを申し出る者」もけっこういたのでしょう。そのような状況下でも宿駅としての責務を全うするため、何かあれば協力し合い共同歩調で対処しようといったことが確認されています。仁豊野宿がこの協定書に入っていない理由は、同宿が前述の伝馬や臨時人足等で他より恵まれていたからでしょう。

次に②の同年三月「三ケ村駅場規定取為替」ですが、「四ケ宿」のわずか二か月後に粟賀宿を外して三か宿で取決めを行っています。これは真弓・猪篠・屋形各宿駅間の荷物継送りと持

表４　生野街道、各宿駅間の取決め・共同歩調の動き

（●は参加宿駅、屋形文書より作成）

年　代	文書名称	内　容	森垣	真弓	猪篠	粟賀	屋形	仁豊野
①文政11年(1828)1月	四ケ宿取為替規掟書之事	人足継立規定		●	●	●	●	
②文政11年(1828)3月	三ケ村駅場規掟取為替	荷物継立規定		●	●		●	
③天保14年(1843)	駅人馬賃銭割増願い	御定賃銭割増願い			●	●	●	●
④嘉永3年(1850)	駅人馬賃銭割増願い	御定賃銭割増願い			●	●	●	●
⑤元治2年(1865)	人馬賃銭割増年延願書	御定賃銭割増延長願い			●	●	●	●
⑥明治4年(1871)	宿駅通行御定賃銭払下げの願書	御定賃銭払下げ願い	●	●	●		●	

越しの場合の鞍敷（手数料）の取扱いなどを定めた協定書です。例えば、「播州からの諸荷物は屋形宿より猪篠宿を経て真弓宿へ持込む取決めだが、勝手に猪篠宿の者が（真弓宿を飛び越して）但州へ持越せば、真弓宿に鞍敷を払わねばならない」といった利害調整の取決めです。真弓宿を飛び越せば、それだけ本来同宿に入ってくるはずの収入が減ってしまうからでしょう。但州からの諸荷物も同様に、「猪篠宿にて継立て屋形宿へ持込む取決めだが、真弓宿の者が勝手に（猪篠宿を飛び越して）屋形宿へ持越せば、猪篠宿へ鞍敷を払わねばならない」と決められていました。なお、表4③〜⑥については後述します。

◇――旗本屋形池田家と屋形宿の宿駅業務

旗本屋形池田家の成立ちは、次の通りです。寛文二年（一六六二）、池田輝政の孫、池田政直が福本藩一万石の領主となりましたが、政直には嫡男がいなかったため、寛文六年（一六六六）、弟の政武に七千石が、次弟の政済《まさなり》に三千石が分割相続されました。つまり福本藩一万石は、福本池田家七千石と屋形池田家三千石の二つの旗本家に分知されたわけです。(3) 政済は江戸在府となり、その旗本陣屋が屋形村に置かれることになりました。同村は市川を渡る船渡しがあり、西国三十三所巡礼の巡礼宿としても重要でした。宿場町として発展していった時期は定かではありませんが、江戸末期には井筒《いづつ》屋・三木屋・阿波屋・小林屋・大黒屋・川辺屋・戎屋・高木屋・青田宿の九軒の宿屋をはじめ、紺屋《こうや》・油屋などの商店も軒を並べ、大いに賑わっていたようです（図2、写真1〜3）。

では、屋形宿の宿駅業務の具体例を、文政四年（一八二一）の「継ぎ人馬并びに賃銭算用帳」（屋形文書）をもとに、見ていきましょう。

①「正月五日夜中　生野御役所行御用状

一、人足壱人　粟賀町村行　此賃銭三拾八文　此分弐人」

図２　屋形関係地図

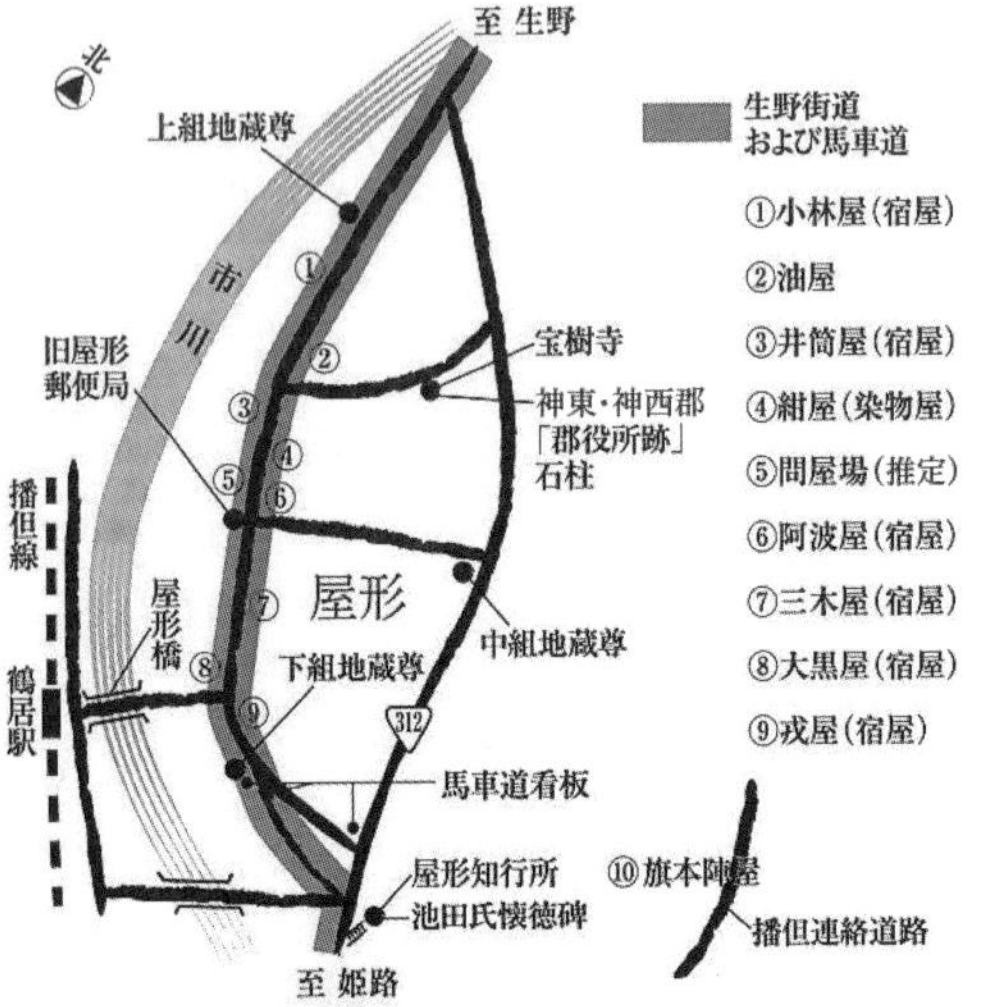

写真１　屋形地区の町並み

写真２　旗本陣屋跡。陣屋は竹藪後方の高台上にあったが、現在は工場が建っている

写真３　明治 27 年、飯盛山西麓に建てられた屋形知行所池田氏懐徳碑

②「正月九日　生野渡辺金三郎様小者
一、軽尻壱疋　仁豊野村行　此賃銭百七拾壱文　此分四人」

①のケースでは、粟賀宿まで人足一人で三八文の御定賃銭となっていますが、実際は夜中につき人足二人で運んでいます。つまり、もう一人は無賃の添え人足というわけで、この人足の賃銭は屋形宿の負担になります。②のケースでは、仁豊野宿まで軽尻《からじり》一疋で一七一文の御定賃銭となっており、これが屋形宿の収入ですが、同宿には伝馬がないため実際は人足四人で運んでいます。人足一人分の賃銭は仁豊野宿まで一二五文、四人分で五〇〇文となり、これが屋形宿の実際の経費となるので、五〇〇文から一七一文を引いた差額の三二九文が同宿の赤字となる計算です。しかし、村内で人足に支払われた賃銭は、本当は御定賃銭の二〜三倍は高い賃銭（相対賃銭）だと思われるので、その場合、屋形宿の赤字はさらに大きくなったはずです。

このように大抵の場合、公定の人馬数よりも実際はもっと人数が必要で、それに応じて宿村は多くの無賃添え人足を出していました。つまり宿村は御定賃銭しか貰えませんが、実費はもっとかかっており、その差額（赤字分）は駅場手当から補填されるというわけです。このように、無賃添え人足の増加は、宿駅の経営を大きく圧迫していきました。

◇——古文書から見た宿駅の困窮

では、何故無賃添え人足が増えるのでしょうか。その理由が、元治二年（一八六五）の「人馬賃銭御割増年延願書控帳」（屋形文書、写真4）には切々と述べられています。

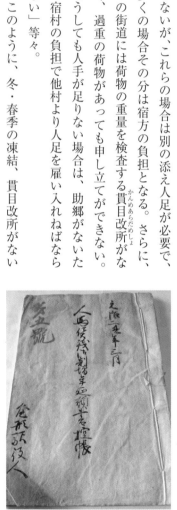

「生野街道は地形的に山や坂が多く、冬・春季には雪で通行に差し障りのあることも多い。そのため、海道筋では本馬《ほんま》一頭を使う人がこの街道では軽尻二頭を使うこともある。また、雪や氷で滑って人足が倒れ、荷物を損じた場合は駅役人が次々と先の宿駅まで詫びに行かねばならないが、これらの場合は別の添え人足が必要で、多くの場合その分は宿方の負担となる。さらに、この街道には荷物の重量を検査する貫目改所《かんめあらためしょ》がなく、過重の荷物があっても申し立てができない。どうしても人手が足りない場合は、助郷がないため宿村の負担で他村より人足を雇い入れねばならない」等々。

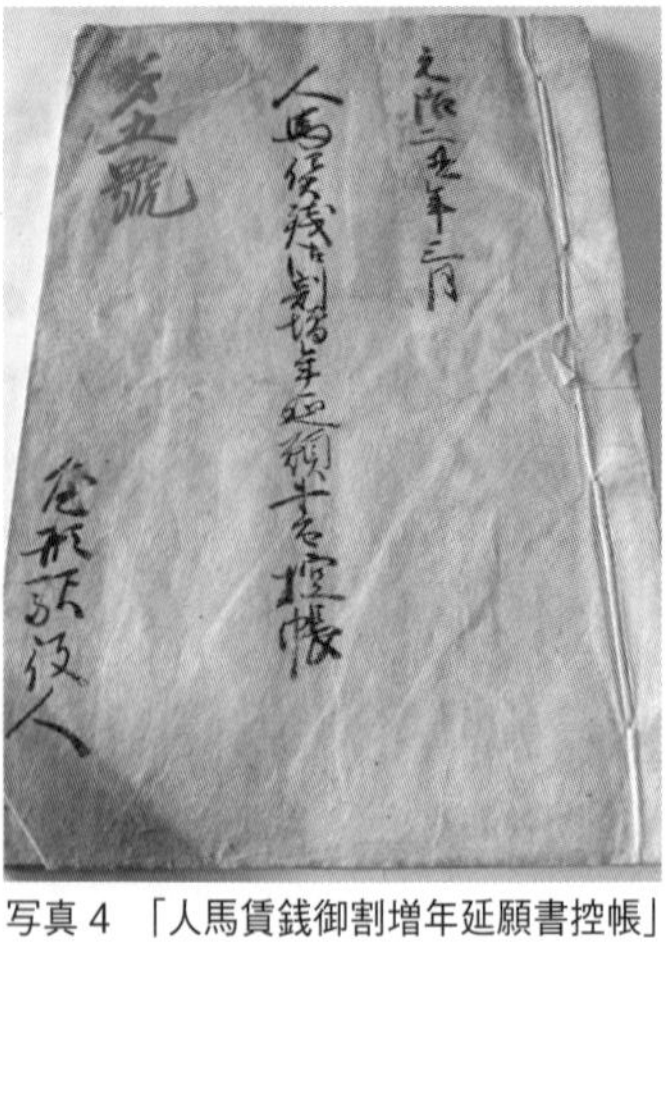
写真４　「人馬賃銭御割増年延願書控帳」

このように、冬・春季の凍結、貫目改所がないこと、とりわけ助郷がないことなどが生野街道の宿駅の問題点でした。そのためにどうしても無賃添え人足が増え、人足集めには常に苦労が絶えなかったようです。人口約四百人の屋形村も決して例外ではなく、天保一一年（一八四〇）には、「生野代官手付・手代の通行に際し、屋形の村人が同村の者に人足を頼んだが、引き受けてもらえず、鉄砲で威した」との記述まで屋形文書にあります。

公定の駅人馬賃銭についても、その割増願いが度々出されています。同賃銭は、正徳元年（一七一一）に定められた御定賃銭が「正徳の元賃銭」とよばれ、その後の割増の基準となりました。屋形文書には、天保一四年（一八四三）・嘉永三年（一八五〇）の割増願い、元治二年（一八六五）の割増年延べ願いが残っており、いずれも仁豊野、屋形、粟賀、猪篠四か宿の駅役人が連名で大坂町奉行所に提出しています（表4③④⑤）。これらを見

表5-1　屋形からの往来御定賃銭
（「正徳の元賃銭」より三割増）

行き先	距　離	人《にん》　足《そく》	本《ほん》　馬《ま》	軽《から》　尻《じり》
粟　賀	1.5里	50文	102文	64文
辻　川	2.5	81	167	114
仁豊野	5	167	340	227

注）1里=3.93㎞。本馬:40貫目までの荷物を運ぶ馬。軽尻:人と5貫目までの荷物、もしくは20貫目までの荷物を運ぶ馬。

表5-2　同上（仮に1文＝20円で換算した場合）

行き先	距　離	人　足	本　馬	軽　尻
粟　賀	4.7㎞	1,000円	2,040円	1,280円
辻　川	9.8	1,620	3,340	2,280
仁豊野	19.7	3,340	6,800	4,540

れば、同賃銭は弘化三年（一八四六）に元賃銭の一割半増になり、嘉永四年からは三割増（要求は四割半増）の値上げが認められたことがわかります。なお、屋形宿から他所への具体的な賃銭は、表5を参照してください。

宿駅困窮の他の理由としては、宿駅でない間村の継立や宿泊の営業、宿村に無断の馬借《ばしゃく》（運送業）営業などがあり、このような営業妨害を訴える文書も残っています。

◇――屋形池田家と森垣村石川家

では、領主の出す駅場手当は十分足りていたのでしょうか。屋形宿では、文政五年（一八二二）に「御用通行・御用継立が多く、村方の足し米が多く難渋しているので、臨時手当の期限が切れますが十石ずつもう十年間お願いします」との願書が屋形地頭役所に提出されています。同様の困窮を訴える願書は度々出されており、駅場手当も十分とはいえなかったことが伺えます。

次に、駅場手当を出す側の屋形池田家の財政事情はどうだったのでしょうか。同家は三千石の知行地をもつ大身の旗本ですが、「播磨国屋形旗本池田家文書」には同家が幕府から借金をした文政三年および五年の借用証文が残っています。これによれば、同家は宿駅助成金等のためにそれぞれ二九八両、二九〇両の金を借りており、返済には領内の千原《ちわら》村（村高二一一六石）

の年貢をあてることを約束していたことがわかります。仮に一両を十万円とすれば、それぞれ三千万円弱の金を続けて借りたことになります。さらに天保一四年（一八四三）には一五六両の借金をした借用証文も残っています。貨幣経済の浸透で世の中が金で動くようになっても、収入は江戸初期に定められた年貢米収入しかなく、旗本もその台所事情は決して楽ではなかったようです。

さて、ここで話が生野に飛びます。朝来市生野町口銀谷に石川醤油店があります（写真5）。同店の石川家は、江戸時代から生野銀山町に隣接する森垣村に居を構え、宿屋や薬種商、大庄屋として栄えた旧家です。同店のご当主によれば、蔵の中に膨大な量の古文書があり、現在地元の方々で作る愛好会により少しずつ解読・整理が進められているそうです。また神戸大学も朝来市との連携事業で同家に入り、研究を進められているそうです。同大学の出された図録『生野書院企画展「再発見 銀山の遺産」―森垣村石川家に受け継がれてきたもの―』には、次のようにありました。

「『石川家文書』の文政六年（一八二三）『屋形御陣舎借在方

写真５　石川醤油店

済様奉申上候書付』（石川伊兵衛長英が旗本屋形池田家からの依頼を受けて同家の借金の返済方法を提示した上申書）によれば、石川家は一時館入り商人として屋形池田家に出入りしており、当時五～六万両にまでふくれあがっていた同家の借金について、無理なく二五年間で半減させるための返済計画を提案していた」。

つまり、石川家は「旗本の経営コンサルタント」をしていた、ということになります。まるで二宮尊徳が小田原藩等で行った仕法を思わせます。それにしても五～六万両（仮に一両を一〇万円とすれば五〇～六〇億円）とは、何という膨大な借金でしょうか。その後この返済計画の結末がどうなったのかは、今後の研究に待ちたいと思います。

◇――「御銀登り」

生野銀山から大坂城金蔵への灰吹銀（灰吹法によって精錬された銀）の上納は「御銀《かね》登り」とよばれました。生野代官所の役人二名が宰領し、十万石の格式をもって、通過地公私領の責任で厳重警備の上行われました。毎年原則として三月、七月、一一月の三回、往復陸路で日数も一二日と決められていました。この銀の運搬路としての役割が、生野街道の果たした最も重要な役割であったと言っても過言ではありません。

では、この「御銀登り」は具体的にどのようにして行われたのでしょうか。石川家蔵「津田家文書」に文化六年（一八〇九）三月一六日、宰領地役人の「上坂日記」（「灰吹銀大坂御金蔵上納御用日記」）があるので、その記述をみてみましょう。(4)

「灰吹銀百五十貫目、用意灰吹銀七貫目、大坂御金蔵上納ニ付、今暁七ツ半（五時）生野出立、屋形村問屋忢右衛門方昼休、晩七ツ半時、姫路福中町山家屋六郎右衛門方止宿」

このように「御銀登り」の一行は、この日早朝五時に生野を出立し、屋形村で昼の休憩をとった後、姫路福中町で宿泊したことがわかります。

次に運搬のしくみです。銀の運搬は人馬継立によって行われたので、粟賀宿から引継いだ灰吹銀は、今度は屋形宿の責任において次の仁豊野宿まで運ばねばなりません。屋形には、生野宰領役人宛に「当宿確かに預かりました。然る上は、仁豊野宿まで道中大切に継送り致します」と記された天保一四年（一八四三）の預かり証文が残っています（写真6）。

では、その際いったい何人の人足が必要だったのでしょ

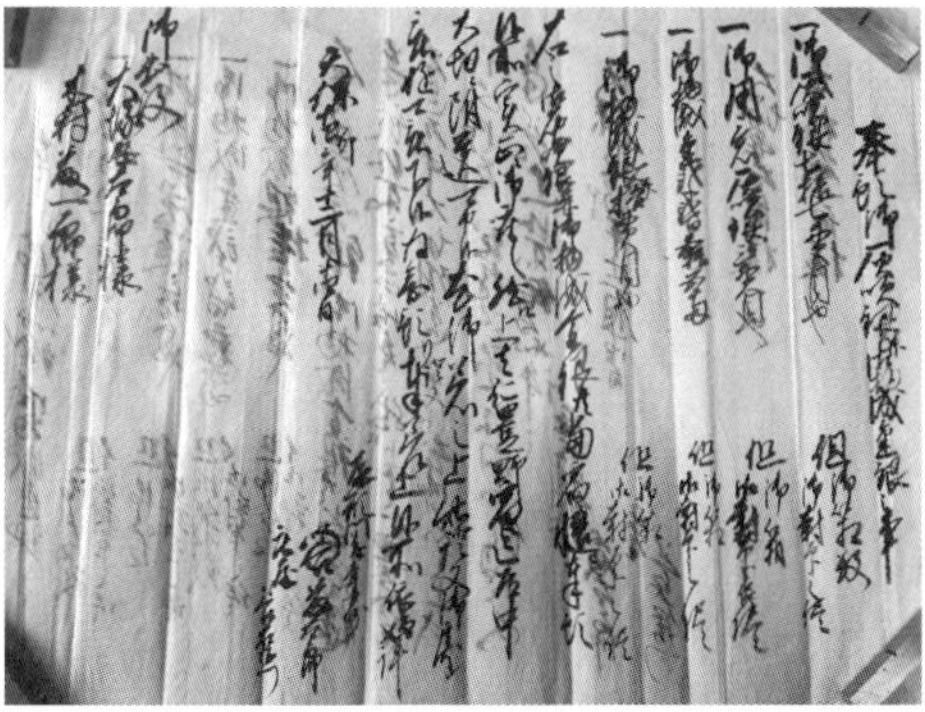

写真6　灰吹銀預証文

うか。生野出立時は馬に載せられていた灰吹銀も、馬無き屋形宿では全て人の手で運ばねばなりません。天保一二年（一八四一）の「継ぎ人馬并びに賃銭算用帳」によれば、この年は四月七日に八七人、八月一四日に四二人、一二月八日に八〇人の出人足があったと記録されています（表6）。

また、出人足の内訳ですが、文政四年（一八二一）三月一五日の「同賃銭算用帳」には、仁豊野宿までの必要人数が次のように記されています。御伝馬七疋・此分四二人、本馬一疋・此分六人、宰領三人、遠見一人、辻番二人、ほうき持二人、生野銀山黒田弥之助様宰領送り・此分四人。つまり、実際は、四二人、六人、三人、一人、二人、二人、四人と、この日は宰領の三人を含め総計六〇人がこの業

表6　天保十二丑年（1841）　継人馬並賃銭算用帳

（屋形文書、「お銀登り」分を抽出して作成）

月　日	業務内容		触人足		出人足	行先	賃銭(文)
4月7日	生野御灰吹銀	送り	伝馬8疋 軽尻馬3疋 本馬2疋 賃宿駕籠2挺	9	87	仁豊野村	1,029
8月14日	生野御灰吹銀 駕籠2挺 人足6人 宰領2人	送り	本馬1疋 伝馬6疋	8	42	仁豊野村	258
12月8日	生野御灰吹銀御通行 宰領2人其の人足	送り	伝馬6疋 賃馬1疋	14	58	仁豊野村	258
12月8日	生野銀山 御年貢銀 宰領1人	送り	本馬1疋 軽尻馬3疋	0	22	仁豊野村	771

務に当たっています。これらの記録から、屋形宿では「御銀登り」一回につき四〇人から九〇人ほどの人員が動員され、その業務内容も銀の運搬だけでなく、宰領、遠見、辻番、ほうき持ち、駕籠かきなど多岐にわたっていたことがわかります。

◇——屋形宿の出来事あれこれ

さて、ここからは屋形文書をもとに屋形宿にまつわる出来事をいくつか見ていくことにしましょう。

まず、詫び状の数々です。天保一三年（一八四二）、屋形村の木賃宿主が、村役人へ一言の届けもなく何国者ともわからない者に長く宿貸し、そのあげくその者を取り逃がしたという内容の詫び状を書いています。江戸時代の旅人の宿泊は、厳しく一泊までしか認められていなかったからです。その他、盗難事件の報告書、同宿人同士の喧嘩沙汰や賭博の詫び状なども残っています。このように日常とは違った出来事が起こると、村役人への報告義務があることからそれらがきちんと記録され、今日我々の知るところとなります。今も昔も、人の織りなす模様は良いことばかりではないようです。

村役人に提出した興行願いも残っています。天保六年（一八三五）に「借財処理のため、浄瑠璃会興行の許可をお願いします」と屋形の村人が出した願書。さらに、同一四年（一八四三）に「近年宿泊客も少なく、借財がかさみ困っていますので、金品を募るために勧進相撲の興行をいたしたく存じます」と井筒屋が出した願書です。庶民の娯楽がさほど多くなかったこの時代、当日は近隣の村々からも人々が集い、さぞかし賑わったことでしょう。

檀那寺が多いことも屋形村の特徴です。安政四年（一八五七）の「神東郡屋形村切支丹宗門御改帳」を見れば、当時の屋形村の家数は八〇軒、人口はちょうど四〇〇人、檀那寺が二四か寺であったことがわかります。その内訳は、村内の宝樹寺が二四七人（六一・八％）、西入寺二六人（六・五％）、村外が二一か寺一二七人（三一・八％）となっています。村外の檀那寺の分布は、北は生野から南は姫路・高砂にまで広がっています。当時「屋形に行けば飯が食える」と言われたそうで、沢山の人々が現金収入を求めて周辺から屋形村にやって来たことが伺えます。

◇――西国三十三所巡礼道と屋形

西国三十三所巡礼は、三十三所の観音菩薩を巡礼参拝することで現世の罪業が消え、極楽往生できるとされるもので、二〇一八年で草創一三〇〇年となりました。江戸時代には、全行程約千キロを推計で年間平均約二万人が往来したとされます。そのうち、二十七番札所書写山圓教寺から二十八番札所成相山成相寺までの道程が二七里（約一〇八キロ）と全行程中二番目に長く、それだけ巡礼宿も多数ありました。当時の巡礼者が用いたガイドブック「西国順礼道中細見増補指南車」（写真7）を見れば、圓教寺から北上した巡礼道が前之庄で東へ折れ、巡礼宿が前之庄、板坂、（市川舟渡）屋形、粟賀と続いていたことがわかります（▲が巡礼宿）。つまり、西方から来た巡礼道は屋形で生野街道と合流し、そのまま北上しており、屋形は両者の交差点でした。福崎町板坂から屋形に至る旧巡礼道には、市川町奥地区を中心に「左丹後なれやい」などと刻まれた成相寺の方向を示す道標や巡礼者の墓が多く点在しています（写真8、9）。

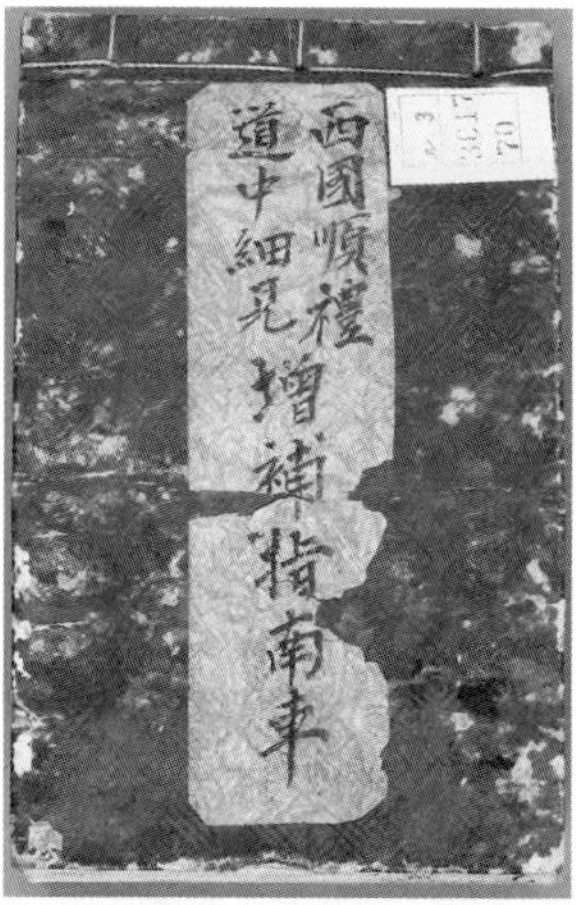

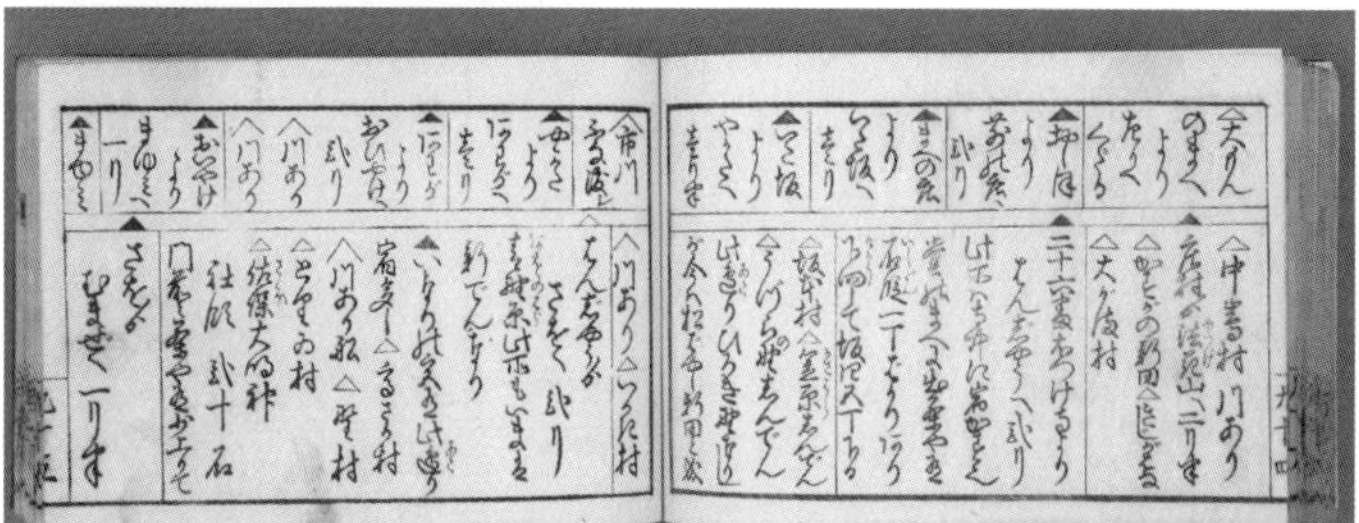

写真７　「西国順礼道中細見増補指南車」（文化３年、早稲田大学図書館蔵）

屋形文書には、嘉永二年（一八四九）の「往来一札」も残っています。これは摂州阿部郡浪花村観音禅寺が発行したもので、「右の者、宗旨は代々禅宗で、拙寺の檀那で御座います。（中略）依って国々の御関所、間違いなく御通し下さるよう、宜しくお願い申し上げます」と記されています。「往来一札」は当時の通行手形で、巡礼の場合はそれが得やすかったようです。おそらく巡礼者が屋形村で亡くなったので、それが残っているのでしょう。

他にも巡礼者にまつわる記録がいくつかあるので、その一つを紹介しましょう。嘉永七年（一八五四）、備中国の巡礼者が屋形村で発病し、国元まで村継で送り届けることになりました。そこで屋形村の庄屋は途中の宿村の役人にあて、村継と食事を依頼する「送り状」をつけ送り出したという記録です。このように、当時の村役人が人情厚く献身的に仕事をしていた様子が、史料からも伺えます。

写真8　旧巡礼道の道標

写真9　巡礼者の墓

◇——巡見使の御用通行

徳川家慶が十二代将軍に就いた天保八年（一八三七）の翌九年、巡見使の御用通行がありました。巡見使は将軍の代替わりごとに各地の政情や農村の実情を知るため旗本三名が一組で諸国に派遣されたものです。同九年の「御巡見様御通行付諸日記帳」（屋形文書、写真10）によれば、巡見使一行は四月一四日に昼の休憩を屋形宿でとり、宿泊先の辻川村に向かっています。その際、旗本三名（高橋繁之烝・山本庄右衛門・八木岡大蔵）の本陣となったのは井筒屋・三木屋・大庄屋左納家で、接待には神西郡村々の村役人、屋形村をはじめ領内の千

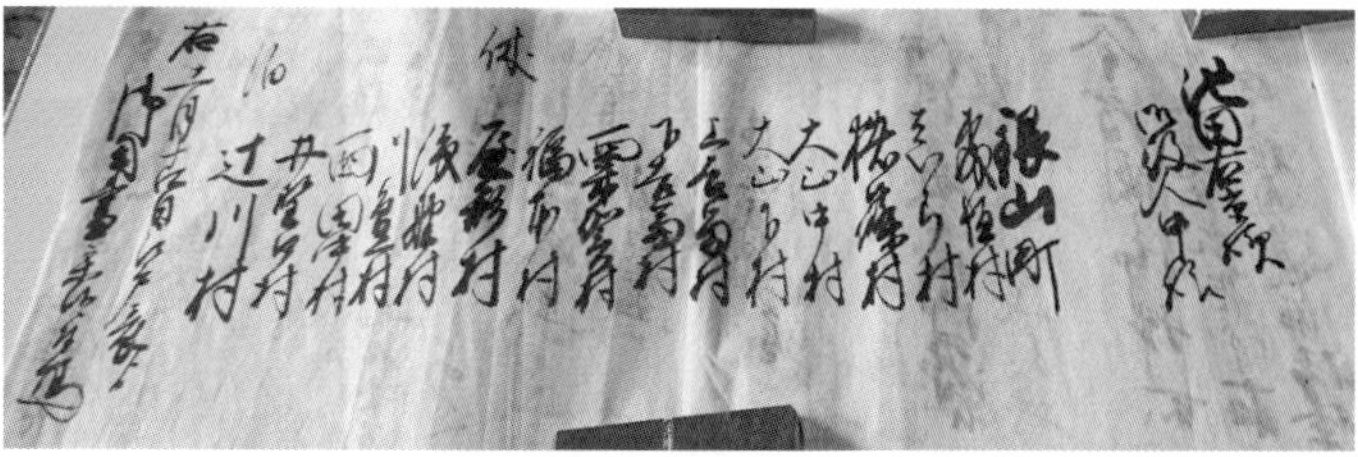

写真 10 「御巡見様御通行付諸日記帳」

原村・田中村・下沢村の者までが動員されました。また、屋形村では受け入れ準備のため遠く多可郡安楽田《あらた》・羽山村・西脇村・飾西《しきさい》郡飾西村の各庄屋、生野銀山にまで聞き合わせに出かけています。大変な気の使いようです。

それに対して、道中奉行は次のような通達を各村々に出しています。「食事は一汁一菜でよい。通行する道筋の掃除は不要。右の面々は金銀・酒肴などを一切受け取らぬはずであるが、内々でも絶対に贈らぬこと」等々。巡見使が村々に負担をかけぬようにとの細かな配慮が伺えますが、実際はどこまで守られたのでしょうか。この天保年間といえば、天保の大飢饉が起こり、米価も暴騰した大変な時代でした。沿道の村々の負担は如何ばかりだったでしょうか。

ところで、幕府はその後、天保一二年より老中水野忠邦が諸事値下げを旨とする天保の改革を始めました。これに関し、屋形には同一三年の「宿代・酒代値下げ口上書」（写真11）が残っています。同村の木賃宿主が、「このたび御上様より諸事値下げするよう仰

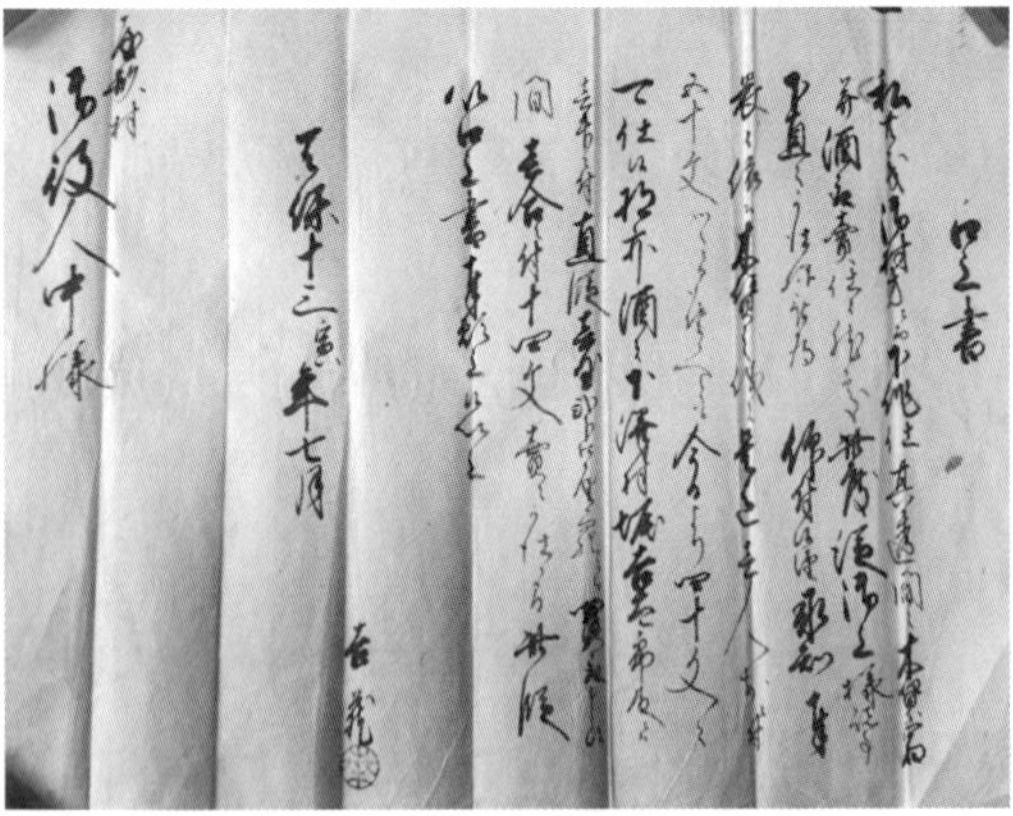

写真11「宿代・酒代値下げ口上書」

せ付けられたので、木賃を今日より一人前五十文から四十文に値下げします」と村役人に提出した口上書です。幕府の意向が、地方領主を通じ庶民の隅々にまで及んでいたことが伺えます。

◇――「生野の変」と「播但一揆」

ここでは、屋形が舞台となった二つの事件について、簡単にふれておきます。

一つ目は、文久三年（一八六三）に起った前述の「生野の変」です。いわゆる「七卿落ち」の公卿澤宣嘉《のぶよし》を総帥とする奇兵隊総督南八郎ら一行は、一〇月二日長州三田尻港を出発し、九日飾磨津に到着しました。一行は生野街道を北上し、一〇日夜、屋形宿三木屋に止宿しましたが、そこで中止派と強行派が激論を交わすことになります。というのは、一行は八月に挙兵した大和「天誅組の変」に呼応して生野代官所を襲う計画でしたが、すでに天誅組は九月二四日に壊滅し、その報が伝わってきたからです。市川町「内藤家文書」には、「十月十日夜、水戸・長州・芸州・備前の浪士三十一名が屋形宿三木屋に止宿し、翌日森垣村延応寺に着仕」したとあります。各地の浪士が烈しく動いた当時の緊迫感が、文書からもひしひしと伝わってくるようです。この変のその後の経過は次の通りです。一二日、一行が生野代官所を占拠し二～三千人の農民が集まるも、一三日、出石・姫路・豊岡藩が鎮圧のため出兵。南八郎らは妙見山に布陣、澤はじめ浪士らは代官所を脱出。一四日、南八郎ら一三名は農民の追撃をうけ自刃。このように挙兵そのものは失敗に終わりましたが、明治維新の魁になったとの評価から、この事件は、後世「生野義挙」と呼ばれるようになりました。

二つ目は、明治四年（一八七一）に起った「播但一揆」です。この年の八月、明治政府は太政官布告（いわゆる「解放令」）を発令しました。これに反対し、年貢減免を訴える人々が、一〇月一三日、辻川村大庄屋三木家に出張中の姫路県役人を襲撃したのが一揆の始まりとされています。一揆は翌一四日、二派に分かれ、一方は飾西郡村々の豪農を襲い、青山に至ります。他方は市川沿いに北上し、屋形村にて生野県役人白洲文吾ら役人二名を竹槍で殺害した後、一五日生野鉱山寮出張所を放火し、生野県庁へ乱入しました。その後、一揆はそれぞれ鎮圧され、明治五年、豊岡県・姫路県で首謀者の刑が執行されました。市川町出身の脚本家橋本忍氏は、著書の「生野騒動」のくだりで、子どもの頃祖母からこの一揆の様子を繰り返し繰り返し語ってもらったことを述懐されています。[5]「あっちの村でも、こっちの村でもゴーン、ゴーンと早鐘がなってのう……」。橋本氏の生家からは、屋形は市川を挟んだすぐ目の前です。祖母にとっても、よほどの衝撃的な出来事だったのでしょう。

◇——明治以降の屋形と「銀の馬車道」開設

明治元年（一八六八）、生野銀山は日本初の官営鉱山となりました。明治政府はフランス人技師ジャン・フランソワ・コワニェを鉱山師兼鉱学教師として雇い、鉱山の近代化を推し進めましたが、そのためには夥しい建築資材、機械・道具類の運搬が必要でした。「明治二巳年継立人馬覚帳」（表7）を見ると、この年、屋形宿の出人足数上位十件はすべて生野鉱山関係であったことがわかります。大量の物資を運ぶため、屋形宿だけで年間五一七四人もの人足が動員されました。幕末期の約二倍です。あまりの負担に耐えかねた屋形村は、明治二年、駅逓役所に「（周囲の）計十二か村の助郷をお願いいたします」との「助郷願村書・駅所相続嘆願書」（屋形文書）を提出しています。また、明治四年には、屋形・猪篠・真弓・森垣の四か村連名で生野県役所へ「宿駅通行御定賃銭払下げの願書」を提出しています（同文書、表4⑥）。この願書には「機械、道具の運送には多人数必要なので、この分は相対賃銭でお願いします」と、御定賃銭では安すぎるのでもっと高額の相対賃銭を支払って下さい、との切実な願いが記されています。しかしながら、翌明治五年、宿駅制度そのものが新政府の「陸運会社」新設の方針に伴い、廃止されてしまいました。

そして、明治六年、コワニェの義弟レオン・シスレーを技師長に、生野鉱山と飾磨港を結ぶ全長約四九キロの生野鉱山寮馬車道（「銀の馬車道」）の工事が始まりました。馬車道は当初街道の通る屋形村の集落を避け、新たにバイパスを作る計

表7　明治２巳年継立人馬覚帳

（屋形文書、屋形宿の出人足数上位10件を抽出して作成）

月　日	業務内容		触人足		出人足	行先	賃銭(文)
1月21日	鉱山局御用瓦 3,000枚	送り	宿駕籠2挺	150	189	粟賀町村	45,710
4月13日	鉱山司 久世里我之介様 田中健三郎様	送り	駕籠2挺 両掛2荷	46	62	粟賀町村	18,208
4月26日	御用瓦 1,005枚	送り	本馬20疋	1	102	西川邊村	16,216
6月30日	鉱山司 御用荷物役人 濱雪江様 濱沖之介様	送り		60	82	粟賀町村	23,728
9月21日	鉱山司 御荷物	送り	138差	300	425	粟賀町村	69,048
9月22日	鉱山司 御用荷物	送り		280	335	粟賀町村	64,124
9月24日	鉱山司　御荷物	送り		320	391	粟賀町村	73,652
11月11日	鉱山司御役人 朝倉清吾様 御荷物	送り	宿駕籠1挺	76	97	粟賀町村	30,080
11月26日	鉱山司御役人 池田貞之祐様 御荷物とご家族様	送り		44	61	前之庄村	43,000
12月26日	鉱山司 御用荷物	送り		255	263	粟賀町村	100,932

※明治２年、 屋形宿 出人足数合計　5174人

画でしたが、これに対し地元住民が、「宿場町である屋形が寂れてしまう」との理由から強く反対し、再三嘆願書を提出した結果、この計画は中止となりました。街道の道幅拡張に伴う家屋の移転等は屋形村が自費で行い、後に移転費用二〇円が飾磨県から同村に支払われ、馬車道が整備されました（写真12、13）。現在の屋形地区には、道幅拡張工事の際に前庭を削り庭が狭くなっている家屋も散見されます（写真14）。

その後、明治一二年（一八七九）、屋形村宝樹寺に神東・神西郡役所が開庁しました。同役所は、明治一

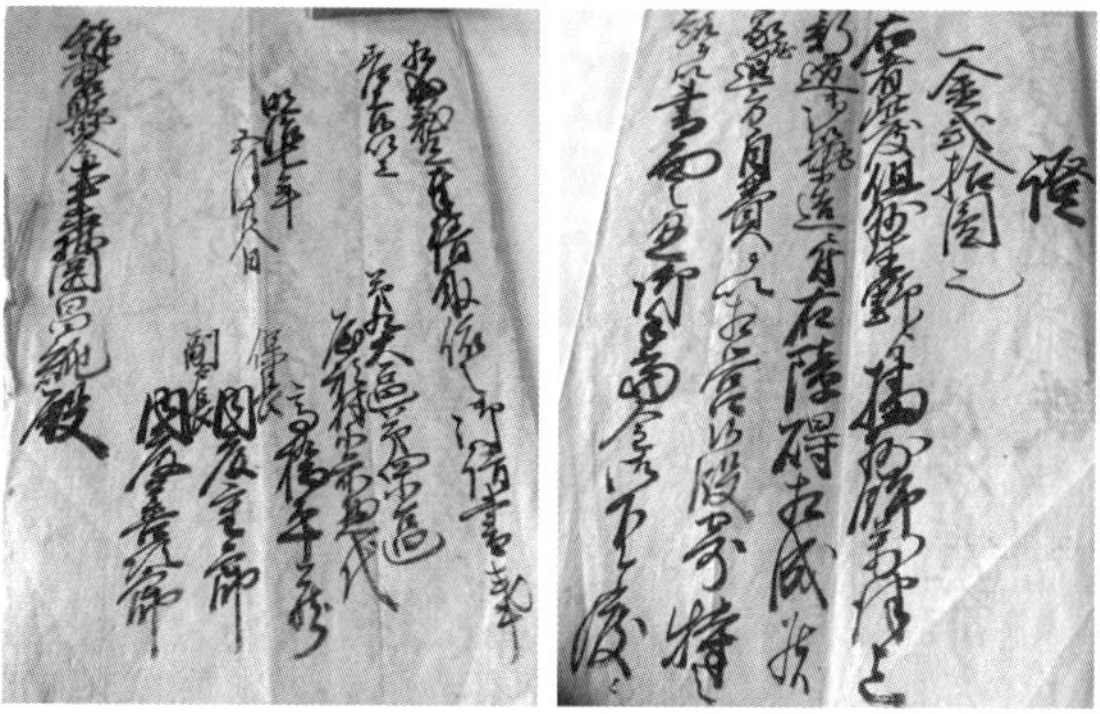

写真 12　屋形村が飾磨県に提出した「障害物保證」文書

写真 13　旧馬車道沿いに立つバイパス反対嘆願の説明板

九年に辻川村に移転するまでの七年間屋形村に置かれ、同村がこの地域の中心的役割の一端を担っていたことを伺わせます。しかし、明治二七年（一八九四）、播但鉄道が姫路―寺前間に開通し、翌年それが飾磨―生野間に延長されると、「銀の馬車道」の存在意義が次第に失われるようになり、馬車道は実働十数年とその短い役割を終えることになりました。

［注］

（1）屋形―仁豊野間に位置する辻川村について、屋形文書には、表5の通り屋形村から辻川村までの人馬賃銭の記述があり、この間の荷物等の運送は行われていたようだ。その一方で、『福崎町史　第二巻』には、「辻川村には宿屋もあって町場的要素があった」が、「福崎町域に宿駅が置かれていたわけではなかった」（一一四頁）との記述もある。このこともここに書き添えておきたい。

（2）宿村以外で補助的に人馬を負担する村またはその夫役《ぶやく》。

（3）その後福本池田家はさらに分割相続され、貞享四年（一六八七）に六千石になった。

（4）『生野銀山と生野代官』石川準吉、昭和三十四年、一二五五頁。

写真14　馬車道拡張工事の際、前庭を削った家屋

（5）『橋本忍 人とシナリオ』同出版委員会、平成六年、二一一〜二一九頁。

［参考文献］

『やさしい市川町の歴史―史料の宝庫から―』市川町史編集室、平成一七年
『市川町史―史料編』市川町史編集室、平成一七年
『ふるさと「やかた」の歴史』後藤丹次、昭和五〇年
『旗本と知行制』藤野保編、平成七年
『播磨・福本史誌』福本歴史文化研究会、平成一五年
『生野書院企画展「再発見 銀山の遺産」―森垣村石川家に受け継がれてきたもの―』神戸大学大学院人文学研究科地域連携センター、平成二三年
『バンカル二〇一八年春号―特集：生野街道を行く』姫路市文化国際交流財団、平成三〇年
『生野銀山と生野代官』石川準吉、昭和三四年
『「播但一揆」考』山田栄、平成二〇年
『部落史史料と人権教育』安達五男、平成三年
『福崎町史　第二巻　本文篇Ⅱ』福崎町史編集専門委員会、平成七年

建造物からみた銀の馬車道

宇高 雄志

はじめに

生野銀山は「マザー・マイン」（鉱山の母）とも呼ばれていました。生野で蓄積された経験と技術が全国の鉱山に普及・波及していったことで、生野は全国的にも知られています。江戸幕府、宮内庁、また三菱にも所有され、とりわけ近代化以降、卓越した産出量を誇るようになり、国家開発の礎となった鉱山でした。

この鉱山の開発過程においては国内外の技術者の役割も大きく、また先進的な技術をもってさまざまな鉱山施設が建設されました。その鉱山関連施設群の一つに、本日のテーマでもある「銀の馬車道」は位置づけられると思います（写真1）。

一九七三年をもって生野鉱

写真1　神崎郡神河町吉冨付近の銀の馬車道（筆者撮影、2019年）

業所（三菱金属）は閉山されましたが、今も坑道などを見学できる、生きた遺産であり重要な価値があると思います。

◇——生野鉱山寮馬車道（銀の馬車道）——文化遺産として

馬車道は正式名称「生野鉱山寮馬車道」、愛称「銀の馬車道」です。資材・生産品の輸送力向上のため、市川の舟運や街道経由よりも合理的だということで明治九年（一八七六）に建設された、生野鉱山と飾磨港を結ぶ約五〇キロの道路です。その馬車道の築造に用いられたのが「マカダム式」という舗装工法です。

馬車道そのものは、播但鉄道（現在のＪＲ播但線）が明治二八年（一八九五）に開通して、二〇年余りで廃止になりました。広島や岡山といった大都市に鉄道が延びるのは、生野に鉄道が到達するのと時代的にほぼ同じ時期でした。

廃止になっても、馬車道は生活道として生き続けました。この沿線で建築物を調査したことがありましたが、お住まいの方から「馬車道《どう》って昔は呼んどった」とか「博労《ばくろう》さんがいた」とかいろいろな話を聞き馬車道も地域とともにあったと感じました。

馬車道については、論考が様々に進められています。ところが建造物としての道路そのもののについては池谷春雄氏による復元イラスト（図１）がほぼ唯一のものだと思います。海外との関係や技術的についてはあまり論じられてこなかったと思います。たとえば、馬車道に用いられたとされるマカダム式舗装が、どの様なものなのか。興味が尽きません。このマカダム式舗装が、海外から来たことは広く知られていますが、どのような経緯で播磨に到達したのか、ということもよく論じられていません。今日はそのあたりに注目して考察をしていきたいと思っています。

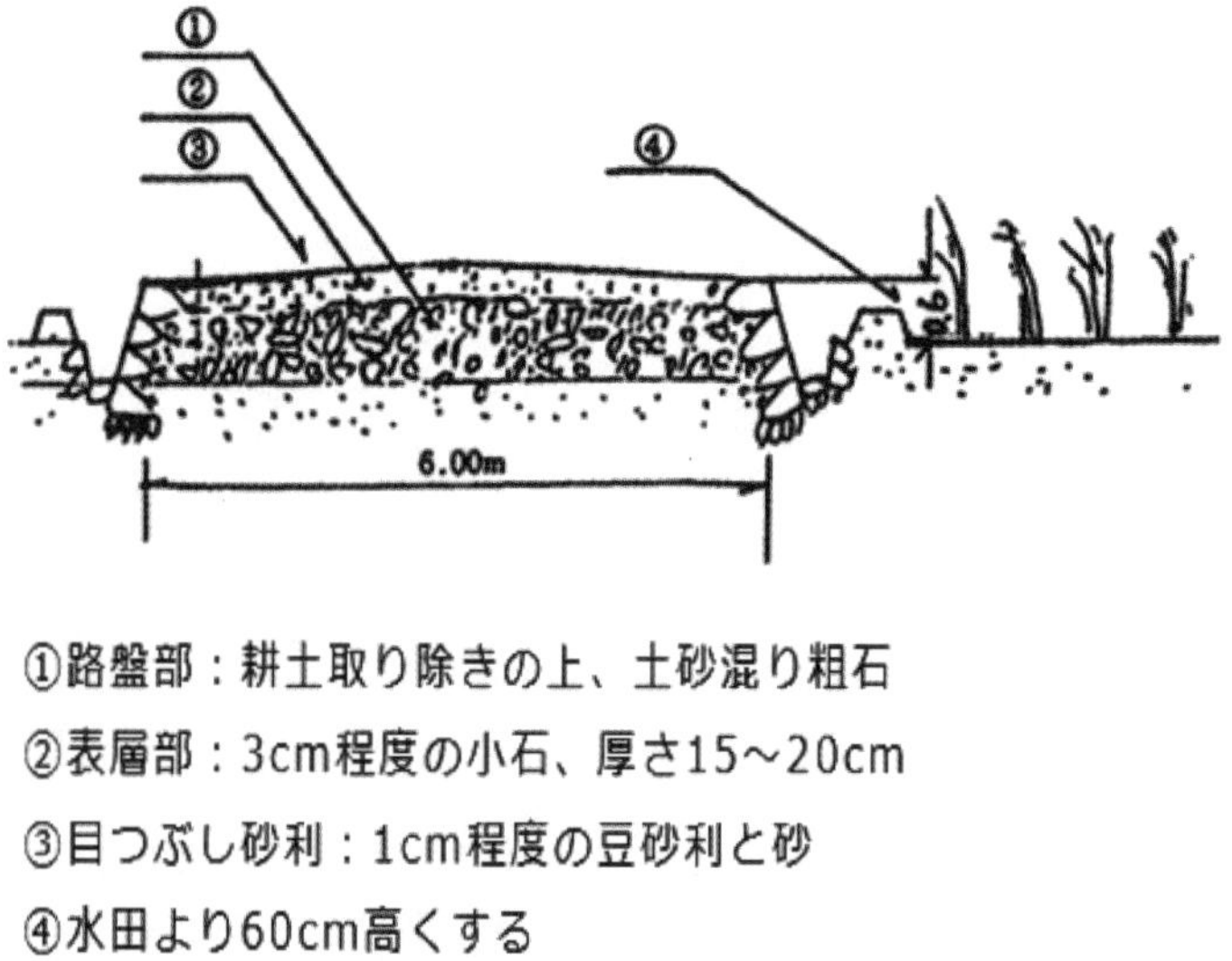

図１　池谷春雄氏作成による銀の馬車道断面の復元
（出典：銀の馬車道ネットワーク協議会ウエブサイト、
https://www.gin-basha.jp/about/history/、閲覧日：2019.8.20.）

本日の主な論点は以下の通りです。
1　マカダム式舗装とは？
2　「マカダミゼーション」と銀の馬車道
3　「ヘリテージ」としての「道」、馬車道

また、これらを論ずるにあたり、以下の文献を参考にしたいと思います。
マカダム式舗装と「マカダミゼーション」について。
- John Loudon McAdam, 1821, Remarks on the Present System of Road Making, Printed for Longman, Hurst, Rees, Orme, and Brown.

これはマカダム式舗装を開発したマックアダム自らによる本です。
- Maxwell Gordon Lay, 1992, Ways of the World: A History of the World's Roads and of the Vehicles That Used Them, Rutgers University Press.

この本は、世界の舗装技術の近代化を総括したきわめて読み応えのある本です。
播磨の「マカダミゼーション」と銀の馬車道について。
- 中播磨県民センター、２０１６「銀の馬車道」の復元にかかる学術調査　他、各種文化財調査報告書

◇──マカダム式に至る技術革新と工学者群像

マカダム式舗装というのは道路の舗装工法の一つで、いま我々が使っているアスファルト舗装の以前は世界的にマカダム式が優勢だったといわれています。世界の道路建設においても爆発的に普及して、世界の道路がほとんどマカダム式だった時期があるほどです。

まず、マカダム式舗装ができる前と、それが「マカダミゼーション」として世界的に普及するまでの過程を見ていきたいと思います。

社会の近代化にとって道路舗装は、エネルギーの節約、スピード向上、衛生環境維持に関わる、大切な技術です。しっかりとした舗装の施されていない道路はすぐに深い轍が付いて、そこにゴミが溜まって車の腹を擦るようになります。また雨が降ると泥だらけになります。

人類は、車輪を持つ輸送手段を得たあと、道路の劣化と長年にわたって闘ってきました。多くの人や重い物資が大量に移動する必要のない時代は、道路が多少劣化しても構わなかったかもしれません。世界的に工業化や経済成長の過程で、流通経路は広域化し、また軍事作戦の展開でも道路の改良は欠かせません。就労・就学・旅行で人はより遠方に移動するようになります。そこでどうしても近代的な舗装方法の開発が急務となったのです。

道路舗装の近代化の鍵ですが三点に注目できそうです。一つ目はできるだけ長い距離の道路を整備したいわけですから、整地、建材入手、施工に関わる舗装コストへの配慮が重要です。いま普及しているアスファルト舗装はそういう意味でいうと、すべてを兼ね備えている。材料も高価ではなく、施工も比較的に容易です。二つ目は道路の劣化を左右する路面排水、路肩排水、そこを通る車両の重量に対する路盤の耐力です。三つ目は技術の汎用性、メンテナンスの容易さです。それから今では、環境性能やリサイクルのしやすさも求められると思います。

近代的な道路舗装の発明を論ずる上で、欠かせない工学者が三人います。フランス人技師トレサゲ（一七一六〜九六）、イギリス人技師テルフォード（一七五七〜一八三四）、スコットランドのマックアダム（一七五六〜一八三五）です。画期的に道路舗装技術を向上させたこの三者が共通して注目したのが、地盤の高さ、舗装の厚み、建材の供給と入手の手段でした。結論から言うと、マックアダムの考案したマカダム式が一番単純かつコスト的にも廉価で、後に世界的に普及していくことになります。

この三人の開発した舗装法について、マクスウェル・ゴードン・レイの『Ways of the World』を参考に紹介します。

［トレサゲ法］　トレサゲは「最初期の科学的な道路建設技術者」といわれています。一七五

○年代以降、七〇〇〇キロに及ぶ道路をつくりました。建設しながらも様々に改良を加えてついにはトレサゲ法といわれる道路舗装技術を開発します。トレサゲは、当時の道路の問題をつぶさに観察しました。例えば、ローマ道路は分厚すぎると考えました。これではコストの面でも、国土をくまなく結ぶことができない。より薄い路盤の建設方法がないか試行錯誤します。もう一つ、地盤への荷重伝達を分析しました。交通量が増えて車両の重量が重くなってくると、路面に轍が生じる理由になります。次いで道路面の排水に着目しました。トレサゲ法では道路を支える地盤面を緩やかな傾斜ができるように穿ち切石を立てて、その上に少し大きめの石を敷いてから小石を敷き詰めました。

地盤の高さ、舗装厚、建材の三点でみるとその改良は大きな前進でした。トレサゲ法は、ゴードン・レイ[1]によると地盤面から道路面までの厚みが二七五ミリあります。ただし、彼の考案した工法では、周辺の地盤面よりも舗装した部分が低くなりますので、排水の問題が残されました。また切石をつくるのが大変で、これを運ぶのにも労力を要します。

［テルフォード法］次いで、テルフォードは「道路建設の巨人」といわれています。スコットランドの石工出身で、そのためか、敷き詰める石の形も細かく決めるなど石にこだわります。北スコットランドで道路建設を行なって現在の道路網の原型をつくり、政府に登用されて

技師として活躍しました。そののちに道路工学で高く評価されて、イギリスの土木学会の初代会長になります。テルフォードの舗装は、地盤は切らずに、直接に舗装を行います。ですから周辺地盤も側溝も道路面より低いところにあります。切石を敷き詰めて、上に二層から成る小石を並べています。テルフォード法はトレサゲ法より厚く、ゴードン・レイによると四二〇ミリありました。厚みが増えるとコストに反映しますし、石の加工にもコストがかかったので割高な道路でした。工学者は自らの専門領域が後の発想に影響を及ぼすところが少なからずあるでしょう。テルフォードも石工であったことが、その発想に影響したのかもしれません。

◇——ジョン・ロードン・マックアダム

ジョン・ロードン・マックアダムは一七五六年、スコットランドの男爵一家の一〇人の子の二番目として生まれました。後に一家は没落して、商人の叔父を頼って渡米、ニューヨークに行きます。しかしここでも叔父の事業が失敗して結局帰郷します。帰郷後、キャリアを重ねた後に一八〇四年、イギリスのブリストルの有料道路トラスト（Turnpike trust）の技監（技術部門の長）になります。turnpike は直訳すると「槍を回す」でしょうか。これで有料道路を指しました。昔、槍を道の進行方向を妨げるように掲げておいて、通行人がお金を払うと上げることからこの言葉が生み出されたそうです。今の高速道路の料金所のゲートのようなものでしょうか。

ゴードン・レイ[2]の記述によるとマックアダムは「道路建設が趣味」だったそうです。道路建設を各地で試行するあいだに、様々な技術を開発し、一八一五年ごろにはマカダム式舗装を開発したとされます。マックアダムがなまって「マカダム」といわれるようになったかと思います。

後にマックアダムは出世し、ロンドンや大都市圏を結ぶ道路の技術総監に任命されます。一八二〇年には都市圏道路の技監として、イギリス議会の諮問を受ける重責を担いました。しかし彼は高給・厚遇だと周囲に批判され、またマカダム式の模倣者が現れて減給されてしまいます。マカダム式舗装の道路も建設後しばらく時間が経つと具合が悪くなるところがあって、それをマックアダムのせいにされた場面もあったようです。

そんなさなか、マックアダムは一八二一年に著書『Remarks on the Present System of Road Making（道路建設システムに関する考察）』を刊行しました[3]。副題は「実践と経験に基づく、現行法の改良、および道路構築、修理、保全手法」と掲げられました。この本の中でマックアダムは、自らのことを土木技師、技術監と述べています。「道路づくりのみの領域に私はとどまっていない。私はより大きい土木工学を担っている。さらに、道路建設を通じて大英帝国をより豊かにするのが私の仕事だ。私は工学者だ」といった視座で論じています。ターンパイク道路（有料道路）の管理手法や、道路の建設や補修といった技術的項目だけでなく、財源や法制度の整備についてもしっかり論じています。同書は「一、道路構築の方法」「二、監督や道路建設技術者の雇用」「三、財源と維持管理」の三章から成り、補章の「英国議会への諮問」ではイギリス議会へのある種の憤懣が込められています。

まず本の書き出しに「大英帝国の栄光の維持には、道路の維持管理は必然だ」とあります。これだけ道路のことを大切だと説いたのもマックアダムの功績ではないかと思います。そして「ロンドンなどの砂利道は最悪だ」「粘土とまじりあい交通の妨げとなる」「道路は沿道土地よりも高さが必要だ」と評しました。

マックアダムの提案として、地面を掘り下げて道路を設けては駄目だ、地面を盛り上げなければいけないと指摘します。それから工学的な視点で、道路をつくるだけではなくて、道路を走る「馬車の重量、馬の頭数の検討が必要だ」と書いています。より重量のある貨物の通過を見越した新しい交通様態に対して、新しい様式の道路が必要だという観点に立っていたのです。「車輪の構造、砕石の大きさを検討すべきだ」とも書いています。論の構成は明瞭。論旨も明快で、道路建設について書くべきことを網羅した名著だと思います。

マックアダムは道路建設技監として数多くの道路をつくりながら開発をした経験から、道路舗装の工法を提案しています。「地盤面よりも路面を高く築く」「路面は砕石で突き固める」「トレサゲやテルフォードの方法よりも安価で単純につくりたい」。最初からコストを考えていたこと、新しい社会に必要な交通のあり方を総合的に考えていたことは、現代社会にも通ずるマックアダムの先見の明なのではないでしょうか。

マックアダムが議会へ答申した際の議事録には、マックアダムの開発した方法で道路をつくったらどうかと議会でも論じられていたことが記され、「Mr. M'Adam's system」と幾度も触れられています。議事録の中でもマックアダムス・システム、マックアダムス・ロード、マックアダムス・ペイブメント等の言い方をされながら、だんだん工法が定着してゆきました。

マカダム式の優位性と合理性

マックアダムは、大きな砕石が通行により砕けるさまにも着目しました。いくら道路に厚く石を敷いても馬車や人が通ると、結局、石は砕けて自然に一定の形に落ち着く。締め固めた砕石の二五〇ミリ厚みの路盤で十分で、トレサゲやテルフォードの方法のように石材を加工して、大きな石を使う必要はないという結論に達します。人力で削らなければならない大きな石を敷かなくて良いとなると、材料加工のコストが低減し施工がより簡単になります。ゴードン・レイ(4)の記述によると下層は七五ミリ、上層は二〇ミリの骨材を入れてつくられています。厚みは二五〇ミリ。トレサゲ、テルフォードの考案した舗装法と比較して最も薄くなりました。

ほかにマックアダムが非常に心を砕いたのが、舗装道の上層の小石です。この小石は大きすぎると馬車の乗り心地が悪くなり、スピードが上がりません。かといって小さすぎると車輪が道路に埋まってしまいます。そこで彼は小石の大きさは二〇ミリが妥当であると分析します。これはより快適で、かつテルフォード式の二倍の耐荷重がありました。

マカダム式は、トレサゲやテルフォードの方法と比べてシンプルで、建材も安くて、地面を掘りくぼめる必要もなく優位でした。

◇――世界の道路の「マカダミゼーション」とその限界

優れた舗装方法であったマカダム式は、開発されてすぐの一八一七年、フランスで試行されます。一八二二年には南半球のオーストラリアでも建設されました。一八二三年にはアメリカで建設され、一八二五年には米国の国道の標準仕様に指定されます。一八三四年、イギリスの馬車はフランスのものより五割近くも速く走れるという報告が上がっています。スコットランドで試行されたマカダム式は、あっという間に世界に広がっていって、いわゆる「マカダミゼーション」を迎えます。

工学者としてマックアダムの功績は偉大でした。道路の舗装などに使われる三輪式のロードローラーはマカダム式ローラーといわれているそうです。

土木工学は英語でCivil Engineeringです。civilは市民とか市民社会を指します。これに対する語はmilitary engineeringとなるそうです。militaryは軍事、軍用です。土木工学は広く科学技術、総合的な工学をその目標に収めていた。土木工学は狭義の構造物などの構築に関わるだけでなく、総合工学としての広い視野を持っている。militaryから生み出された技術も少なくはありませんが、広範でかつ市民生活に近いCivil Engineeringの存在は工学の要でした。このことは、土木工学の教育の現場でも若い学生に伝えられているそうです。

その観点でも、マックアダムが道路建設で経済性やメンテナンス、また法整備にも関心を持っていたことはCivil Engineeringの概念がよく表れていると思います。マックアダムをはじめとした黎明期の工学に携わった人々のまなざしに触れると、その総合性、また「civil」への観点をより意識する必要があると思い起こさせます。科学や工学の世界には国境は存在しません。先進的知見は今も昔も国境を越え共有されます。マカダム式一つとってみてもスコットランドの技師が開発したということでイギリスを中心として思考を展開しがちになるのですが、優れたマカダム式は、軽々と国境や言葉の違いを越え、世界にそして播磨にも普及してゆきました。この構図では、マカダム式舗装や銀の馬車道のことを、特定の国の人々の足跡や交流のみで論じるのは、本質を見誤る危険性があると自戒しています。技術の普遍性や国際性を見据える広い視野を持つことが大切だと思います。

さて、時間が経つにつれマカダム式舗装にもあらたな課題が見え始めました。郊外道路では好評でした。ただどうしても、交通量の多い都心では、時に馬の排泄物と混和して泥沼化します。「夏の埃、冬の泥、滑りやすく悪臭がひどい」と批判されたりもします。長期的な舗装面の維持が困難だったのです。大都市、たとえばロンドンでは本当に不評で、長雨が降ると馬車が速く進めないと批判されました。猛烈な埃除けにゴーグルが必要だ、服が汚れると上流階級を中心に批判がなされるようになってきます。

そこでマカダム式舗装の改良がさらに進められました。アメリカ西海岸では道の表面に油の散布が試されました。ところが、それから失火したり家畜が食べたりして大変だったそうです。水を散布して固めるWater-macadamや、一八六九年ロンドンでは路面にタールを塗布するTar-macadamが行なわれましたが、コスト高で不調に終わりました。

その後、本格的に石油燃料が普及するようになり、その副産物であるタールを使ったアスファルト舗装が普及し始めます。アメリカで最初に普及したそうです。アスファルト舗装と呼ばれずに、当初はタールマカダムと呼ばれていたそうで、そこでもマカダムの名前は生きていました。マカダム式舗装の改良手段としてタールを混和した、今のアスファルト舗装につながる舗装方法です。

明治時代にイギリスに行った岩倉使節団がアスファルト舗装を見てとても驚き、明治一〇年の内国勧業博覧会で天然アスファルトが試されたそうです。アスファルト舗装にも技術的展開が必要で、またコストがかかったということで、しばらくのあいだは日本では普及しなかったそうです。

◇──「マカダミゼーション」と銀の馬車道─文書と埋蔵物に見る

ここからは、マカダム式舗装が、どの様に播磨の地に到達したのかについてお話したいと思います。まずは馬車道に関する文書でどのようにマカダムが記されてきたのか見たいと思います。

一つ目は砥堀にある「馬車道修築碑」です。明治九年（一八七六）、馬車道開通を記念して建てられました。「技長　仏蘭西国人　シスロイ　鉱山助正正六位　朝倉盛明　誌　延長十二里十五丁石ヲ畳ミ砂ヲ敷キ高低ハ平均シ川沢ニハ橋ヲ架シ」などと記されています。フランス人技師で馬車道の設計をしたシスロイ（シスレー）、初代生野鉱山局長である朝倉盛明（もりあき）の名前があります。碑文には、開通した喜びと、関係者の功績が記されていますが、道路の形状や舗装については何も書かれておらず、マカダムという言葉は刻まれていません。

二つ目は『但馬国生埜鉱山景況』という朝倉盛明が明治九年に書いた文書で、ここには若干道路のことが書いてあります。「一寸（約三センチ）ばかりの小石を厚さ五、六寸（約一五～一八センチ）敷きつらね」とあります。マックアダムの発明した道路の形態とは微妙に違うと思われるかもしれません。中段には「道の両側は大体石垣で」とありますが、マカダム式には石垣も石の縁石もありませんでした。「平地でも田畑より二尺余（約六〇センチ）の高さに築いた」、これもマカダム式にはなかった高さです。となると、これはマカダム式の舗装のことを表しているとは思えません。この文書にはマカダムの名前はありませんでした。

三つ目は太政類典（太政官日誌や公文録等から典例条規を採録し、制度、官制、官規、儀制など部門別に分類し、年代順に編纂したもの）の中に収められている「豊岡県下但馬国生野ヨリ播磨国飾磨津迄新道開設」という記録の中の築造家「ワレイカス」による調査報告書「生野建築」です。「長さ一メートルにつき一円五銭より多くかかりません」とあり、コストが当時から注目されていました。ここに唯一「マカダム氏発明の道路」がヨーロッパより安く出来ると記されています。技術者の彼もマカダム式舗装のことを認識していたのでしょう。安く出来る理由として「道造りに用いる諸品が充分にありますので、その近くで自由に使用すればヨーロッパよりかなり安くなります。マカダム風の道路……」とあります。この文書には図面が付されていません。「マカダム風の道路」がマカダム式舗装の道路のことか、それに類する舗装の道路のことか特定できません。

　そして、冒頭でも触れました、池谷春雄氏による銀の馬車道の復元図（図1）は、これらの文書の記述を基にして引かれた図面だということがわかります。一方で、これまでゴードン・レイの分析によるマカダム式の図面と比べてみますと、異なるのがわかります。路盤面も平坦ですし、中央部が盛り上げられていますが、この場合、三層の石で構成されています。縁《へり》のところには大きな石垣があって、溝まで掘られています。マカダムが考案したシンプルな構造と比べると複雑な断面です。これが果たして銀の馬車道の全線で築造可能だったのかというのは検討が必要だと思います。銀の馬車道は三年間で築造されたことになっています。およそ五〇キロ。一部は飾磨街道などと経路が重複していますので、すべての路線を新規に開削する必要はなかったかもしれませんが、三年間というのは短期の突貫工事です。多工区で同時に工事を進めたと思いますが、これだけの仕様の道路が舗装されたかどうかは疑問が残ります。

　次に、埋蔵物としてみた銀の馬車道はどうでしょうか。中播磨県民センターや兵庫県、また市町の文化財担当が道路工事に合わせていくつかの地点で発掘をし、そのときの道路の断面図が「銀の馬車道復元にかかる学術調査報告書」に掲載されています。(6) 一つ目は姫路市神屋町での発掘です。今もこの道路は使用されています。銀の馬車道がつくられたときからどんどん上に舗装が重ねられています。神屋町の舗装の断面は、小礫混じり土が、馬車道だったと思われる断面ですが、後年の道路建設で掘り起こしていますから境界線がはっきりしません。この道は、地山《じやま》からみると、一旦盛土をされて、礫混じりの土が入って、もう一度小礫混じりの土が入って、小さい石が入っています。ここだけをみるとマカダム式にみえないこともありませんん。しかし本当にたくさんの層があり、これをマカダム式だと断定するのも難しいようです。

神河町教育委員会の同町吉冨での発掘があります。「石列は道路の西縁石と考えられ」、道路のへりに石列があったと書かれています。けれども先ほどから説明しているとおり、マカダム式では縁石を並べる工法は取られていません。そうなるとこれもマカダム式とは違うことになります。

もう一つ掘られた場所が、神河町猪篠《いざさ》です。「人為

写真２　神崎郡神河町吉冨付近の銀の馬車道
（筆者撮影、2019 年）

的に削ったと考えられる痕跡が認められた」と報告書にはあります。人為的に削る、掘り起こす理由というのは何らかの道路の舗装工事が行われた痕跡ですから、これをマカダム式の舗装の跡として解釈できないこともないでしょう。調査をした方の所見によると観察の限りマカダム式として断定はできないとの知見が示されていました。

神河町中村に「銀の馬車道交流館」があります。この中村・粟賀は歴史的な建物が残っていて県の景観形成地区になっています。この交流館では、猪篠地区で馬車道の試掘をしたときに、道路の地層を樹脂で固めて剥ぎ取った、発掘したそのままのものがご覧いただけます。この断面になったものをみると、周囲地盤よりやはり六〇センチ高いです。ゴードン・レイ(7)の分析によるマカダム式かというと、どうも高いようです。この模型には道路側溝があります。表面から玉砂利と砂の層があって、やや大きめの小石があり、最下層には水田の耕土を除いたうえで、大きな石が入っていて一番下は元々の地山が出てくる。このようにかなりの数で構成されているとなると、これは本当にマカダムかどうかわからなくなってくるのです。道路面が緩傾斜しているのはマカダム式に似ていないこともないのですが、だんだんその境界が不明瞭になるうえに、三層、四層もの土がみられます。

◇――マックアダムの道路築造の思想と、「銀の馬車道」の関係は

さて、ここからは推測をくわえた考察になります。生野鉱山寮馬車道は、全線がマカダム式で舗装されたのではないと思われます。周辺の地質や敷地の高低差の影響を受けつつ、区間ごとに臨機応変に道路を建設したというのが、ある種、現実的ではないかと思います。

マックアダムの道路築造と馬車道との関係をとらえると「工期、経済性を考慮」については、マックアダムの思想とよく合致しています。一方で「交通量、荷重への考慮」も合致していますが若干、異なる点もある。そして掘り起こされた馬車道の姿をみますと、異なる点がどうも多い。

ただし、本日の検討の対象にしたのは、限られた文献、五〇キロもある馬車道の四カ所の断面、埋蔵物の調査でもって話をしていますから、もしかするとほかの部分、より交通量が多くてより重要だった生野鉱山や飾磨津の周辺はマカダム式で建設されて、それが残っている可能性もあります。これは今後の調査に期待したいところです。

日本でマカダム式の舗装がされたといわれているのが、神戸の居留地、横浜の居留地、それから京都と大津を結ぶ京津道路だとされています。神戸の居留地であれ横浜の中心市街地であ

れ、戦災に遭い、戦後に大幅に開発されましたから、マカダム式舗装が地中に眠っているかはわかりません。そういう意味でマカダム式はますます謎が多い舗装方式だとも思えてきます。また銀の馬車道は貴重な遺産だと言えるでしょう。

◇――「道」を歴史的遺産として活かすこと

道を歴史的遺産としてみると興味深い観点がありそうです。馬車道を含め、道を保全することとは、様々な建造物や遺産と比較しても容易ではないのではないかと思います。それは、道はそもそも長大で広域に及びますし、日々、車や人が通っています。神河町の銀の馬車道（写真1、写真2）は、ほぼ現道のまま残っているといわれますが、ここでさえも表面の表土はさらに盛られているでしょう。マカダム式といわれるもの、銀の馬車道は、地面の中に眠っていて目に見えない。そして、道路には多くの関係者・管理者がいて合意形成も簡単ではないでしょう。大切な歴史的遺産も、所有される方の理解を得なければ守ることは容易ではありません。

銀の馬車道と生野銀山施設群は、さまざまに文化遺産としての認定がなされています。二〇〇七年「近代化産業遺産」（経済産業省）認定。二〇一二年「未来遺産リスト」（日本ユネスコ協会）登録。二〇一七年「日本遺産」（文化庁）登録。この三つの認定の過程で大きく気づかされたことがあります。たとえば日本遺産「播但貫く、銀の馬車道　鉱石の道」には、「資源大国日本の記憶をたどる73㎞の轍」という副題がついています。近代化産業遺産では「我が国鉱業近代化のモデルとなった生野鉱山などにおける鉱業の歩みを物語る近代化産業遺産群」とあります。これらは、いわゆる残された建造物としての「モノ」だけを表しているのではない。我が国の産業の発展、地域開発などとの関係を含んだ「物語」の大切さが示されているようです。

ではこの「物語」は誰がつくるのか。社会は日々変化を続けています。価値観が変わる、世界観が変わる。私たちのまなざしが変わることは、遺産保全にとって大切なことだと思います。たとえば、目立った建造物や事物が残らない、銀の馬車道は少なくとも一九九〇年代までならばこれほどまでに注目されることはなかったと思います。でも我々のまなざしが変わったことで、現在、銀の馬車道がさまざまな「物語」を得ることにつながったのではないかと思います。

◇――「ヘリテージ」としての「道」

銀の馬車道については、単なる、播磨の一筋の道路ではなく、世界のなかにある歴史的遺産としての価値づけを高めてゆく必要があると考えています。

全国各地にある他の鉱山産業遺産との比較検討も大事です。たとえば屈指の鉱山であった愛媛県新居浜市の別子銅山でも銅を運び物資を運ぶための道路がつくられましたが、少し急峻な山道を登ったためか、こちらは銀の馬車道ならぬ「銅の牛車道」がつくられました。場所が変わると運搬方法が変わってくるのです。

地域をつなぐ歴史的な「道」はこの先、ますます注目されるのではないかと考えています。たとえば、四国の八十八ヶ所巡礼路があります。お寺とお寺のあいだには何もありませんが、精神的なつながりで、信仰の道としてつながっているわけです。あいだにはお接待という文化もある。目に見えないけれども人と人がつなぐ道です。また海路、海の道には、朝鮮通信使の瀬戸内の道があります。瀬戸内の、港町として成立してきた多くの都市にとって、海の道は大事なものでした。昔の通信の方法である狼煙《のろし》の道も大事です。こういう道を遺産として守っていくこともこの先、さらに注目されるのではないかと考えています。

◇――現代に生き続ける「銀の馬車道」――「境」を越えて

大正期の姫路の地図を見てみたいと思います。すでに現在の山陽本線が通り、姫路駅があります。飾磨へ向かう飾磨港線、播但線がありますが、姫新線はまだありません。そして姫路城の外堀があって、その外縁をなぞるように銀の馬車道が通っています。町の中を通さず、姫路駅の南辺りを通って、現在の南畝交差点付近で飾磨街道に合流します。

現代の地図（図2）に重ね合わせてみますと、目に見えるものがあまり残っていないといわれる銀の馬車道ですが、現在の五軒邸、城東辺りから南に向かう道は、ほとんど現道のまま残っています。実は、銀の馬車道は姫路駅周辺等、新しい道路になったり一部民有地の中に取り込まれたりしているところもありますが、ほとんど当時のまま使われています。地割、土地の区画は後年にも驚くほど生き続けます。

姫路駅とその周辺はかなり開発されて、馬車道は残っていません。姫路駅内のどこを銀の馬車道が通っていたのでしょうか。推測では中央改札口の一番南側の自動改札からみどりの窓口の辺りにあったのではないかと考えます。

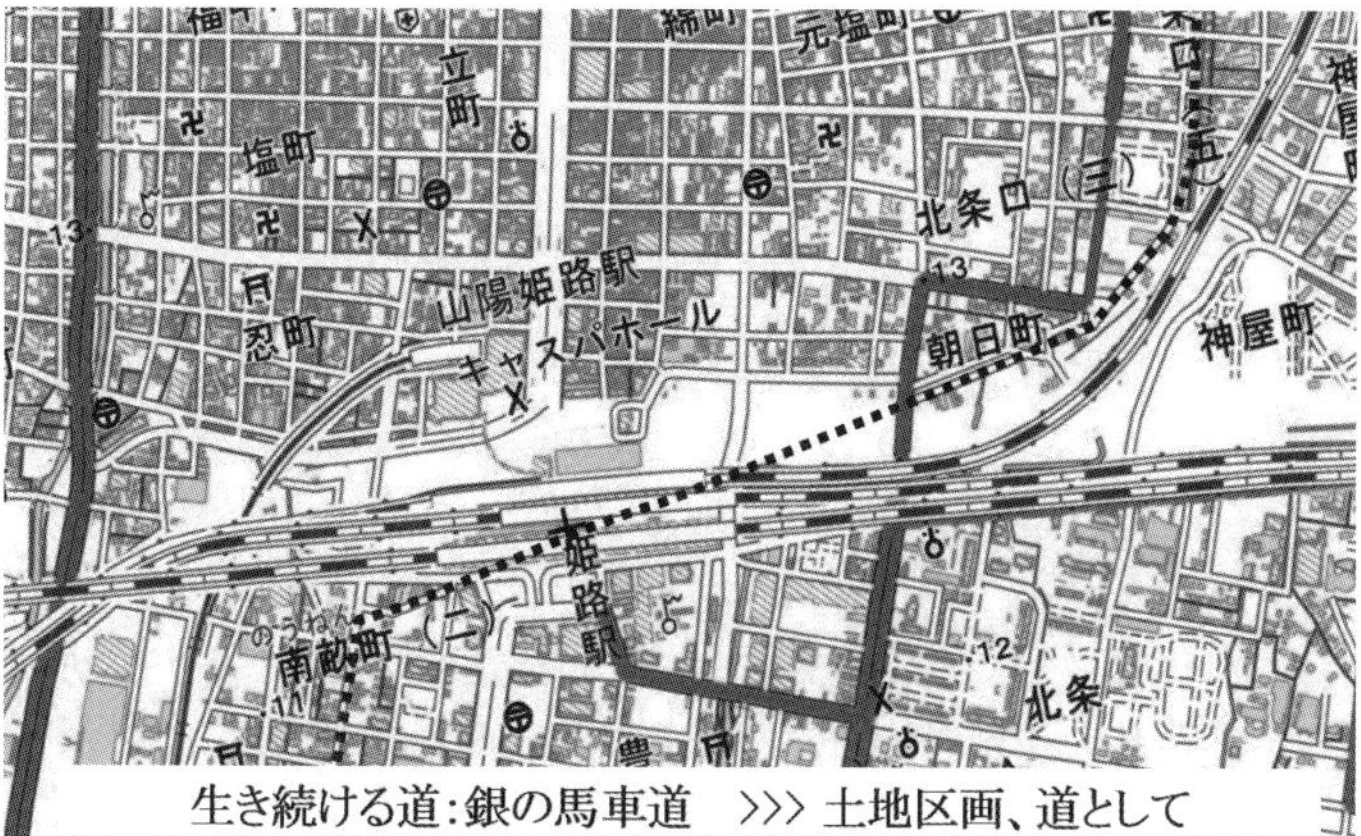

図2　姫路駅周辺の銀の馬車道経路の推定図
（出典：国土地理院地図をベースに一部改変）

私のささやかな夢ですがいつか近い将来、姫路駅のコンコースから改札内の床に、ここに銀の馬車道があったという印を描けたらなと思っています。駅の構内もずっと、銀の馬車道の跡が記されていたら面白いのではないかと勝手に妄想しています。

兵庫県はインバウンド、外国からの訪日客の数では、京都府や大阪府にやや遅れをとっているといわれています。銀の馬車道も、特定の年代層や性別に偏ることなく積極的に広くプロモーションして、皆に愛される遺産になればと思っています。

その際には、目に見える遺産だけではなく、たとえば遠い海の向こうで生まれたマカダム式舗装が播磨の地にもたらされたことや、建設に大きな役割を果たした数多くの工学者たちの足跡を意識すると、より歴史への関心が高まるのではないかと思っています。そして今後、「銀の馬車道」のあり様が、世界の遺産保全の新たな潮流を拓く可能性もあるのではないかと考えています。

〔注〕

（1）Maxwell Gordon Lay, 1992 Ways of the World: A History of the World's Roads and of the Vehicles That Used Them, Rutgers University Press, p.70.

（2）Ibid., p.70.

（3）John Loudon McAdam, 1821, Remarks on the Present System of Road Making, Printed for Longman, Hurst, Rees, Orme, and Brown.

（4）Maxwell Gordon Lay, 1992, op.cit., p.70.

（5）Ibid., p.70.

（6）中播磨県民センター、２０１６「銀の馬車道」の復元にかかる学術調査　他、各種文化財調査報告書を参照した。

（7）Maxwell Gordon Lay, 1992, op.cit., p.70.

鉱石の道
―産業遺産とその魅力

前畑　温子

◇―産業遺産とは

産業遺産とは、人の営みに不可欠な生産活動を行なっていた歴史的・技術的・社会的・科学的に価値のある場所や施設で、記録なども含まれます。産業遺産は下記のような価値づけが政府機関等によって行われています。

- 近代化産業遺産（経済産業省が認定）
- 世界遺産「明治日本の産業革命遺産」など（ユネスコが登録）
- 近代化遺産（文化庁が定義）

近代化遺産は文化財に属しており、該当する文化財を下記で紹介します。

- 記念物（史跡、名勝地、動物・植物及び地質鉱物）
- 文化的景観（地域における人々の生活又は生業及び当該地域の風土により形成された景観地）
- 伝統的建造物群保存地区（城下町、宿場町、門前町など全国各地に残る歴史的な集落・町並み）
- 有形文化財（建造物、絵画、彫刻など。国宝、重要文化財、登録有形文化財がある）

◇──全国の鉱山

鉱山とは、金、銀、銅、鉛、錫《すず》、亜鉛など、人の経済活動に有用な資源となる鉱物を採掘する場所のことで、今回お話しする「鉱石の道」の鉱山以外にも全国にたくさんの鉱山があるので、その一部を紹介したいと思います。今も現役で動いている鉱山もあります。

- 佐渡金山（新潟県佐渡）：慶長八年（一六〇三）に奉行所が置かれ、採掘された金によって江戸幕府の財政を支えました。明治に入ってからは官営となり、宮内省御料局管轄の皇室財産を経て、三菱の経営となって日本最大の金銀山へ。資源枯渇のため平成元年（一九八九）に休止。今も残る数多くの遺産が観光施設として活用されています。
- 別子銅山（愛媛県新居浜市）：元禄四年（一六九一）から昭和四八年（一九七三）、銅の採掘を行なっていました。日本三大銅山の一つで、一貫して住友が経営し、財閥への礎となりました。
- 尾去沢《おさりざわ》鉱山（秋田県鹿角市）：産出された金が奈良の東大寺の大仏に使われたという言い伝えがあります。明治期には三菱合同会社の経営となったが、昭和五三年（一九七八）に閉山し、今は観光活用されています。

・犬島製錬所（岡山県岡山市）：岡山県南部、瀬戸内にある小さな島。明治四二年（一九〇九）に銅の製錬所が建設されました。近年は製錬所の遺構を使った美術館ができるなど、アートの島として有名。

ちなみに現役の鉱山は現在も金を産出している菱刈鉱山（鹿児島県伊佐市）、陶器の原料になるセリサイトという鉱石を産出している土橋《つちはし》鉱山（岡山県備前市）などがあります。

◇――鉱石の道

「鉱石の道」というのは産業遺産である生野・神子畑《みこばた》・明延《あけのべ》・中瀬の四鉱山を結ぶ、鉱石や人、文化が運ばれた、日本近代化の歴史を今に伝える産業遺産をテーマにした物語です。二〇一七年に、飾磨港（姫路市）から生野に伸びる「銀の馬車道」とともに、姫路市、福崎町、市川町、神河町、朝来市、養父市の六市町が申請を行なった「播但貫く、銀の馬車道 鉱石の道～資源大国日本の記憶をたどる73㎞の轍～」として、文化庁により正式に日本遺産として認定されました。

鉱石の道の構成文化財は、以下のとおりです。

〈朝来市〉

生野鉱山寮馬車道跡
生野鉱山関連遺構（生野鉱山及び鉱山町の文化的景観）（国選定重要文化的景観）
生野鉱山町（生野鉱山及び鉱山町の文化的景観）（国選定重要文化的景観）
神子畑鋳鉄橋（国重文（有形）、県有形）
羽渕鋳鉄橋（県有形）
神子畑選鉱場跡
旧神子畑鉱山事務舎（ムーセ旧居）（県有形）
〈朝来市・養父市〉
明延鉱山明神電車（県有形）
〈養父市〉
明延鉱山関連遺構・明延鉱山町
中瀬鉱山関連遺構・中瀬鉱山町

鉱山の主な工程

今回は明延鉱山で主要な採掘鉱石であった錫に沿って鉱山の主な工程を説明しながら、その工程に対応する鉱石の道の文化財や町並みのことをお話ししたいと思います。

1　探鉱（明延鉱山）
2　採鉱（明延鉱山）
3　鉱石運搬（神子畑鋳鉄橋、羽渕鋳鉄橋、明延鉱山明神電車）
4　選鉱（神子畑選鉱場）
5　製錬（生野製錬所）

探鉱は鉱床を探り、その位置を調査することで、昔は鉱山に多いというヘビノネゴザなどのシダ植物を探し、山肌に露頭した鉱脈の先端を探して見つけていましたが、近代化するにつれ機械を使ったボーリング調査に移行していきました。

鉱石があることがわかったら、その鉱石を掘り出す採鉱という工程に入ります。昔はノミなどで手掘りしていましたが、近代化以降は削岩機やダイナマイトを使用して採鉱するようになりました。

◇——明延鉱山

明延鉱山は兵庫県養父市にあり、大同元年（八〇六）から大同五年（八一〇）に銅の採掘が始まった長い歴史を持つ鉱山です。奈良の大仏にも明延の銅が使用されたという言い伝えがあります。明治時代には官営鉱山となり、錫の大鉱脈が見つかったことで、東洋一の錫鉱山になりました。昭和六二年(一九八七)に閉山。

明延鉱山には旧世谷通洞坑という主要坑道があり、その一部を「明延探検坑道」として公開しています。鉱山操業時とほぼ同じ状態で残されている坑道が見学できるのが魅力(要予約)。まずは坑口。上には山の神様が祀られています。山の神様は女の神様なので、女の人が山に入るとヤキモチを焼いて事故が起きるといわれているそう。中に入るとレールがズドンとのびているのですが、観光施設に整備されても撤去されずに残されているのは珍しいです。

また、全国的に見学できる坑道は一階だけで終

明延鉱山の坑道内。大寿立坑のエレベーター跡

わってしまうことが多いのですが、ここは階段があり、上の階に行くこともできます。坑道は蟻の巣のように何層にもなり分かれ道があって、総延長は東京―大阪間と同じ距離なんだそう。

明延鉱山ではシュリンケージ採掘法という、上向きに採掘していく方法を採っていました。ちなみに採掘の際に使用する削岩機は一台約五〇キロの重さです。

採掘し、足元に溜まった鉱石は、ストッパーとなる板のついた「井戸」という場所から落とし、トロッコに積んでいました。井戸での仕事はとても大変で、板を抜いて鉱石を落とすタイミングを間違えれば大怪我をしてしまうそうです。

また、坑内には大きな機械が数多く残されています。坑道の入口はそんなに広くないため、部品をバラバラに運び入れ、その場で組み立てて使ったそうです。

他にも探検坑道の中は魅力的な場所が多いのですが、中でも私が一番好きなのが大寿立坑《だいじゅ》のエレベーター跡です。柵やエレベーターの錆を見ていると時間の流れを感じることができ、過去に思いを馳せることができるからです。

坑道以外にも明延には鉱石を砕く場所である大仙粗砕場《だいせんそさいじょう》があります。公道から遺構の一部を見ることができるのですが、山肌に張り付いたインクライン跡が印象的。旧世谷通洞坑《せたにつうどうこう》と大仙粗砕場をつないだトンネルもありますが中は封鎖されています。

◇——明延の町並み

明延の町には昭和初期の鉱山町独特の雰囲気が残されています。

まずはあけのべ自然学校。鉱山閉山により閉校された明延小学校の校舎を改修して利用した、体験型の学習・宿泊施設です。明延鉱山探検坑道の予約・問い合わせや、一円電車運行日の問い合わせ窓口になっています。昔の写真が展示され、クリアファイルやおせんべいなどグッズが購入できます。

次に北星《ほくせい》長屋社宅。長屋社宅は木造で青い屋根が特徴的です。数年前にこの社

明延の町並み

宅をきれいにするイベントがあり、私も参加し掃除をして、ものすごく愛着が湧きました。今は展示パネルや昔の家具、電話機などを展示して、当時の暮らしがわかる施設として整備されています。

この北星長屋社宅の奥には日本最古級のプレコン社宅があります。プレコンというのは工場でコンクリート製の柱やパネルをつくって現地に運んで組み立てる工法のことを言います。

他にも町には、昔の看板やレトロな家があるのですが、その中でも一際目立つのがたばこ屋跡。看板は迫力のある龍が描かれ、その吐いた火がCigaretteという文字になっているという、なんとも洒落た感じの建物なのです。

さらに、明延鉱山産出の銅を使った鐘がある両松寺《りょうしょう》や、協和会館という映画館跡もあります。現在は工場の施設として使用されていますが、一一五〇人収容の大規模な建物で二階の映写室には映写機が今も残されています。三菱の鉱山ではほとんどの娯楽施設が協和会館と名づけられたので、協和会館は明延だけでなく生野にも神子畑にもありましたし、長崎県の軍艦島にもありました。

人々の生活に欠かせない浴場跡も残されています。第一浴場は鉱員とその家族は無料で入ることができたお風呂屋さんで、今は明延ミュージアム「第一浴場」として明延鉱山にまつわるものが展示されています。実は今も、床下には浴槽が残されているとのこと。

この明延鉱山は私たちがJ-heritageを設立するきっかけの場所でもあります。初めて明延鉱山を見学したとき、そのころの私は単なる廃墟マニアでしたが、ガイドしてくださったかたの「廃墟マニアが勝手に入るせいで壊される産業遺産もあるんだよ」という言葉にショックを受けました。自分たちはこのままでいいんだろうかと、当時の仲間たちと真剣に考えました。自分たちに何ができるのかと考えたとき、廃墟には産業遺産の価値もあると教えてもらったこともあり、産業遺産をきちんと記録撮影し、許可を取って見学するNPO法人J-heritageをつくることになったのです。まさに、明延鉱山は私たちの原点といえます。

◇――一円電車（明延鉱山明神電車）

鉱石運搬は、掘った鉱石を次の工程の施設まで運ぶことを指します。昔は馬車や牛車で運んでいましたが、近代以降はトロッコや架空索道が使われるようになり、次第にトラックなどの車両が使用されるようになりました。

明延鉱山からは「一円電車」（正式名称は明神《めいしん》電車）で、神子畑選鉱場（朝来市）まで鉱石を運んでいました。昭和二〇年（一九四五）から六〇年までは人を乗せる客車も走っていて、その運賃が一人一円だったことからこの名がつきました。

一日三回の運行で、大仙粗砕場で砕いたこぶし大の鉱石を、いくつもつなげたトロッコに積み込んで運び出しました。乗車券には「1円　明延鉱業所」と書いてあります。トンネルは現在、中に入ることはできませんが、ポータルには三菱のマークが残されています。

一円電車の車両（口絵写真）にはカラーリングが何種類かあり、どれもかわいいのですが、とくに好きなのが役員専用車で、青・白・黄色の白金号《しろがね》です。今も明延に残されていますが、とても小さく、運転手と向かい合って座るめずらしい車両です。この車両はアニメ「ドラえもん」に登場しました。探検坑道の出口付近には水色・赤・黄の赤金号《あかがね》があります。くろがね号は車体に「明延⇕神子畑」と書かれていて、中は緑のロングシート、床は木でできています。窓には格子が入っていますが、これはトンネル内を通る時に手や顔を出して怪我をしないためのものです。このくろがね号はアニメ「サザエさん」に登場しました。

毎年一〇月に開催する「一円電車まつり」では、体験乗車ができます。実際に軌道を電車が走るのですが、ガタゴトという当時と同じ音と揺れを感じることができるのが魅力。この一円電車まつりでは、体験乗車のほか、明延探検坑道の見学会やあけのべ探訪スタンプラリーなどが行なわれます。

二三人乗りの車両はとても小さく、私たちが企画したツアーでこれを満員にしてみたことがありますが、中が狭くて隣の人と肩が当たるし、足を開いて目の前の人と足を交差しなければならないほどでした。

◇――神子畑選鉱場

次の工程は選鉱で、採掘した鉱石を有用鉱物と不要鉱物（脈石）とに分離する作業です。選鉱場は、上から鉱石を落としながら細かく砕き、有用、不要の鉱石に分けていく作業をするため、多くは山の斜面などに設置されます。

工程は、1　鉱石を粉砕する。2　粒度の分級をする。3　適切な選鉱法を用いて有用鉱物を抽出する。4　脱水・乾燥する。

明延鉱山でこの工程をしていたのが、神子畑《みこばた》選鉱場（兵庫県朝来市）です。平安時代には鉱山として開坑したと伝えられています。明治一一年（一八七八）に有望な銀の鉱脈が発見されてから官営の銀鉱山として近代化が進められました。大正六年（一九一七）に閉山し、同八年に明延鉱山の選鉱場として新たな役目を担うことに。山の斜面に東洋一と呼ばれた選鉱場の施設ができました。

幅一一〇メートル、長さ一七〇メートル、高低差七五メートルの巨大な選鉱場です。下から見たらシックナー（液体中の固体粒子を沈殿分離させる装置）は二つに見えますが、上から見るとたくさんのシックナーがあることがわかります。

選鉱場は二四時間稼働していたことから「不夜城」とも呼ばれ、選鉱する際に出る音がすごく大きかったそうです。

選鉱場上部には、明延鉱山から走ってきた一円電車が連結しているトロッコを受け入れる設備があり、ある場所までいくと自動で鉱石を下に落として、次の工程に送ります。人や物資はインクライン（斜面に敷いたレールに台車を走らせて荷物などを運ぶ装置）を使って運んでいました。台車の定員は一五名です。

シックナーの内部は円柱が建ち並び、神殿のようになっています。また、選鉱で出たスライムを明延鉱山の坑道に戻すために

神子畑選鉱場

使われたマルスポンプ、鉱石を小さく粉砕するボールミル、鉱石の積み込みに使用したバケットローダーなどの機械もいくつか残されています。

二〇一四年にはプロジェクションマッピングでシックナーに映像を投影するというアートイベントを開催しました。

また、敷地内には生野鉱山で活躍したフランス人技師の住んでいたムーセ旧居が残されています。

◇――神子畑の町並み

ムーセ旧居（口絵写真）は、明治五年（一八七二）以後の比較的早い時期に生野鉱山の御雇外国人官舎として建設された建物で、鉱山開発に携わったフランス人技師のムーセやコワニェたちの宿舎として使用されたといいます。屋根には皇室財産の証である菊の御紋が入っています。

神子畑鉱山の開発に伴い明治二〇年に神子畑に移築され、事務舎、診療所などとして利用されましたが、建物の老朽化が進み、そこから北西側に移築復元。現在はムーセハウス写真館・資料館として、選鉱場の模型や当時の写真の展示、資料や本、グッズの販売をしています。

神子畑では毎年桜まつりが開催され、桜と選鉱場をセットで見ることができます（ちなみに夏はサルスベリの花が綺麗に咲きます）。その日は選鉱場上部特別公開が行なわれ、普段は見ることのできない選鉱場の景色が味わえるのが魅力。

選鉱場の前には移設された一円電車「わかば号」とグランビー鉱車、電気機関車が展示されています。

神子畑には、選鉱の過程で出た不要な成分を捨てる鉱滓《こうさい》ダムが三つあります。

神子畑小学校は選鉱場の閉鎖に伴い廃校となり、校舎はもうありませんが、体育館跡は残されていて、二〇一九年三月に行なったアートイベントではここで作品を展示しました。先ほどの明延の社宅と同じくプレコン工法で建てられています。

◇――神子畑鋳鉄橋と羽渕鋳鉄橋

神子畑鋳鉄橋（口絵写真）は、明治時代に神子畑鉱山で採掘された鉱石を生野の製錬所に運ぶためにつくられた運搬道に架けられた橋です。この鉱山道路には五つの橋が架けられましたが、現在残されているのは神子畑鋳鉄橋と羽渕鋳鉄橋の二つです。一連アーチ橋の神子畑鋳鉄橋は、鉄製の橋としては、錬鉄製の大阪の心斎橋、錬鋳混用の東京の弾正橋に次いで日本で三番目に古く、全鋳鉄製の橋としては日本最古の橋です。ここは実際に歩くことができます。

羽渕鋳鉄橋は二連アーチで、手すりの束柱部分が六角形になっているおしゃれな橋です。神新軌道は鉱石を運搬するために神子畑からJR播但線新井駅に建設されたもので、平野隧道跡というトンネルの跡や、山神橋跡が残されています。また、神子畑周辺の国道に架けられた現代の橋の親柱部分のデザインは、一円電車型、神子畑鋳鉄橋の親柱型、坑口型、シックナー型と選鉱場にちなんだものになっています。

羽渕鋳鉄橋

◇——生野に今も残る鉱山の施設

製錬は、鉱石から不要なものを取り除いて、金属を抽出することです。「精錬」という言葉もありますが、こちらは、純度を高めるために製錬後さらに金属から不純物を取り出すことを指します。

神子畑で選鉱された鉱石は、生野鉱山に運ばれ、製錬の工程が行われました。

生野鉱山は錫製錬を行うよりも古くからの歴史を持つ大鉱山でした。その歴史についてもご紹介したいと思います。

兵庫県朝来市にあり、大同二年（八〇七）に銀が発見されて以来、江戸時代には幕府直轄鉱山として栄え、明治に入ると明治元年（一八六八）鉱山司生野出張所が設置されて日本で初めての官営鉱山となりました。さらに明治四年（一八七一）には工部省内での鉱山寮設置にともない生野支庁（生野鉱山本部）へ。明治二二年（一八八九）に佐渡鉱山とともに皇室財産に移され、その後同二九年に三菱合資会社に払い下げとなり、以後、三菱の経営で国内有数の大鉱山として稼働してきましたが、昭和四八年（一九七三）に閉山。

旧生野鉱山本部は現在、三菱マテリアル生野事業所となっており、製錬所は今も現役で稼働しています。敷地内では当時のインクラインの跡がそのまま道路になっている他、明治八年（一八七五）に建てられた旧混汞《こんこう》所という製錬施設の建物は、同事業所の綜合事務所として使われています。中門休憩所と旧オリバーフィルター（選鉱施設）室も残されていて、年に一度の銀《かな》谷《や》祭りで一部が公開されます。また、三菱マテリアル生野事業所は日本で唯一、錫製錬を行なっており、鉱石の純度を5N（九九・九九九％）まで高める技術を誇っています。

旧購買会は鉱山労働者のためのスーパーマーケットで、三菱マテリアル生野事業所の向かいにあり、ここに行けば肉、魚、米、雑貨など何でも揃うといわれ、二階は食堂になっていました。この建物をなんとか残したいという思いで私たちが二〇一一年から始めたアートイベント生野ルートダルジャン芸術祭が今も続いています。

◇――史跡 生野銀山

「史跡 生野銀山」は昭和四九年（一九七四）開業の、鉱山稼働当時の模様を再現した観光施設で、生野市街地から少し離れた金香瀬地区にあります。入口にある菊の御紋が入った門柱は、元は現在の三菱マテリアル生野事業所の地に明治九年（一八七六）に完成した生野鉱山本部の正門で、昭和五一年に現在地に移設されたものです。この菊の御紋は皇室財産だった証です。

ここの坑口の入口にも山の神様が祀られています。

最近、坑道内にある約六十体のマネキンが超スーパー地下アイドル「銀山ボーイズ」としてデビュー、歌も出

観光施設として見学できる生野銀山坑道内

したことで注目されています。銀山ボーイズに会いにここを訪れる人も多いそうです。

坑道内には昭和四年（一九二九）に製造された巨大な巻揚機が残されています。二〇一九年三月に行なったアートイベントでは、デジタル掛け軸という作品の展示スペースになりました。巻揚機の上は普段見ることができませんが、プーリー室と呼ばれる滑車が格納された空間が存在しています。

他にも竪坑のエレベーターなどが残されています。

さらに史跡 生野銀山の中には、坑道だけでなく、「慶寿樋」という露天掘りの跡もあります。戦国時代に発見され、江戸時代末期まで採掘されていました。

◇——生野の町並み

生野の町並みは日本で初めて現役の鉱業都市で重要文化的景観に選定されました。町内には魅力的な建物等が数多く残されているのでご紹介します。

まずはJR生野駅前にある旧日下《くさか》旅館。明治四三年（一九一〇）に建てられた木造三階建ての貴重な建物です。

次に擬洋風の旧生野警察署。明治一九年（一八八六）に建築されました。正面の軒瓦下にある生野町の旧町章は、イが九つとノを組み合わせて「生野」を表している、遊び心いっぱいの洒落たものです。現在は公民館として使用されています。

他にも江戸時代に地方の村の世話役や農民が公用で来た際に泊まった郷宿《ごうしゅく》で、登録有形文化財となった旧吉川邸があります。

現在は生野まちづくり工房井筒屋として活用され、土産物などが売られています。どれもおいしくて、いつも買って帰るのですが、中でも私が一番好きなのが「あんこうクッキー」です。生野ではオオサンショウウオのことをあんこうと呼んでいました。

旧吉川邸の向かいには生野の発展に貢献した浅田貞次郎の三男養蔵の旧邸である旧浅田邸があります。昭和七年(一九三二)に建てられた木造二階建ての建物と洋館で、現在は口銀谷銀山町ミュージアムセンターとして活用されています。

さらに旧浅田邸のそばには旧トロッコ道があります。市川に積まれたアーチ型の石垣が特徴的で、当時のレールが再現されていて歩くことができます。当時は生野鉱山本部から生野旧駅までの間を結んでいました。

甲社宅は、鉱山職員の住居でした。官営鉱山だったころに建てられた三棟の官舎と三菱の社宅として建てられた一棟の、計四棟が残っています。そのうち一棟が旧生野町出身の俳優、志村喬さんの記念館となっています。

生野の町には家の建材や寺の階段、塀などいろいろな場所にカラミ石が多く見られます。カラミ石は犬島など銅を製錬していた場所ではよくあるものなのですが、生野のカラミ石は私が見た中で一番大きいものです。黒色で光が当たるとシャボン玉のような虹色になります。角度によって光り方や色が変わるので見ていて飽きることがありません。

建物以外にも生野には名物のハヤシライスがあります。昭和の高度経済成長期のころ、鉱山で賑わった生野には日本全国からいろいろな人が働きに来ていたそうで、鉱山職員の社宅では都会育ちの奥さんが洋食を手づくりし、そのおいしさが評判になったそうです。ハヤシライスもその一つで、その後平成に入ってから、生野鉱山の味として復活させました。生野の町では、それぞれのお店が

生野の町並み

独自で作ったハヤシライスを楽しむことができるので、食べ歩きもおすすめです。

以上、明延鉱山、神子畑鉱山、生野鉱山の三鉱山は一体的に事業運営されてきた鉱山で、これらの三地域は鉱山産業によって、まちが形成されてきたといえます。

◇──中瀬鉱山

中瀬《なかぜ》鉱山は平成二九年（二〇一七）に鉱石の道に加わった第四の鉱山です。兵庫県養父市にあります。天正元年（一五七三）砂金が発見されたのをきっかけに金山の歴史が始まりました。江戸時代には、生野奉行所の直轄鉱山となり、明治時代は三菱の経営となりました。近畿一の出金量を誇る金鉱山でしたが、昭和四四年（一九六九）に閉山しました。昭和に入るとアンチモンの鉱石を産出し、優秀な製錬技術を開発しました。現在も輸入した材料からアンチモンの製錬を行なっており、国内シェア七〇％を誇っています。

現在は日本精鉱中瀬製錬所となっており、当時と同じ匂いを感じることができるのが魅力です。中瀬では初めて開かれた石間歩《まぶ》という坑道や江戸時代から開かれた主要坑道である白岩間歩があります。

また、山の中は立ち入り禁止ですが、トロッコのレールのポイント切り替えやパイプの跡、バッテリーロコと思われる機械などいろいろな物が残されています。

　中瀬のシンボル的存在の山上煙突は、昭和三九年（一九六四）につくられました。一時は煙害が拡大したこともあったのですが改善され、現在は転炉（金属を精錬する炉）の排気を行なう煙突となっています。

　最初に鉱山にはシダ植物が多いという話をしましたが、ここも多かったです。

　ちなみに中瀬にあるカラミ石は他とはちょっと違っていて、環境対策のためガラス質でコーティングされています。星がきらきらしているみたいな、すごくきれいな色をしています。

　平成二六年（二〇一四）、「中瀬金山関所」という中瀬鉱山の魅力を紹介する案内所ができました。内部には資料が展示され、広場には中瀬鉱山

中瀬鉱山の「石間歩」

で使われていた電気機関車とトロッコが展示されています。

中瀬には、地区の名前が「鉱山」というところがあります。日本全国にも、たとえば山口県には硫酸町やセメント町、火薬町といった、その町の産業を名前とする地域があります。この地域も鉱山だったため付けられたそうです。他にも金山発見後に建てられた宝泉寺というお寺もあります。

町を歩いていると石臼をたくさん見かけます。江戸時代に金鉱石を砕くために使われていた山臼というものだそうで、コレクションとして置かれていたり、漬物石として使われていたりしています。

中瀬では毎年一〇月に「中瀬金山祭り」という祭りが開催されます。屋台が出たり中瀬金山産出の自然金が展示されたり、まち歩きも行われます。金山焼という回転焼きが名物です。

◇——鉱石の道の魅力

「鉱石の道」には、思わず見に行きたくなるような魅力的な遺構が数多く残されています。鉱山に関する一連の遺構では、鉱山の機能だけでなく、人々の暮らしなども知ることができるほか、遺産を通して若い世代にも当時の景色を見せることができます。

そして遺構以外にも地域の人の温かさも大きな魅力の一つなので、是非鉱石の道を訪れる際は現地の方とお話ししていただきたいです。

私たちは鉱石の道で、シンポジウムやバスツアー、映画監督やアニメーターを呼ぶクリエイターズツアーを行なうなど、いろいろな仕事をさせていただいています。また、ガイド育成講座や写真撮影もしており、日本遺産の記念切手でも何枚か使っていただきました。他にも生野ルートダルジャン芸術祭、鉱山と道の芸術祭といったアートイベント、神子畑選鉱場のホームページ作成、明延鉱山ではメディアの取材を受けて現地の案内などもしました。

また、神子畑ではTシャツや手ぬぐいやクリアファイルなどグッズ製作もしています。なぜかというと、産業遺産では地域におカネが落ちる仕組みが少ないので、地域におカネを落とす仕組みがつくれないかと考えてのことです。

産業遺産を楽しむための三か条

一　行くきっかけは気にしない。「かっこいいから見てみたい」「探検してみたい」「写真を撮りたい」など理由はなんでも大丈夫。まずは行ってみることが大切です。

二　ご当地グルメを食べましょう。生野のハヤシライスもそうですが、ご当地グルメには歴史が詰まっています。食べに行くことで地域を歩くことができ、歩くことで産業遺産を取り巻く地域を知ることができます。

三　地域のかたとお話ししましょう。産業遺産はただ見るだけでは本当のおもしろさは伝わりません。地域のガイドのかたや近所のお店の人たちの話を聞くことによって、そこに潜む歴史のバトンを受け継ぐことができます。

この三か条で産業遺産はさらにおもしろくなると思いますので、皆様もぜひ鉱石の道に行って、試してみてください。

工楽松右衛門の挑戦

―高砂の船と湊

中川すがね

初代の工楽松右衛門（一七四三〜一八一二）は現在の兵庫県高砂市出身の船主、発明家、築港技術者です。特に松右衛門帆という帆の改良で有名で、新巻鮭を発案したともいわれています。「石船《いしぶね》」など特殊な工事に使う船も考案しています。

◇――工楽松右衛門に関する知見（参考文献の説明）

①大蔵永常《おおくらながつね》（一七六八〜一八六一）『農具便利論』一八二二年

大蔵永常は江戸時代の優れた農学者で、農具を紹介した絵入りの本『農具便利論』を著しました。初代松右衛門が川や港の改修に使う船をいろいろと発明したことに感心した大蔵は、この本で松右衛門が発明した底捲船《そこまきぶね》、石釣船《いしつりぶね》、杭打船《くいうちぶね》、砂船《すなふね》を紹介し（図1）、松右衛門を褒め称えて、その業績をこう書いています。「初代松右衛門は常に言っていた。『人間なのに天下に有益なことを計画しないでただ一生を過ごすのは動物にも劣る』。世の中に有益なことを追求していくときには、人はみんな発明をしていろいろなものをつくり出さなければならない」。

大蔵は初代松右衛門と実際に会ったことはありませんでしたが、松右衛門の子の二代松右衛門と手紙のやり取りをして「お父さんに会いたかった」といったことを書いているといいます。『農具便利論』はベストセラーになった本なので、江戸後期、初代松右衛門は非常に有名だっ

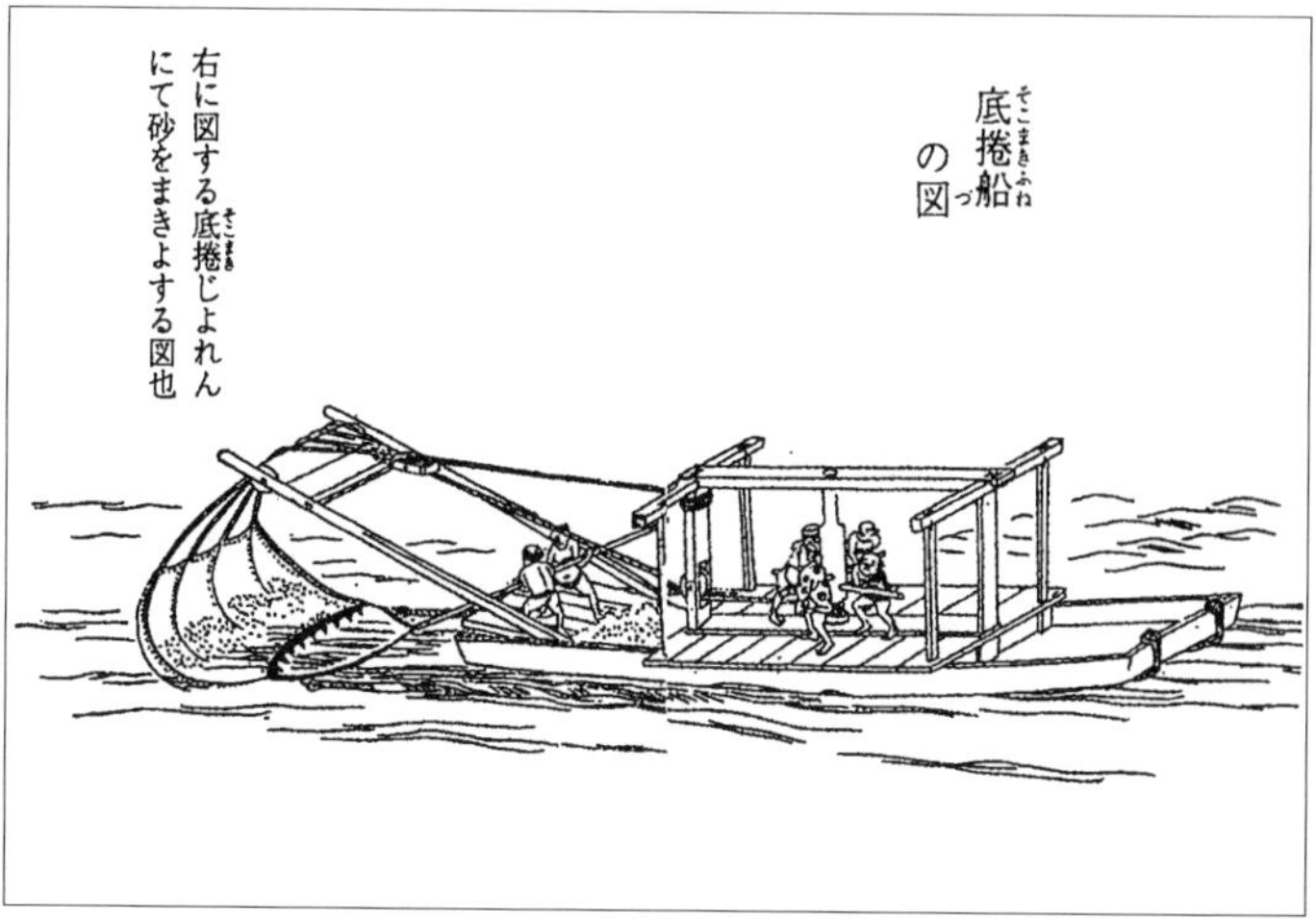

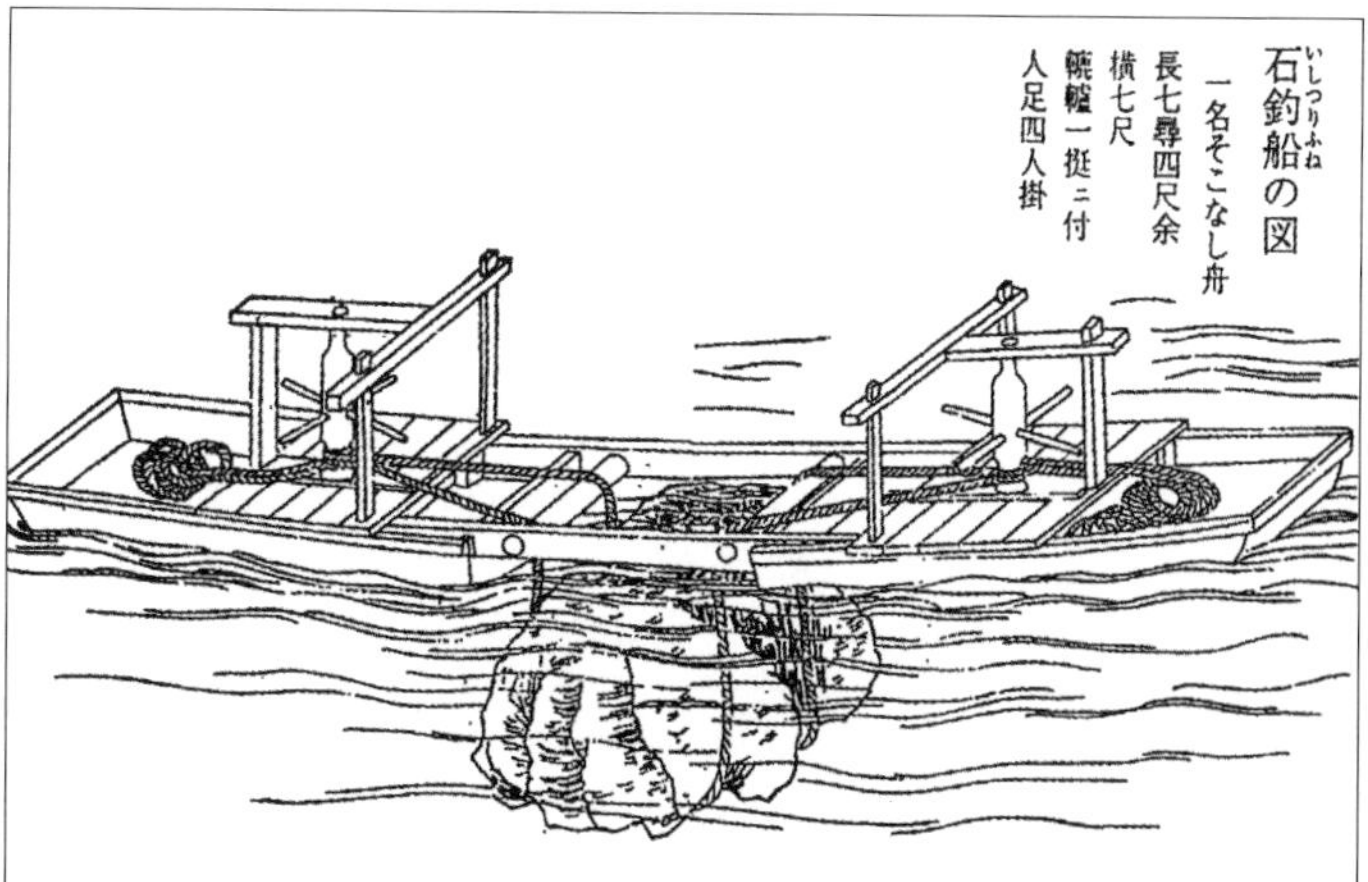

図1　工楽松右衛門発明の船（大蔵永常『農具便利論』より）
（『高砂市史』第五巻より転載）

たと私は思っています。

②工楽長三郎『工楽家三世略伝』私家版、一九二二年

しかし近代以降は松右衛門のことは広まらず、松右衛門の後裔が小冊子を作成しました。工楽家に伝わる古文書などを掲載しています。

③司馬遼太郎『菜の花の沖』全六巻、文藝春秋、一九八二年

現在、皆さんが工楽松右衛門を知っているのは、この『菜の花の沖』のおかげでしょう。この小説に松右衛門は、主人公高田屋嘉兵衛をサポートするよい先輩格で出ています。フィクションですので史実とは違う部分もありますが、司馬先生が松右衛門を民間で公益を追求した点を評価したのは慧眼です。

④高砂市史編さん専門委員会編『高砂市史』第五巻 史料編 近世、高砂市、二〇〇五年

①の工楽松右衛門関係部分を収録。当時工楽家文書を閲覧できず、史料集として松右衛門に関しては少し不十分なものになっています。

⑤高砂市史編さん専門委員会編『高砂市史』第二巻 通史編 近世、高砂市、二〇一〇年

「高砂雑志」、「十二景詩歌」（文化一一・一八一四年刊）参照。高砂湊の活動や初代～三代松右衛門の高砂湊築港を紹介。このときも工楽家文書は閲覧できませんでした。

⑥工楽松右衛門旧宅・南堀川（日本遺産。兵庫県指定文化財） 高砂市今津町五三二

公式サイト　https://kurakutei.wixsite.com/kuraku

⑦高砂市教育委員会編・発行『工楽家文書調査報告書』二〇一九年

高砂市が二〇一八年、工楽松右衛門旧宅などを構成文化財として日本遺産「北前船寄港地」として認定され、翌年に同旧宅等が県指定文化財になる流れのなかで工楽家文書の調査ができるようになり、報告書が出ました。工楽家文書のおかげで今までわからなかったことが少しずつわかるようになってきて、今後も研究が進んでいくと思います。

私は④以降工楽松右衛門に関わらせていただき、⑤⑦に執筆させていただいています。

工楽家文書のなかには初代松右衛門の史料はあまり残っていませんが、二代松右衛門が幕末につくった工楽新田の史料や、三代が行なった高砂湛甫《たんぽ》という技術的に優れた湊づくりの史料がたくさん出てきました。初代だけでなく二代・三代工楽松右衛門も、優れた築港の技術者であり発明家であったことがわかったのが、非常によかったと思っています。

◇――初代工楽松右衛門の活動

【初代工楽松右衛門年表】※①～⑦は出典とした前掲参考文献の番号

寛保元年（一七四一）　高砂の東宮町の宮本松右衛門の子として生まれる。

二〇歳頃（①）　兵庫津に出て佐比江町の御影屋平兵衛のもとで船乗りとして働く。

安永六年（一七七七）　浜田（島根県）の客船帳《きゃくせんちょう》に御影屋平兵衛の八幡丸などの船頭として現れる（⑤）。

四〇歳頃（②）　兵庫佐比江新地で廻船主として独立する。

寛政四年（一七九二）　浜田の客船帳に安永六年とは違う船印の御影屋松右衛門記載（⑤）。

寛政六年（一七九四）　西蝦夷地イシカリ場所請負商人阿部屋村山伝兵衛のエゾマツ材を大坂大津屋九兵衛に運賃積する（⑦）。

享和元年〜二年（一八〇一〜〇二）　エトロフ島のシャナ会所近くのムンムイで海底の大石を除去して波止をつくる（⑦）。この時期近藤重蔵がエトロフ島掛として赴任している。

享和二年（一八〇二）　蝦夷地奉行（箱館奉行）新設、箱館・東蝦夷地を永上知とする。このころから文化五年（一八〇八）まで初代松右衛門の持船と見られる沖吉船《おきよしぶね》が東蝦夷地のエトロフ会所そのほかと箱館との間の御用荷物回漕にあたる（⑦）。

同年　松前御番所奉行近藤重蔵から「工楽」という苗字御免（②）。

享和三年（一八〇三）　箱館港で「築島」を築き、私有の船居場（ドック）をつくる（文化八・九年に高田屋嘉兵衛に譲渡）（⑦）。

享和二年〜文化四年（一八〇二〜〇七）　箱館奉行の御用をつとめる「御雇」となる。

文化四年（一八〇七）　高砂の川方世話役柴屋三郎右衛門ら姫路藩に高砂の川浚普請（湊の修築）を願い出る。

◇――瀬戸内海の位置づけ

松右衛門の活躍の背景となる高砂とはどういうところか、なぜその高砂の湊を修築しなければならなかったのかを、お話ししたいと思います。

まず瀬戸内海の位置づけですが、古代から、西国（九州・中国・四国地方）と都のあった畿内を結ぶ主要な航路でした。中世から近世前期にはすでにその西国―畿内航路で、渡海船《とかいせん》が物を運んで活躍していました。一〇～一八〇石積／二～一〇反帆《たんぽ》／一～四人乗の、二〇〇石以下を積む小さな船です。当時の船は風を受けて走る帆掛け船で、二反帆というのは帆布二枚分の帆を持ち、一人で動かせるような小さな帆船です。また瀬戸内海にはたくさんの川が流れ込んでいますので、内陸部、たとえば中国山地の物産も、川で瀬戸内海の河口まで運ばれてきて、そこから瀬戸内海を運ばれるので、瀬戸内海は河川舟運によって中国・四国内陸部と連結していました。これには川船の高瀬舟が活躍していました。ただ瀬戸内海航路はまだ日本全体からみれば部分的な航路でした。

江戸時代前期の寛文一一年（一六七一）、幕府の命により西廻り航路が開発されました。これは北海道の蝦夷地から日本海を通り、下関―小倉のあいだを通り、瀬戸内海を通り、大坂に至る、そしてまた大坂から江戸まで至るというもので、蝦夷地・北国《ほっこく》・畿内・江戸をつなぐ全国流通の要となる航路ができました。瀬戸内海はそのなかに位置づけられて、瀬戸内各地の湊で二〇〇石以上一〇〇〇石まで運ぶような大型廻船もできて、全国的な物流を担うようになりました。

◇――高砂湊の商業機能の変化

高砂はその瀬戸内海の、加古川河口につくられた川湊《かわみなと》といわれるタイプの湊です。帆に風を受けて動く昔の船は、暴風のときは波の静かなところに入って風待ちをするのですが、川の河口はかなり広くなっていて川岸に船を多く係留できるという利点があります。また満潮・干潮のときに海水の動きに乗って出入りしやすい。そういう理由で、川湊は古くから存在するよい港の一つでした。姫路藩に重要な港が四つほどあるなかで、高砂湊は第一の商業港でした。高砂の町も姫路藩のなかでは城下町に次いで二番目に人口の多い、商業都市として重要な港町でした。

江戸前期の高砂には、大型の廻船がたくさんあり、山形の酒田など遠隔地に物を運んでいました。運んでいたのは、主に「あらい」といわれる塩です。荒井は高砂の西隣の村ですが、荒井の塩は良質で赤穂より古く、周辺の的形や大塩、北脇、西浜、それに高砂の町の塩も「あらい」という一種のブランドとして江戸に運ばれて喜ばれました。この塩と米を大型の廻船で積んでいって、高く売れる遠隔地で売るという商売で非常に利益があったと思います。またニシンや干鰯《ほしか》といった魚肥《ぎょひ》、秋田の松材などの林産物、北国米や西国米を、「運賃積《うんちんづみ》」といって運賃を取って運ぶこともやっていました。高砂の近世前期の廻船は、庄内藩の年貢米や藩の年貢米を運賃積しているケースもかなりありました。ちなみに先ほどの「あらい」の塩を持って行くのは運賃積ではなくて、自分の資金で買ったものを運んで行って売る「買積《かいづみ》」が多かったと思います。

高砂に大型廻船があったことは「慶長六年以降伝聞等記録綴」という史料からもわかります。高砂の人が天明八年(一七八八)に伝承だとして書いたもので、次のようなことを言っています。「昔は四〇〇、五〇〇石から一二〇〇石ぐらいまでの大きな廻船が一一〇艘も高砂にあったと聞いている。一人で一艘持っている人もいるが一一艘持っている大船持《おおふなもち》もいた。この大廻船の活動で高砂は繁盛した。しかしだんだん不景気になって、昔は二八〇〇軒も家があったのがもう二〇〇〇軒を切っている。船数が減ってしまって、天明八年の段階ではもう大きな船は六つぐらいしかない。大きな船がなくなると船で働いていた人たちがみんな流出してよそに行ってしまい、そこで住居するから高砂の人口が減ったのだ」。また高砂神社の記録の中に船が焼けた記事があって、それからも近世前期の高砂の湊には大廻船がたくさんあったことが確認できました。

天明より少し前、安永二年（一七七三）「御役所江書上ノ船帳之高」によると、「廻船は八つで大きさは五〇〇〜七〇〇石積、船主は五人」と江戸前期より減っていて、一方「渡海船は二二九艘で大きさは一〇〜一八〇石、船主は二一八人」と増えています。また一七九〇年代の酒田の客船帳などから、高砂の大型廻船の入津が減少していることがわかります。幕末には、「高砂雑志」という史料によると、渡海船はたくさんありましたが、大きな廻船は一艘もありませんでした。つまり一八世紀後半以降、高砂の大廻船は消失していったわけです。

江戸前期に高砂湊の主役だった大廻船がだんだんなくなっていったのはなぜか。その原因の一つは塩の値段が下がったことです。最初は「あらい」など瀬戸内海の東部が中心となってつくられていたのが、西部の広島や山口、あるいは能登でも塩がつくられるようになると供給過剰で塩の価格が下がり、大廻船で遠くに運んでいっても儲からなくなる。米も米将軍といわれた徳川吉宗が米価を上げようと努力しましたがうまくいかなかったように下がっていった。高くて価格差があるほうが商売としては儲かる。経済が発達して物流が激しくなると、価格が平準化して遠隔地交易に旨みがなくなるのです。そういうふうに流通構造が変化していく。一八世紀半ばの宝暦明和期（一七五一～七二）になると「あらい」一帯の塩田がなくなって田畑《でんばた》になっていき、塩そのものがつくられなくなります。

もう一つ大事なのは、川が土砂を上流から運んできてそれが河口に堆積していったことです。川湊の水深が浅くなって、大型廻船の出入りが困難になり、高砂では大廻船は沖に錨をおろして係留し、荷物はそこから艜船《ひらたぶね》などの小さな船に積み換えて陸とのあいだを往復する。これを沖積みといいますが、艜船の船賃もかかるし面倒くさいですよね。土砂堆積で湊が浅くなったのは瀬戸内各地で起こったことで、そうした湊では大型廻船が減少し、兵庫津など深い港に船籍地が特化していきました。

◇――江戸後期の高砂の渡海船

では江戸後期に高砂は駄目になってしまったかというとそうではない。大事なのは、高砂で大型廻船はなくなっても、渡海船はずっと存在していたということです。

宝暦一一年（一七六一）成立の、大坂の船大工だったという金沢兼光が書いた日本と中国の船に関する百科事典的な解説書『和漢船用集』には、高砂の船の記述は残念ながらありませんが、兵庫や明石など各地の渡海船の絵があります（図2）。渡海船は廻船に比べると小さくて、その代わりスピードが速い。喫水部分が小さいので水深が浅い湊でも入っていける。たとえば大坂は淀川などが作ったデルタ地帯で土砂が多いので、渡海船でないと市中に入っていけません。そのため瀬戸内海各地の諸藩は年貢を廻船ではなく、スピードが速くて大坂の蔵屋敷まで入っていける瀬戸内各地の渡海船で運びました。

このように渡海船は非常に重要で、高砂の渡海船も瀬戸内海の周辺の中近距離航行を担い、姫路藩はじめ加古川上流の諸藩や幕領の年貢米を大坂などに独占的に運ぶ権利も持っていました。

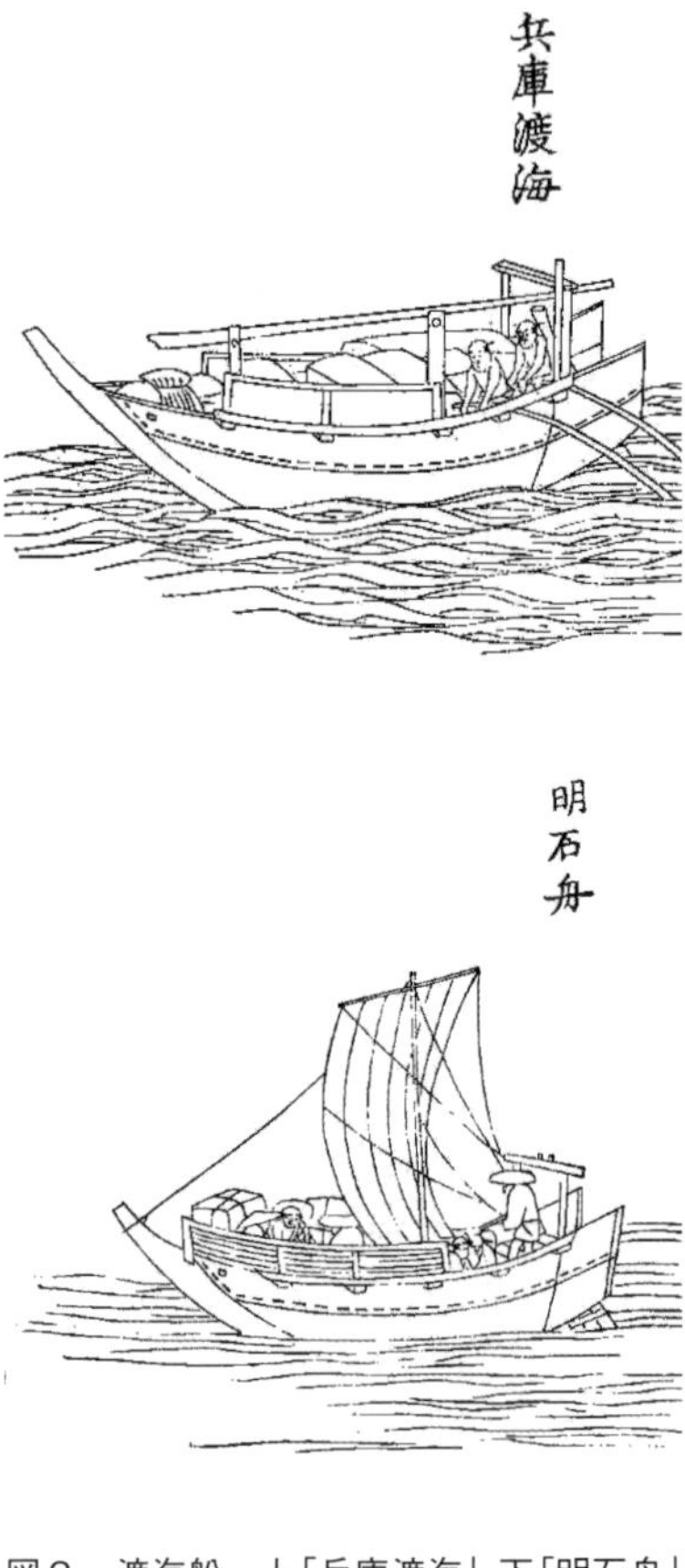

図２　渡海船。上「兵庫渡海」、下「明石舟」
（『和漢船用集』より）

近世後期になると、西国・北国・尾州（尾張）の「客船《きゃくせん》」といわれる、よそから来た船が諸産物を瀬戸内にもたらすようになり、渡海船はこれをまたいろいろなところに持って行く活動もしていました。この時期とくに重要になった商品は、塩ではなくて、高知辺りの薪などの燃料、北前船が運んできた蝦夷地の鰊粕《にしんかす》（魚肥）などです。

ですから、江戸時代後期になると瀬戸内海の船はあまり活躍しなくなり、北前船や伊勢湾から来る尾張船が中心となっていくイメージがありますが、本当は正しくありません。渡海船は高砂にも瀬戸内海各地にもたくさんあって中近距離航行により商品流通に重要な役割を果たしていたところに、客船がやって来てさらに経済を活性化させたと考えるほうがいいと私は思っています。

それからもう一つ大事なのは、渡海船のなかに人を乗せる船ができてくることです。江戸時代後期は庶民の観光旅行や巡礼旅行が活発化した時代でした。とくに讃岐の金毘羅さんや安芸の宮島などに、西国巡礼の一環あるいは伊勢参りの延長として人々がやって来るようになり、こういう人を運ぶ人乗り船が現れます。高砂の渡海船の活動内容を示す史料がありますが、それによると、秋は年貢米を運び、農閑期の冬から春にかけては金毘羅参りの人が増えるので、そのあいだは人乗り船として、そして年間を通して商品を運んだり運賃積をする。そんなふうに季節で変化していたことがわかりました。現代と同様に、江戸後期も観光の経済的効果が、高砂の渡海船の活動を活発化させていたことがわかるわけです。

◇――高砂築港と工楽松右衛門

初代工楽松右衛門が活躍した時代は、以上お話ししたように、高砂の廻船がなくなっていった時代でした。

初代松右衛門の高砂築港について話す前に、まず高砂の湊の状況について見てみましょう。神戸市立中央図書館蔵「海瀕《かいひん》舟行図」という延宝八年（一六八〇）の状況を示す絵図から描き起こした「播磨高砂浦周辺概略図」を見ると、高砂神社より先は海でした。そして江戸中期の「高砂之町図」（図3）を見ると、鳥居のマークがあるところが高砂神社で、その横に川口《かわぐち》番所という姫路藩の番所があり、そこに灯籠がありました。本来は高砂神社が港の端でここから先は海でしたが、「海↓流作地」と書いてあるように、年貢を安定的に取れない不安定な耕地「流作地」ができかけています。本来の湊は「高砂之町図」B～A、すなわち高砂神社・川口番所からその北の百間蔵の辺りだったのが、そこから河口にかけて洲ができている状況がわかるかと思います。

享和元年（一八〇一）、幕府の代官所が姫路藩に対して「加古川の中で城米《じょうまい》（幕府領の年貢米）

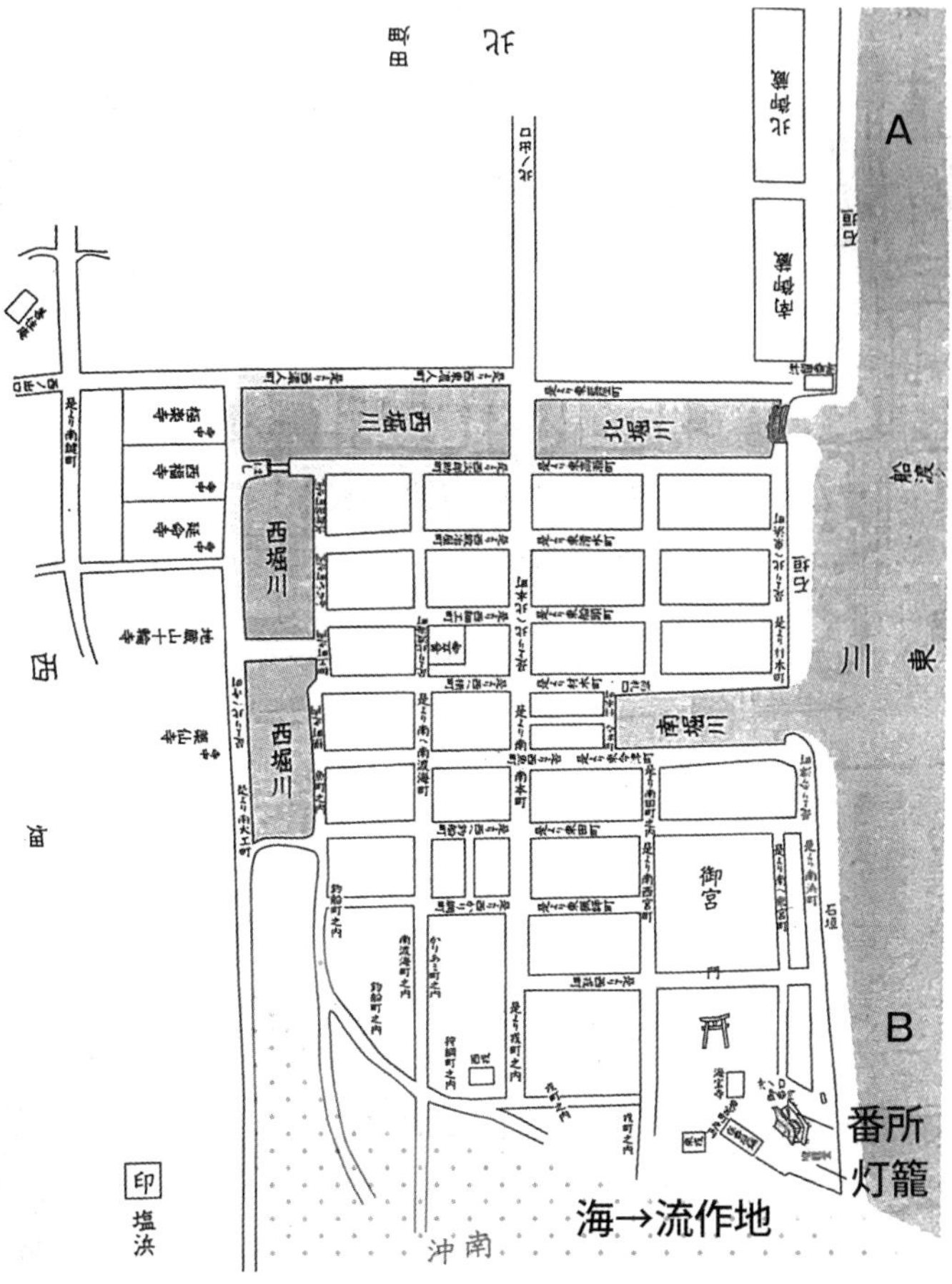

図３　「高砂之町図」（『高砂市史』第五巻より転載）

を積めるよう川口を浚えるように」と要請しました。幕府の御城米を積む船は大きな廻船であることが多いのですが、享和元年段階では、本来の湊の川の中に土砂が溜まって川の中で積めなくなり、不便な沖積みになっていたようです。翌年、それに対して姫路藩は「土砂堆積はもう二・五キロに及んでいて藩による人力での川浚えは不能です。八〇年来川の中で御城米を積んでおらず沖積みしています。海水が上がる満潮時には『艜船《ひらたぶね》』なら通れるので堪忍してくださ い」と返事しています。艜船は船底が平たくて浅いボートのような船ですが、干潮時には艜船も通れないのであれば、沖積みすらできないことになります。

これは高砂にとって問題です。幕府の御城米を積む仕事は高砂にとって重要であり、もし幕府が御城米を高砂以外のところで積んだり、他所の船を使うことになると、高砂にとっては非常に痛手となります。

おそらくこの幕府の要求がきっかけとなって、文化三年（一八〇六）、高砂の川方世話役柴屋三郎右衛門らが初代松右衛門に手紙を出しています。柴屋三郎右衛門は大蔵元《おおくらもと》と呼ばれた高砂の特権的な問屋の一人で、大坂の代官の蔵元として城米に関わる町人でした。手紙から、このときにはまだ高砂の川方世話役たちは松右衛門が派遣した人と会って相談し、松右衛門に以下のように依頼したことがわかります。「湊の川浚えをしたい。高砂が衰微していて非常に問題であるが、その第一の原因が土砂堆積にあることは松右衛門様も我々もそう思っている。ぜひ松右衛門に湊の修復についてお願いしたい」。高砂の町人たちは土砂堆積による高砂衰微について危機感を持ち、エトロフの築港などで有名で、しかも高砂出身であった初代松右衛門に連絡をとって湊の修築を依頼したのです。また姫路藩にも湊の修築を願い出ました。

高砂湊の修築のもう一つの意図として、この時期は瀬戸内の諸湊で、北前船や尾張船といった客船や、渡海船を自分のところに呼び寄せようとする競争が激しくなっていたことがあげられます。この時期、商品売買が土地の繁盛をもたらすという意識が高まり、本来ならたとえば大坂まで持って行くべき荷物を途中で横取りする「途中買《とちゅうがい》」「抜買《ぬけがい》」が起こり、北前船にやって来てもらってそこで魚肥などの交易をすることが企てられました。

その客船を寄せて交易を行なう条件が三つあり、一つは築港です。土砂が堆積して船が入れないのでは困る。それから繁華《はんか》。遊郭などを置いて繁華街をつくる。三つ目は資金貸付で、客船に資金を貸与して取引の便宜を図りました。たとえば長州藩は下関にやって来る客船に対して資金を貸し付けて商品を引き取る越荷方《こしにかた》という役所をつくって途中買に成功しました。また長州藩は天保改革のときに各村の事情を調査して「防長風土注進案」(天保一二・一八四一年)という報告書をつくらせましたが、そのなかにも「うちには船は来るけれども交易がない。交易ができるような繁華な町にしたいから、煮売屋《にうりや》(料理屋)を置くことを許してほしい」「うちは港が深いのに波止場がなくて船が停まらないから、波止場を作るのに助けがほしい」といったことがいっぱい書かれています。この時期は、渡海船や客船に来てもらって交易してもらうためにはどうしたらいいかということを、瀬戸内海の各湊が考えている時期でした。高砂には、このままいったらほかの港に負けるかもしれないという危機感があったと思います。

先ほどの延宝八年（一六八〇）「海瀬舟行図」は、衣斐蓋子《えびがいし》という大坂の船手《ふなて》（幕府の水軍）勤めで、海辺巡見使に随行した人の残した記録です。巡見使というのは幕府が各地に派遣して、事情聴取をしたり高札を立てさせたりするものですが、寛文七年（一六六七）四代将軍家綱は、陸方の諸国巡見使に加えて浦方の海辺巡見使も派遣しました。これは浦高札《うらこうさつ》という、海難救助や浦の取締りについての幕府法令の書かれた高札を湊に立てさせる目的もあってのことです。その衣斐蓋子による「海瀬舟行図」「西国海辺巡見記」は非常に優れた史料で、とくに「西国海辺巡見記」には湊の評価が書かれています。それを整理して湊の類型としてまとめてみました。

［瀬戸内海の湊］

片浜（四六二）　浜辺のことで、凹凸がないまっすぐな海岸。

湊　（二三五）　入江――一番いい湊。中に入ると波が静か。姫路藩の室津。

砂州―陸地から長い砂でできた地形。淡路島の由良。

瀬戸―陸地と島あるいは島と島の間で海流の速いのに乗って湊に出入りす

る。岡山の牛窓。
干潟（二四一）　砂が堆積している。片浜が多い。
川湊（一三〇）　川口の湊。高砂。
不明（三三）

瀬戸内海の湊のほとんどは片浜というまっすぐな海岸線で、そこにどうやって船を着けるかというと、満潮を利用してあがってきた船を縄で引っ張って浜に上げていました。これには座礁の危険がありましたが、それでも湊として利用していました。「金毘羅参詣名所図会」に「渋川浦田の浜」という絵があります（図4）。渋川は片浜とされる湊で、入江というような入り込みもなく川もない、本来あまり湊に適していないところに、石積みの波戸（波止場）を二本突き出し、人造の港をつくりました。片浜でも江戸後期になるとこのよ

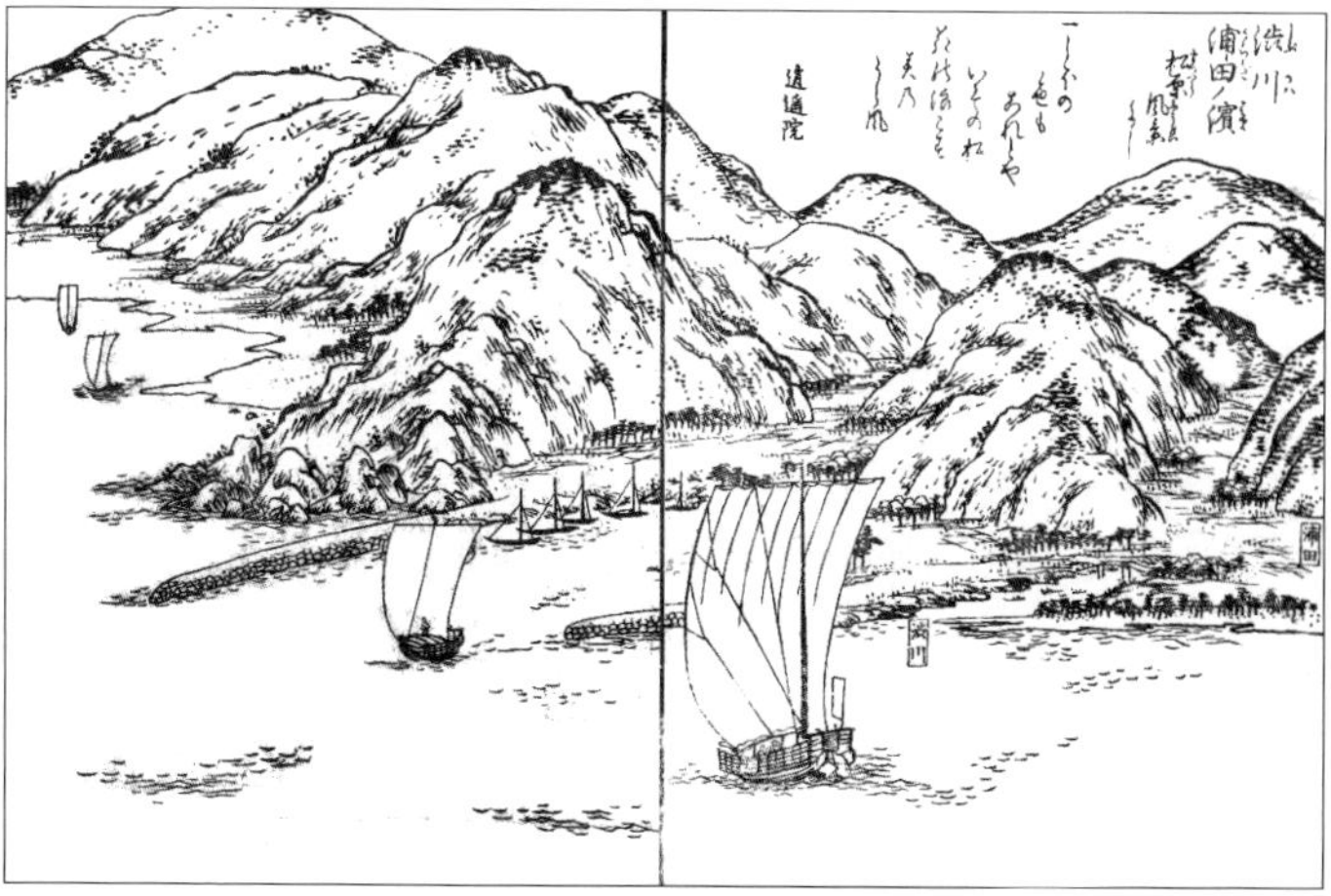

図4　渋川浦田の浜（『金毘羅参詣名所図会』）

うに築港して湊として整備しようという試みが出てきたわけです。寛政期（一七八九〜一八〇一）を画期として瀬戸内各地で石積波戸による築港が進展していきます。備前に古くからあった石工《いしく》集団の技術と、瀬戸内海の石によって、石積みの波戸ができていったと考えられます。

「湛甫《たんぽ》」は複数の石積みの波戸で囲んだ人工の四角い入江型の湊です。高砂でも三代松右衛門がつくっています。典型的な例は讃岐丸亀藩の福島湛甫です。丸亀湊は丸亀城の堀川と連結された川湊でしたが土砂が堆積し、また金毘羅参りが盛んになってその寄港地として栄えて湊が船で満杯になってしまいました。元々の湊では間に合わなくなったので、文化三年（一八〇六）に福島湛甫をつくりましたが、さらに天保四年（一八三三）には新堀湛甫をつくりました。「金毘羅参詣名所図

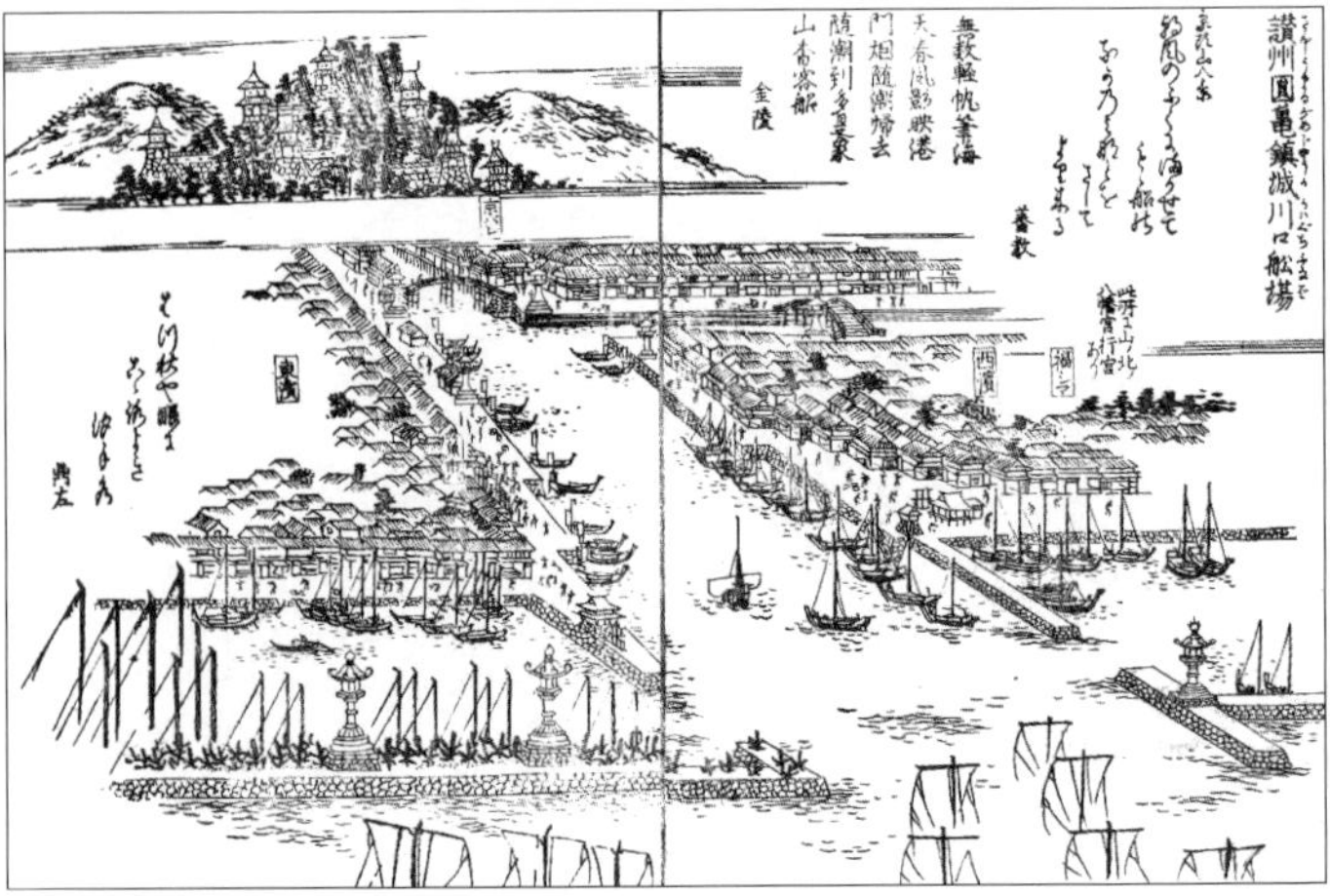

図５　丸亀（『金毘羅参詣名所図会』）

会」の「丸亀」（図5）で新堀湛甫の手前に灯籠が描かれていますが、これは今でも丸亀の港にあり「太助《たすけ》灯籠」と呼ばれています。このような湛甫づくりが、寛政から文化・文政（一八〇四〜三〇）にかけて各地で行なわれるようになりました。

この時期に高砂で築港事業が行えた背景には、姫路藩の事情もあります。文化五年（一八〇八）に家老の河合隼之助（寸翁）が財政担当者の「諸方勝手向《しょほうかってむき》」になりました。隼之助は専売制や新田開発に熱心で、国産振興に力を尽くした人だったので築港を許可したのです。それ以前には幕府から高砂湊の川浚えしろと言われてもできないと答えた姫路藩でしたが、初代松右衛門がいて、各地の湊で競争が激しくなって築港が行われていた状況で、藩としても産業開発に力をいれるようになったという、三つの条件が重なって、高砂の湊を修築することになったと思います。

◇——初代松右衛門の高砂湊修築

初代松右衛門は兵庫で成功してもふるさとのことを忘れたわけではなく、高砂の人々の求めに応じて高砂に帰って築港に携わることになりました。

初代松右衛門は築港工事として、本来の湊にできてしまった洲を川浚えして湊の機能を回復することと、湊の沖への拡張を行いました。「高砂湊口の修築」(『高砂市史』所収)(図6)を見ると、左下に凡例がありますが、点と線で示された「文化5年」が初代松右衛門の修築時のものです。まずこの図のBから上、本来の湊である川口番所から百間蔵という姫路藩の蔵のあいだの中洲を川浚えしました。そのときに図1のような、松右衛門が発明した石船や底捲船が使われたかもしれません。それから下流の土砂留《どしゃどめ》をやりました。石垣による護岸工事と、剣先土砂留堤《けんざきどしゃどめづつみ》という砂防堰堤(土砂《どしゃ》除《よけ》)をつくりました。先ほどの図には初代松右衛門の時代の土砂除は描かれていません。加古川などのデルタ地帯なのでいろいろなところに乱流して漏水するのですが、杭打ちをして水流

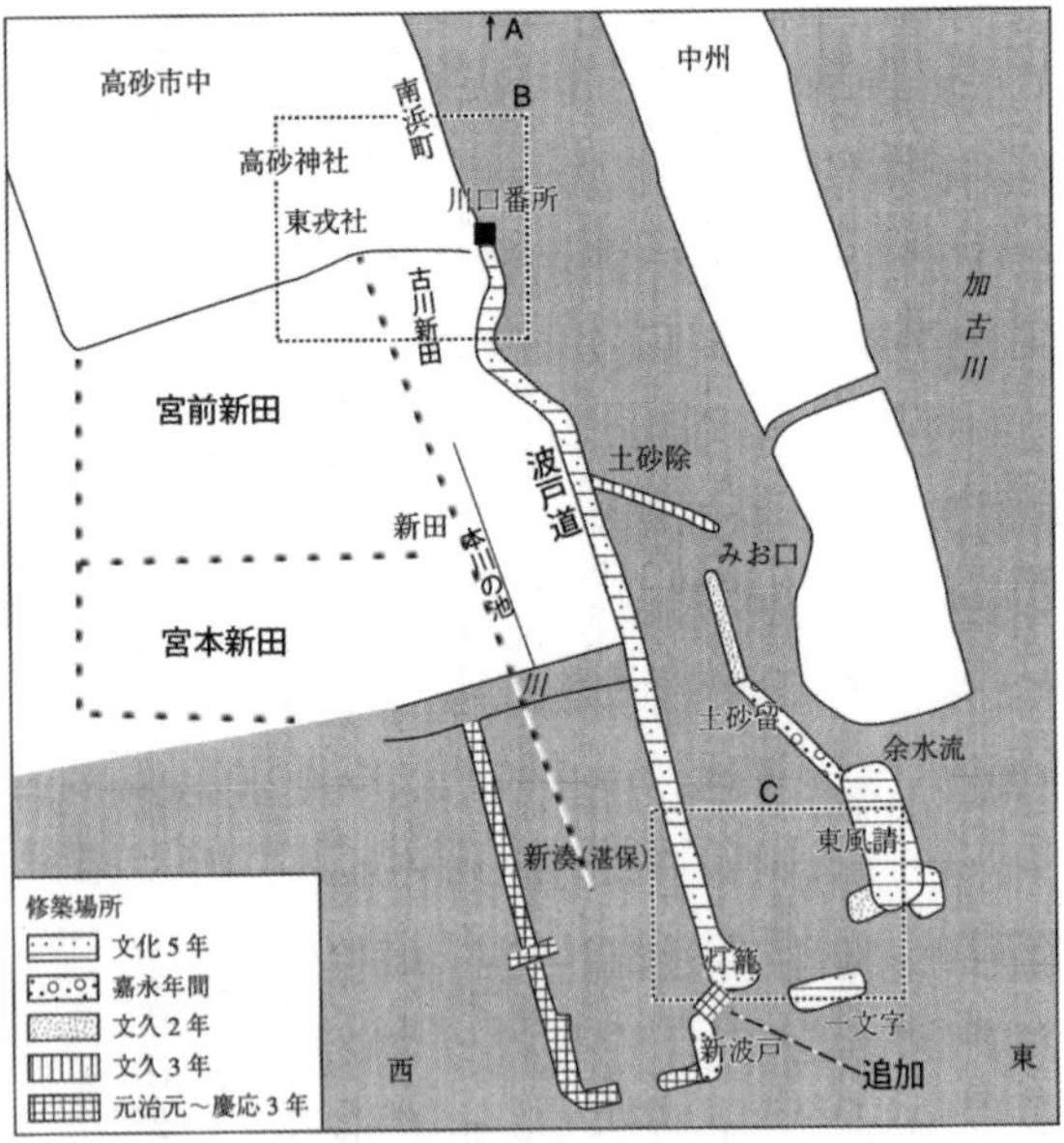

※市史五−190〜193頁等より作成。
図中のA・B・Cは「十二景詩歌」の挿絵A高砂宝蔵・B高砂秋景・C響灘海門のおおよその位置を示している。

図6　高砂湊口の修築
※『高砂市史』第二巻 440-441 頁の図に加筆した。

を整理し、漏水防止にも努めました。

さらに、川口番所から波戸道といわれるものを長く海に突き出しました。突き出したものの半分ぐらいは中洲になっているところの一部でしょうが、その先にも突き出ていてたいへん長く幅も広くなっています。波戸道の東側に船を係留しました。突端に台場をつくり、元は川口番所のところにあった高灯籠を設置しました。湊が広くなったのは言うまでもありません。

しかもおもしろいのは、たとえば先ほど述べた渋川の波戸は石積の小規模なものですが、この波戸道は堆積している中洲を利用してその上におそらく川浚えで出来た土砂を盛り、石で護岸しています。波戸道の上には家屋を設置して石屋や鍛冶屋などを置いたことがわかっています。つまりこの波戸道はただの船着き場や防波堤ではなくて、その上に港湾関係の人たちの家屋を設置しているわけで、新地ができたようなものです。私が知っている限りこんな波戸は見たことがありません。

それから松右衛門は川口に東風《こち》請《うけ》波戸と一文字《いちもんじ》波戸を、台形石を積んで造成しました。東風請波戸は東からの風波、一文字波戸は沖からの風波を防ぐものだったと思います。丸亀の湛甫のように陸地から突き出す波戸と違い、この東風請と一文字波戸は完全に陸地と離れて独立しています。中洲の上に土をまず盛って、その上に石積みしてつくったと考えますが、それにしても非常に優れた技術だと思います。一文字波戸は江戸後期にはいろいろなところでつくられるようになり、湊の入り口に人工の島をつくったようなものですから、非常にいい風除け、また風は土砂を寄せるので土砂除けになりました。

初代松右衛門の築港工事の予算は銀二五〇貫目でした。姫路藩が高砂の運上銀九六貫目を下げ渡して補助しました。実際の総工費はもっと嵩んで三五〇貫目になってしまい、不足分は高砂町中に割り付けられたということです。総工費銀三五〇貫目は概算で金五八〇〇両になります。当時は一〇両で庶民は一年暮らしていけました。それを三〇〇万円として計算すると、総工費銀三五〇貫目は現在のお金では一七億五〇〇〇万円ぐらいになり、姫路藩の補助分を差し引いても一三億円ほどかかったわけです。高砂の人たちは多大な犠牲を払って湊の修築を行ない、一定の土砂堆積は防げるようになり、湊も拡張されました。しかしのちにはいろいろな問題が起こることとなります。

◇――二代松右衛門の湊の保全

二代松右衛門は初代の養子に当たり、元は御影屋長兵衛として、初代が高砂で湊の修築をしているときには兵庫で家業の廻船業に携わっていました。初代が文化九年（一八一二）に亡くなると、二代松右衛門として姫路藩に御水主並として召し抱えられました。今回の工楽家文書の調査で発見されたものですが、文政一三年（一八三〇）、先ほどの初代がつくった剣先土砂留堤や一文字波戸を土砂堆積を防ぐのに役に立たないから撤去したいという願が高砂のどこから出て、それについて二代松右衛門は、撤去自体が非常に難しいのと、一文字波戸や土砂留があるからまだしも堆積が小規模になっておりそんなに深刻な事態ではないとして反対しています。つまり初代の高砂築港以降も土砂の堆積は続いていたわけです。しかし大々的な湊の修築はできず、微調整による保全がせいいっぱいでした。二代松右衛門自身が書いているところによると、高砂がお金を出してくれず資金不足だったためです。

嘉永元年（一八四八）、加古川から連結する高砂川の井堰から収穫を終えて要らなくなった農業用水を放流したところ、土砂が流出しました。それによりまたしても通船に差し支えて御城米の積み込みが不能になり、ようやく川浚えと高砂の湊の修築を高砂の川方から願い出ました。

ただ当初行われた川浚えは二代松右衛門ではない人がやりました。嘉永二年（一八四九）になって、入札（投票）により二代松右衛門が川口普請棟梁として選任されました。

二代松右衛門は初代がつくった波戸道の先端の西側に西波戸をつくり、東風請波戸に石を積んで嵩上げを行いました。初代の築港費用の膨張の経験から、今回も高砂の川方は費用増を警戒していました。総工費は結局銀二八〇貫目となり、高砂の町に割り振っています。

二代松右衛門の仕事として重要なのは、化政期（一八〇四〜三〇）に波戸道の西側の中洲を宮前新田と宮本新田（工楽新田）という新田に開発したことです。新田開発というのは農地を作って作物を作るという意義もありましたが、先ほどの「高砂湊口の修築」図で見ると、西側からの土砂堆積の問題を解決して、湊としての機能を強化する意図もあったのではないかと思っています。

◇——三代松右衛門の高砂湛甫の造成

三代松右衛門はもと宮本屋長三郎といい、嘉永三年（一八五〇）に二代が死去した後三代松右衛門となりました。姫路藩から川掛りに任じられ二人扶持を与えられました。

三代松右衛門は文久二年（一八六二）に、湊と川口を大浚えしました。そのとき東風請の波戸から南へ新波戸を突き出し、波戸を増やしました。また剣先土砂留堤の修復などの湊の修復を行ないました。これは小規模なもので、総費用は六〇貫目でした。そのうち三五貫目は姫路藩が塩座の運上を与えて補助しました。

三代松右衛門の仕事で重要なのは、元治元年（一八六四）から慶応三年（一八六七）に行なった湛甫の造成です。「高砂湊口の修築」図に、波戸道の西側に波戸で囲まれた「新湊（湛甫）」

がありますが、それをつくりました。その方法は、東側は西波戸と波戸道を連結する。西側は工楽新田から防水の堤防を出して、その先に透水の積石の堤を張り出す。この枠組のあいだの土砂を浚えて宮本新田側に土置きしました。

今回工楽家の文書を調査して、川の堤防と海中の波戸などの積石堤はつくり方が違うことがわかりました。川の堤防は水を通さないように土を盛り粘土を張りその外を石で護岸します。しかし海中の積石堤は水を透さないようにすると弱くなるので、中も石積みにして水を透すようにするのです。

高砂湛保の造成の費用見積りによると、海中の積石堤が一間当たり銀二九二九匁なのに対して、川の堤防は一間当たり六七〇匁。海中に波戸をつくるのがどんなに費用がかかるかがわかります。

高砂湛甫ができてすぐに、北前船が干鰯を持ってやって来たと報告した文書があります。湛甫造成によって川による土砂流出に影響されにくい深い湊ができたことによって、高砂にとって、幕末段階で新しい展望が開けたのです。

この時の築港予算は銀五六三貫目でしたが、幕末維新の動乱でインフレが起こって物価が上昇し、総工費は銀二〇〇〇貫目にも上りました。姫路藩が一七八貫目出し、高砂の町も一八〇貫目出し、一部は高砂に年貢米を下している領主に助成を頼んで九〇貫目出してもらったりしました。不足分は借銀や講（互助的な金融の組織）によって補いました。

◇――三人の松右衛門の挑戦とは何だったのか

工楽家の三人の松右衛門が高砂湊の築港で行ったことは、土砂堆積という自然の流れへの挑戦といえるものでした。その目的は高砂を再興したいということだったでしょう。近世前期のような大型廻船による遠隔地交易がなくなり、土砂堆積により御城米の積み込みもできない状況は町の繁栄を脅かしていました。こうした危機感が、高砂の町と初代松右衛門の共通認識としてあって、それをどうにかしたいと始めたのが築港事業です。とくにこの時期、客船や瀬戸内海各地の渡海船による経済活動は活発化していると思うのですが、そのなかで生き残るためには築港をしていく必要が絶対あると考えられたのでしょう。

ただ一歩すすんでなぜ土砂が堆積するのかを考えると、これは自然の流れでもあります。たとえば大阪の茨木市域では江戸時代に山の方の村で棚田をつくって新田開発をしたら泥水がくだってきて下流の村々と争論になったことがありました。つまり新田を開発したり、先ほどの農業用水を放流したりと、人間が生産活動をすることによって土砂堆積が加速する。しかも土砂の堆積が悪いだけなのかというと、そうでもなくて、川口に土砂が堆積したから江戸初頭にはそこに塩田が開けました。あるいは沖に土砂が堆積することによってそこに藻が生えて魚が卵を産み付け漁業にいいということもありました。土砂の堆積そのものは自然の流れでもあるし、自然に逆らい、その堆積物を全部なくすることは今でもたぶん不可能です。江戸時代の段階では土砂を除去するだけでなく、必要に応じて埋め立てて農地にしていき、そして沖のほうに新しい湊をつくるほうが合理的だったのです。

自然と戦うことは可能なのかということは、高砂の人も考えました。ですから初代松右衛門の事業について、意味がなかったのではないかという意見もありました。すぐれた築港を行っても土砂は堆積し続けたたわけですから。

しかし私が思うには、流通構造が変わったり土砂が堆積することによって高砂という湊町が危機に陥ったとき、三代にわたる松右衛門があきらめずに高砂の湊の修築を続けたからこそ、高砂の渡海船や大蔵元が生き残り、明治にいたるまで繁栄が続いたのです。また松右衛門たちは湊の修築の一環として新田を開発しましたが、その新田開発地が近代になると工業用地になっていったわけで、工業化に連動していったわけです。築港にかなり費用がかかったことは事実ですし、うまくいかなかった面もありますが、この三代にわたる自然に対する挑戦や努力を見ていると、私には何か感動するものがあるのです。

室津と北前船

新宮 義哲

◇――瀬戸内海と播磨の港

みなさんは、港町といえばどのような風景を思い浮かべられるでしょうか。神戸港のようなオシャレな港町でしょうか。逆に室津港や坂越港のようにのどかな漁港でしょうか。もしくは港町の痕跡さえも見つけるのも難しい開発・埋め立てられ工場地帯となった高砂港のような港町などでしょうか。明治以降の近代化の過程で現在の姿は違いますが、どの港も日本史上、わが国の流通活動を支えてきました。「島国・海国」日本においてそれぞれの港が果たしてきた役割は大きかったことは言うまでもありません。今回のテーマを通じて、あらためて海は交通・物流を妨げるものではなく、人・物・文化の往来を促すものとして、その拠点として津々浦々の港が存在してきたことを再確認していきたいと思います。

中でも古代より政庁の中心であった畿内への主要航路だった瀬戸内海は、歴史上重要な港があり、畿内に隣接し沿岸部が東西に長い播磨地方では、室津をはじめ多くの津々浦々が存在していました。本会では播磨の歴史・文化を様々な角度から研究されてきたのでお分かりだと思いますが、播磨平野が育んだ産物や人々の労働力は海路をとおして広範囲に運ばれ、逆に様々な物資が海路から播磨にもたらされてきました。北前船により活発な廻船活動が展開する以前から、播磨の港は畿内、つまり日本の政治・経済の中心地の玄関口としての役割を果たしてきたのです。そして、特に主要な港は、地域社会において経済拠点としてその歴史を展開してきました。

江戸時代の元和偃武の世になると、廻船活動は活性化し経済活動の発展をさらに加速させていきます。その中心の一つが大阪です。百万人都市江戸を中心とした流通網において西国からの物資輸送は大阪が拠点となりました。天下の台所といわれた大阪ですが、江戸中期の絵図を見ても湾岸部には葦が群生しており、大きな船の出入りの不自由さがうかがえます。ベストセラーになった『村上海賊の娘』にも信長と本願寺勢力の戦の場面な

室津港を上空から望む

どで葦の群生に隠れて火縄銃を打つ場面が描かれていますが、近世に入ってもそのような状態であったことがうかがえます。このころの大阪はまだ前時代の様相を残しており本願寺（大阪城）のあった台地上が南北に発展しているのみで、現在でいうところの繁華街である難波などはその後発展していきます。そして、江戸後期の絵図をみると中期の絵図にはない、安治川口の外に天保山が廻船の目印として築山されていることや大名屋敷が水路沿いに並んでいる様子がうかがえます。江戸時代天下の台所と言われた港町大阪の進展はこの時代の廻船活動の活発さを伝えてくれます。今回のテーマである北前船の到達点、ゴール地点といっていいかもしれませんが、大阪への物資輸送の廻船活動の活発化、そしてこの大阪への動線の中に播磨の津々

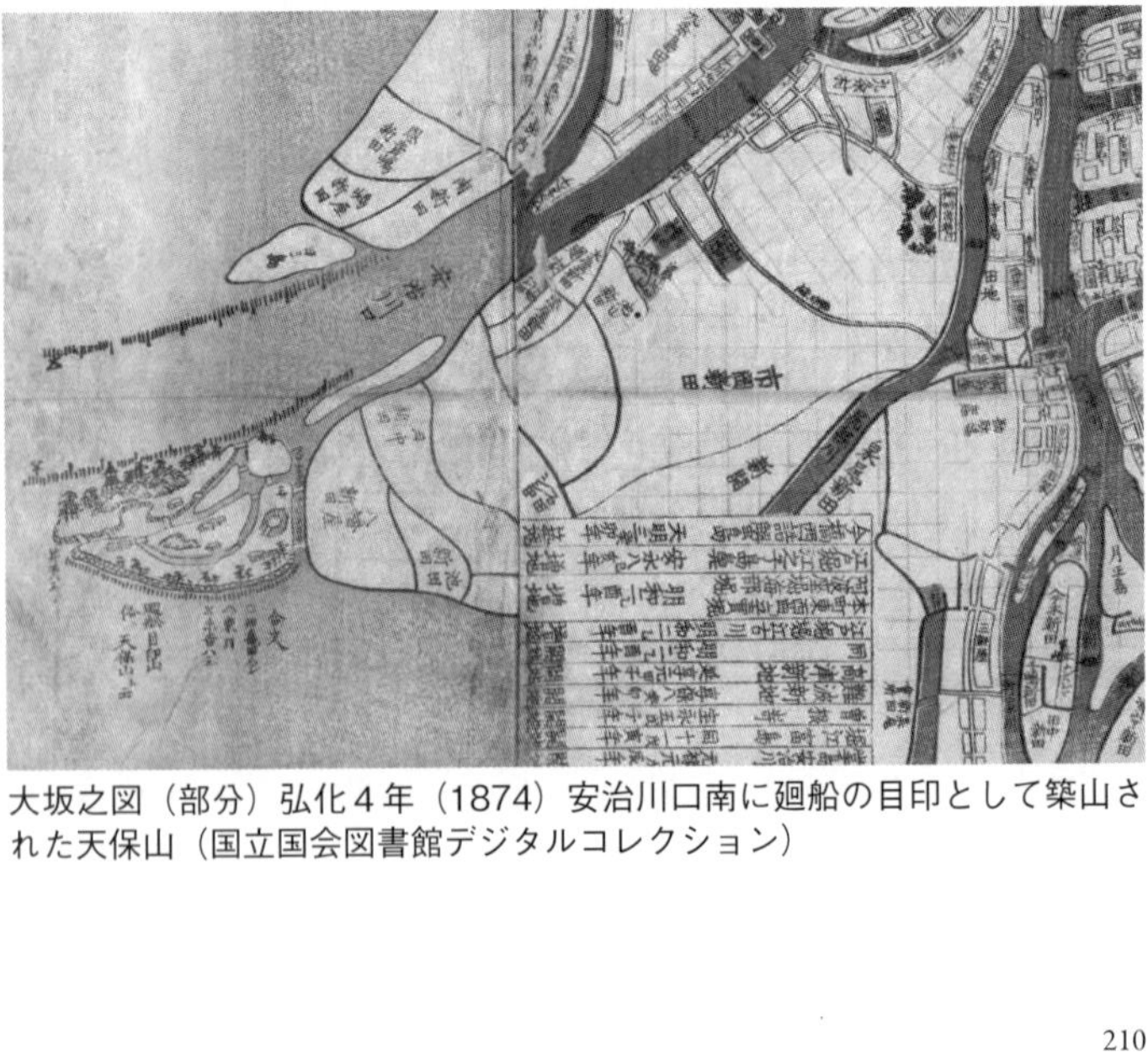

大坂之図（部分）弘化４年（1874）安治川口南に廻船の目印として築山された天保山（国立国会図書館デジタルコレクション）

浦々は位置しているのです。室津のみならず古代から近世、近代から現代へつながる「熟国」播磨のもつ特性といえるでしょう。重ねて確認しますが播磨地方の港を拠点として海運活動は、一地方の歴史ではなく、日本史上重要な役割を果たしてきたのです。そして、それは江戸時代に始まったことではなく、古来よりこの地域のもつ歴史的環境であり地理的環境も大きく起因していたのです。

時代は下りますが、山陽鉄道が神戸から姫路に延伸されたとき、運賃は他の鉄道会社の運賃より低価に設定されていました。それは、大阪からの瀬戸内の回漕、旅船など船舶の往来が昔から活発であり、鉄道を利用する上で、最大のライバルは瀬戸内海の海上交通だったからです。明治時代中頃より、北前船は姿を消していきますが、一気に鉄道交通・陸上交通に主役を奪われていくわけではありません。その前後の時代背景、播磨地域が瀬戸内海を通して展開していた経済・物流の展開も見逃してはなりません。

◇──古代からの天然の良港「室津」

今回紹介する室津は近年では牡蠣業が盛んで、時期になればたくさんの人がその味を楽しみに訪ねてきますが、それ以外の季節では、どちらかといえばのんびりというかのどかな雰囲気の港町です。そんな室津ですが、古来よりの港として日本史の中に多く登場します。まずは、簡単にですがその歴史を紹介したいと思います。

令和の時代となった今、『バンカル』（二〇一九年秋号、姫路市文化国際交流財団）でも特集をされていたように『万葉集』に多くの注目が集まっています。室津をはじめ播磨の港はその万葉集に度々登場するので、古代からの津々浦々の様子がうかがえます。

当時の都を出て播磨へ向かう海路は、大和から大阪の難波津を出港し、摂津国の武庫・敏馬・大輪田を経由して、潮流の速い「夷《ひな》の長道」「夷の国辺」の出口を超え播磨へ航路をとっていました。都人の心情としては、明石大門・野島（淡路）を西へ航行していくにつれ、播磨国（異国）への入り口となりました。

都人は、瀬戸内海を西へ向かう航路の中で、都を離れていくさみしい、つらい思いの心情を歌っています。万葉集の播磨の港津・浦を東から見ていくと

明石大門（明石海峡）―明石潟・湖（明石川河口）―明石浦（明石川河口の海岸）―藤江之浦（明石市藤江付近の海岸）―魚住船瀬（明石市江井ヶ島付近）―賀古湖（加古川河口）―日笠乃浦（高砂市付近の海岸）―飾磨江（市川・夢前川等の河口）、都太乃細江（姫路市細江・今在家付近）―室乃浦（室津）―縄乃浦（相生市那波）などです。室津周辺の万葉歌としては、次の歌が知られています。

①「丹比真人笠麿、筑紫国に下る時作る歌一首」
②「辛荷島を過ぐる時、山部宿禰赤人の作る歌一首ならびに短歌」
③「羇旅に思を発す歌（一首抄出）」
④「物に属きて思を発す歌一首」
⑤「筑紫に廻り来りて海路より京に入らむとし、播磨国の家島に到りし時に作る歌」

このうち、室津海駅館の二階には、万葉集研究家で著名な犬養孝氏によって書かれた②の短歌「玉藻苅る　辛荷の島に　島廻する　鵜にしもあれや　家思はざらむ」の軸が展示されています。また、室津の「藻振岬」に万葉の石碑が立っていますので、機会があれば併せてご覧いただければと思います。室津沖の唐荷島から西は、それまでの砂浜が少なくなり瀬戸内海の島々が目に入るようになります。船旅で西へ向かう人々は播磨からさらに違う国への旅を感じたでしょう。

次に古代の室津を伝える資料『播磨国風土記』の記述を紹介します。室津は「風を防ぐごと室のごとし」として登場します。風土記の中でも有名な記述の一つですが、

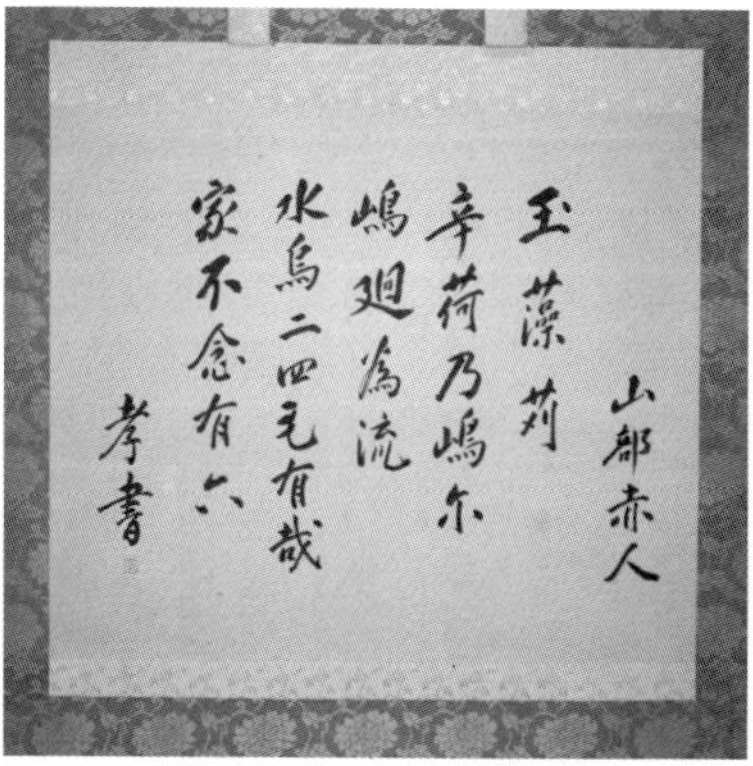

犬養孝書による万葉歌の軸

室津が天然の良港といわれるゆえんがそこに記載されています。風土記にはそのほか周辺の港・泊も記載されています。室津周辺の湾岸部の記述としては、宇須伎津（姫路市網干）、伊都（津）・御津（たつの市御津町）などが記載されています。津々浦々という言葉は日本の地理的環境を示しますが、古代においても津・浦・泊など様々な港が登場しています。

さらに、古代の播磨の港と言えば、行基が定めたとされる摂播五泊があります。延喜一四年（九一四）の三善清行「意見封事十二箇条」によると、僧行基が瀬戸内航路の停泊地として、河尻（尼崎）・大輪田泊（神戸）・魚住泊（明石）・韓泊（姫路）・檉生泊（室津）の五港を指定したとされています。各港を一日行程で結ぶ「海駅」の始まりといえるでしょう。

◇——中世室津の廻船活動

中世において、各地の荘園からの物資は海路を通じて荘園領主のいる都へ運ばれることが多くありました。この時代の室津の廻船活動を示す資料として、室町時代初期に成立した『庭訓往来』（往来物の形式による教科書）があります。商取引や諸国の名産の項に「室兵庫の船頭、淀河尻の刀禰、大津坂本の馬借、鳥羽白河の車借、泊々の借上、湊々の替銭、浦々の問丸、割符を以て、之を進上し、」と書かれています。活動が盛んな船頭が兵庫津（神戸市）と室津の船頭であったことがわかります。他にも川（河）尻（尼崎市）には淀と並んで刀禰といわれる金融業の営む商人がいたことがわかります。さらに泊・湊・浦など港での金融業者や取引のことが書かれており、貨幣経済の広がりのなか、割符《さいふ》などのいわば手形決済も頻繁に行われるようになるので、物資の集積する港は地域の経済拠点の一つになっていき、室津は兵庫とならんで多くの船が集積し、それに伴う船頭たちが室津を拠点に方々での活動を行っていたのです。

その室津の船頭の活動を具体的に示す資料として、『兵庫北関入船納帳』があります。文安二年（一四四五）正月から翌年正月までの間、兵庫津に入港した船についての様子（船の船籍地、積荷、数量、船頭名、問丸名、関銭額と納入日）がわかる有名な史料です。それによると、兵庫北関にこの年に入港した船は二千近くで、船籍地は一〇七を数えます。瀬戸内海沿岸から北九州や四国を含む一四ヵ国にまで及びます。国別の港数では播磨が二一で最も多く、室津から延べ八二隻が入港しています。播磨国では一番多い数です。全体を見ても一番多いのは地元の兵庫ですが、備前の牛窓、淡路の由良、摂津の尼崎に次ぐ五番目となります。室津からの積荷は、小イワシ六七

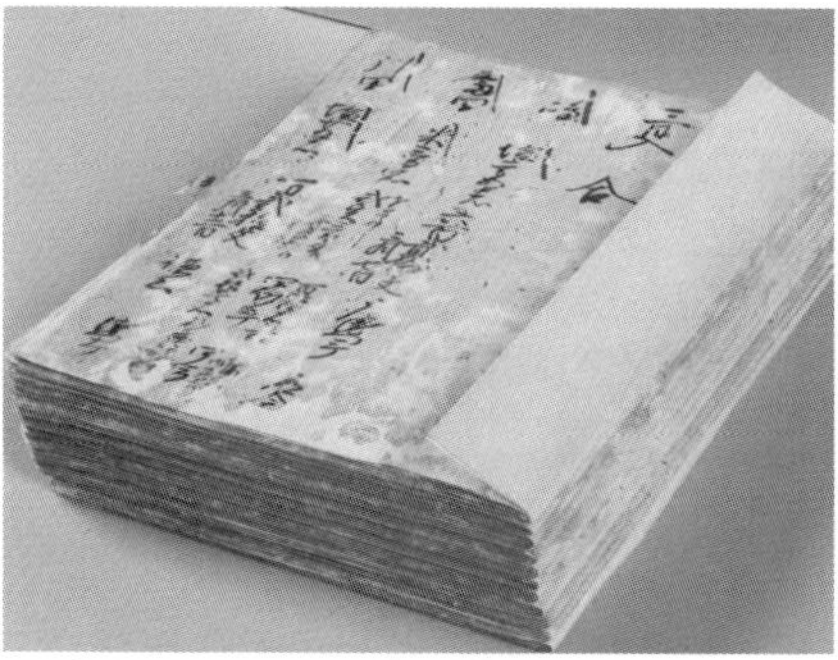

『兵庫北関入船納帳』文安２年（1445）
（京都市歴史資料館蔵）

隻、ナマコ一一隻の海産物が目立ちます。その他、大豆、まつ、米が見られます。これらの品々は金融活動を行う問丸によって商品化されていくわけですが、室津の商品を扱う問丸は豊後屋が多く見られます。北関において豊後屋は、八八隻を荷受けしていますが、そのうちの七五隻が室津の船です。つまり、豊後屋の金融活動で扱う商品は、室津の船が運ぶ品々が中心であることがわかります。このころの瀬戸内の流通において、廻船活動を行う船頭（船籍地）と金融活動を行う問丸との専門化・ネットワーク化が見られます。その船頭の数ですが、四〇人以上はいたと考えられています。その船頭たちに「岡」「福ら」「ワキ」「シマ」「橋」「大野瀬」「宮辻子」など肩書があり、それらは船頭の居住地と考えられています。場所は特定されていませんが、地元室津を推測させるもの、周辺湾岸部を推測されるものもあり、いくつかの地域の船頭が室津を拠点として活動していたと考えられています。先ほど紹介したように古代風土記に記載された天然の良港室津は、船頭のネットワークの拠点として最適な港であったのでしょう。

◇——秀吉配下の室津

羽柴秀吉が播磨を領有していた天正九年（一五八一）ごろ、小西行長が室津を所領します。塩飽から堺に至る船舶を監督する「海の司令官」と宣教師の日記に称された小西行長が室津を所領としたことから、この時代の瀬戸内海の流通において室津が重要な位置を占めていたことがわかります。また、小西行長はキリシタン大名でしたので、室津はキリシタン一大布教地となります。その影響もあり宣教師が室津について記していますので紹介します（傍線部・注記）。

・（一五八一・天正九年）（フロイス「日本史」第二部七十三章　抄出）

塩飽から、（我らは）室という（塩飽）から二十里距たった、これもまた非常に美しい港に向けて出発した。そこで（関白秀吉の）海の司令官であるアゴスチイノ（小西行長）に代わって同地に居住しているその兄弟が（一行）を出迎えた。その地の小高く、はなはだ展望のよい美しい丘に山寺があって、我々はそこでミサを捧げた。

・（一五九〇・天正十八年）（フロイス『日本史』第三部十二章　抄出）

この室の港は、（航海が）非常に頻繁な通路に当たっており、アゴスチイノ津の守殿（小西行長）の父、（小

賀茂神社から見た瀬戸内海

西）ジョウチン立佐に委ねられている。

記録からも室津が要衝の港であったことがうかがえます。加えて興味深いのは宣教師の目には室津が「非常に美しい港」として映ったことです。江戸時代に室津に寄港したシーボルトも賀茂神社からみえる海の風景を絶賛しています。このような美しい風景も室津の魅力の一つです。

◇——近世の室津と金融制度

古代・中世の室津を紹介しましたが、室津が日本史の中で大きな輝きを放つのはやはり近世ではないでしょうか。この港が活発化する大きな要因の一つとして参勤交代があります。西日本の大名が江戸に向かう経路は、一七世紀には陸路より海路が主でした。播磨灘は船航が困難のため、室津は、陸路山陽道か瀬戸内海を決する地点となります。姫路より東に進んでいても風向きにより室津まで帰ることもありました。『甲子夜話』によると、「船出なんやといへども、いなせさだまらず。陸よりゆかんや、船よりやという内に日たけて」とあり、陸路と海路のどちらかを思案している間に日が暮れて室津に連泊した様子が書かれています。また、「明石の前にて肥後船とかや、梶をそこなひ、たゞよふもあり。よくもつよき風なり。船はとにかくあやうきもの也と人のいふも、むべなりや」とあり、播磨灘の航行の難しさも記されています。

このように風待ちとして安全であり、前時代よりも船頭の集積地で活発な往来があった室津だったからこそ、他の港ではあまり見ることのない、近世の金融機関として銀元制度がしかれたのです。最盛期には六つもあった本陣ですが、本陣は大名の宿泊施設の他にも問屋活動を行っていました。この問屋活動も重要な業務で国名の屋号を持つということはその国の物産を取り扱うことができました。室津の本陣の問屋活動のうち、薩摩屋を通じた干鰯の取り扱いが注目されています。干鰯は西播磨の農業を刺激していきますが、当時誰もが簡単に手に入れることができるものではありませんでした。他国の干鰯を大量に問屋が仕入れ、地方の豪農などがまとめて購入する。そこから農村（耕作者）の手に渡っていました。そこには大きな資本が必要であり、そのような資本のもととなるのが銀元制度だったのです。大きな資本の動く制度を必要とした室津は、近世前期には姫路藩領では姫路城下に次ぐ経済都市として銀元制度を発足させたのです。

とはいえ、元禄期頃に発足した銀元制度は、地元の富裕層が出資者となり運営が行われていましたが、その運営は難しく困難になったようです。延享二年（一七四五）に再発足した銀元制度は、それまでの轍を踏まず未返銀の取り立てを厳しくするなどの運営のもと、出資金は組頭、問屋・仲買からの預かり銀のほか、他所からの借り請けもあったようです。延享二年において、銀元の管理下において室津で取引されていた商品が表1のとおりです。1類は干鰯を筆頭に取引量も多く、問屋・仲買が得る口銭（手数料等）が大きい商品です。2類は穀物類をはじめとする地元住民の消費物資で、問屋・仲買の口銭が低く銀元の取る「引付口銭」はありません。仮に金一両を銀六〇匁、金一両＝七万五〇〇〇円とすれば銀一匁＝一二五〇円。銀一〇〇匁＝一二万五〇〇〇円と、現在のお金に換算できます。干鰯で見ると銀一〇〇匁につき二二五〇円ほど銀元に残ることとなります。どれほどの資金が動いていたのでしょうか、興味が尽きないところですが、『御津町史』に書かれているように、この表に示す以外に室津の経済活動を示す資料は多くなく、銀元制度の詳細について知ることが

表1　室津取扱商品よりの引物　延享2年実施　（『御津町史』第二巻）

商品名			銀元引付口銭	問屋口銭	仲買口銭	浜引役賃金	明神銀	明神祭礼費	引物計（徴収率）
			%	%	%	%	%	%	%
1	干鰯　撥鰯　鯨糟　茶　炭　たばこ　かき　竹　節松　楊梅皮　椎茸　木くらげ　七島筵　生姜　綿実　とこ	銀100匁につき	1.8	2.6	1.9	0.5	0.2		7.0
	鰤　鯨　鮪　鰹節	〃	1.8	3.1	1.9	0.5	0.2		7.5
	薪	〃	1.9	3.0	1.5	0.5	0.2		7.1
	塩物　干物　捌物類　柏木	〃	1.8	3.6	1.9	0.5	0.2		8.0
2	石（穀）物類	1石につき		0.75		0.15		0.075	0.975
	種　胡麻	〃		0.9		0.15		0.075	1.125
	糠　雑穀類	〃		0.45		0.1		0.075	0.625
	鯨油	樽1挺につき		0.65	0.65	0.2			1.5
	酒	〃		1.05	0.3	0.15			1.5
	材木類	銀100匁につき		3.0	1.5	0.5			5.0
	漆　蠟　砂糖　薬種　綿　木綿　布　紙類	〃		2.5	1.5	0.5			4.5
	生魚類	〃		9.5	4.0	0.5			14.0

できません。

また、1類にある明神銀は賀茂神社に納めるものです。廻船活動が活発な港には必ずと言ってよいほど、安全を祈願する社寺があります。賀茂神社は瀬戸内海の航海安全を祈願する神社であったに違いありません。いわばお賽銭・奉納銭のような意味合いもあったのでしょうか、他国からの商人は安全祈願と共に口銭を支払っていました。一方、2類の明神祭礼費（神楽銭）は神社の祭礼にかかる費用に使われるもので、地元室津で消費される品々に掛けられています。廻船活動で広く取り扱いされる物資の口銭は航海安全を願う神社の管理費に、地元の氏神としての祭礼にかかる費用は主に地元で消費される物資に口銭をかけていたように区別していました。全容は明らかではないですが、室津では港に出入りする物資などを管理し地域経済に還元する経済システムがあったことがわかります。大小を問わず各港においてはなんらかのシステムがありましたが室津のような大掛かりな制度はまれな例でした。

延享二年の制度は、室津の経済発展を目指したものでしたが、またしても軌道にのるまでもなく運営困難となりました。慢性的な資金不足のなか、文政元年（一八一八）に姫路藩の財政改革の一環として藩の管理下で室津銀会所と名称を改め再出発します。この会所運営のため、姫路城下に姫路銀会所が置かれ、姫路の町人と室津の町役人や大年寄の間で協議が行われ細かい取り決めが行われています。この制度は、文化・文政期の姫路藩の財政改革の一環と位置付けられていますが、姫路藩の中で唯一室津だけに銀会所が置かれていたことからも、室津が重要な経済活動の港であることがうかがえます。しかしながら、元禄・宝永期と比べるとこの時期の室津の経済活動も減衰していたと思われます。銀会所の収支とは別に室津での商いで得た銀高を示す資料が前述の『御津町史』に紹介されています。それによると、文政二年（一八一九）～同九年間で室津の益銀計は約五五五貫で年平均約七〇貫を数えます。銀一貫は千匁ですから、仮に先ほどと同様に銀一匁＝一二五〇円と今のお金に計算すると、銀一貫＝一二五万円となります。益銀計の約五五〇をかけると六億を超える金額となります。減衰していたとは言え相当な額ではないでしょうか。

別の資料で年不詳（幕末頃のものと推測）ですが、おそらく姫路藩への御用金と思われる領収書が近年室津民俗館で確認されました。この建物は、「魚屋」の屋号を持つ豪農豊野家の家で、豊野家は名字帯刀を許された豪商で様々な物産を取り扱っていました。県文化財に指定されている建物です。鍵のかかった箪笥から確認されたこれらは二〇〇両から二五〇両もの大金の領収書が五枚見つかりました。室津での銀会所を存続させた姫路藩としてもこのような御用金を支出できる室津の経済活動を守る必要があったのでしょう。室津の経済活動の大きさを物語ります。

◇——西廻り海運—さらなる海運業の発展—

さて、このような室津の歴史的背景をもとに北前船にかかわることを見ていきたいと思います。その前段階の江戸時代初期のころは、中央市場大津・京都と最短距離でつながる海運として北国海運が展開していました。奥羽・北陸—越前敦賀・若狭小浜—陸路で琵琶湖北岸—大津—京都。この流通を担ったのが近江商人で、松前三港（江差・松前・函館）と北陸三港（敦賀・小浜・三国）を結ぶ一七世紀の松前交易は、近江商人主導で展開し元禄～享保期に発展していきます。しかし、江戸・大阪の米需要の増大に伴い十七世紀中ごろから北陸諸藩の領主米が西廻り航路で運ばれ始め、寛文一二年（一六七二）に河村瑞賢が幕府領の御城米を酒田から江戸へ輸送する航路を開きました。本会のテーマである日本海廻りの海の道が本格化していきます。酒田—小木（佐渡）—福浦（能登）—柴山（但馬）—湯泉津（石見）—以下下関から瀬戸内海を通って大阪へ辿り着きます。大阪から江戸へは、大島（紀伊）—方座（伊勢）—安乗（志摩）—下田（伊豆）を指定寄港地としていきます。瀬戸内海においては、前時代より展開していた廻船活動の活発さがその背景にあり、特に指定寄港地は設定されなかったようです。しかしながら、松右衛門帆の発明や沖乗り航路へと展開していく過程で、瀬戸内海の沿岸部の港町もさらに発展していきます。御手洗（広島県）のように新しい港町の誕生や既存の港は大型船の入港の利便性を図るため港の整備を行うなど展開していきました。

◇――室津入津干鰯の流通

これらの発展のなか、より多く運ばれた物資に肥料があります。畿内先進地における綿作の増大に一八世紀に入り商品生産・商業的農業の進展により魚肥の需要が増加します。室津をはじめ瀬戸内の廻船活動での北前船を考えるときに肥料は重要な物資でありました。

綿作の魚肥として主に使用されていた干鰯ですが、西播磨では極めて早い時期から施用されていたとされています。先に少し触れたように室津は薩摩藩を通じて干鰯を仕入れており、干鰯流通の窓口の一つでした。

鰊《にしん》からエラと内臓を取り除き、数日乾燥させ生乾きになった状態で、身と背肉、骨を切り分け、二十日ほど干したものが身欠鰊で食用とされました。魚肥として使用されたのは、身の部分を切り離し残った頭と胴の部分の羽鰊《はにしん》です。

室津で取引される干鰯は、一八世紀は西播磨、つまり室津周辺を流通圏としていました。例えば、新在家村（たつの市揖保川町）の庄屋であり豪農永富家は寛政九年（一七九七）、室津の川崎屋左衛門から干鰯を購入しています。少し北になりますが林田藩の大庄屋林田構村（姫路市林田町）の三木家は寛政年間に室津の湊屋正蔵より購入したことが知られています。これらの干鰯の産地はわかりませんが、永富家は明和八年（一七七一）に、三木家は寛政六年に松前交易にかかわる鰊を買い入れていることが知られています。さらに、年次不明ですが、三木家には室津嶋屋の羽鰊の仕切状が残されています。つまり、室津の廻船がこの時期に北陸の鰊を取り扱っており、それを周辺の富裕層が買入れ肥料として耕作地（耕作人）に配っていたことが推測されるのです。

一九世紀になると姫路藩の藩政改革もあり商圏の拡大が見られます。それは播磨平野の特産である木綿・長束木綿の産地が広がっていくことが影響していました。木綿の産地が姫路城下から加東・加西に拡大していくにつれ室津の廻船活動は、生産力の高い播磨平野を後背地として展開していきます。廻船活動で取引される商品は地域の農業を刺激し在来農業に影響を与えていきます。廻船活動の「交易」が「公益」となっていくのです。北前船がこの地に与えた影響の一つではないでしょうか。

身欠鰊（模型）（室津海駅館）

ただ、播磨平野を後背地にするのは室津だけではなく同じ姫路藩の港飾磨津も同様でしたので、同じ藩とはいえ、いわゆる商売敵でもありした。文政五年（一八二二）、天保一一年（一八四〇）、弘化四年（一八四七）に室津が姫路藩に飾磨津への干鰯入津の市売りの差留の嘆願を提出しています。弘化の争論では、飾磨津の問屋・仲買は向こう六年間室津出店の名目で営業許可をするが、その間、年々六五両を室津に手渡し、無利息で三〇〇両を渡す。期限が過ぎれば返却するなどの条件が付されています。室津の姫路藩領における商品流通上の権限の強さがうかがえます。

◇――室津と北前船

干鰯の取引から、室津の船が早くから北国の商品を取り扱っていたことが推測されましたが、『御津町史』によると初見は、室津宮ノ下の船頭善兵衛が延宝八年（一六八〇）に「きたまえ上り、壱わり半之利足ニ相定借用」（薩摩屋文書）と見えるものです。船頭善兵衛が薩摩屋からのお金を借用し北国へ商売に出向く様子が知られます。室津の船ではなく、大阪の廻船問屋の船の船頭となって輸送に従っていた可能性が高いと考えられています。また、享保二一年（一七三六）に多量の加賀米が室津に入港しており、北前船によって運ばれた可能性がありますが、同様に室津の船よりも大阪の船の可能性が高いと考えられています。西回り海運が展開していく初期の段階では、室津をはじめ播磨地域の廻船は、北国においてそれほど活発な活動をしていなかったと思われます。

しかし、西回り海運が本格的な展開をみせるようになると、各地の客船帳の資料から播磨の活発な廻船活動が見られるようになります。石見国浜田の客船帳からは、宝暦・明和期以降に播磨の船の入港数が増えており、浜田に室津の船が明和期四回、安永期に三回見られます。客船帳から塩を売って干鰯を買入れているのがわかります。

一八世紀後半には越後出雲崎に室津の船が入港し一一人の船主の名が見られます。さらに、一九世紀初頭には、室津の船である明神丸、住徳丸が古手荷物を出羽酒田まで運んでいることが知られています。この時期、室津の船が奥州まで及んでいたことがうかがえます。

また、廻船活動の他に他国の廻船がもたらした荷物の買い

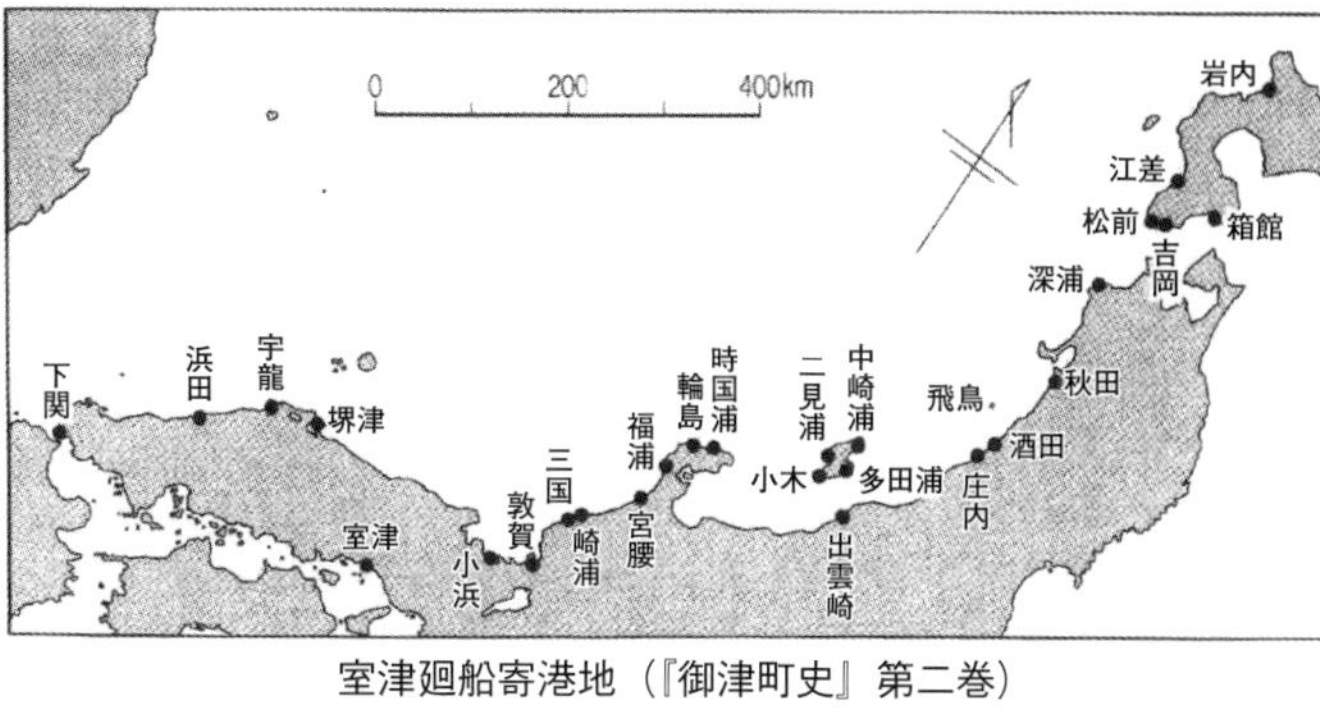

室津廻船寄港地（『御津町史』第二巻）

取りや依頼を受けて販売する営業も行っていたことが知られています。廻船問屋の中でも著名な越前河野浦の廻船問屋右近権太郎宛に送った年頭の挨拶状には、「相変わらず御荷物御用向仰せ付け下されたき」旨を依頼していることが記されており、弘化三年（一八四六）の例でみると、鯡荷物を大阪・兵庫・室津に運び、室津では、ヤケシリ粕・モンベツ粕・白子を「舟商内」。別に筒鯡を「揚置」し、嶋屋に委託販売しています。

◇――「嶋屋」の廻船活動

他国の客船帳等から室津の廻船活動をみることができますが、地元室津に残された資料はごくわずかです。そのわずかな資料も、廻船問屋「嶋屋」（現室津海駅館。日本遺産構成文化財）の改修の際に襖の下張りに使われていた二〇〇枚以上の紙片であるという、まとまった資料ではありません。しかしながら、各地の客船帳と照合して嶋屋の活動を整理（詳細は『御津町史』第二巻・室津海駅館図録「廻船」参照）するという気の遠くなるような大変な作業のものと

- 請取は天保九年（一八三八）から明治四年（一八七一）までの三四年間にわたる。
- 船は下関を廻り佐渡を経由、松前・江差に至るか、酒田止まりもあった。加賀・越前辺りもあった。

・この間、嶋屋の船は、松前一三回・江差に五回行っている。うち二回は松前・江差両方へ入港している。
・干鰯屋伊三郎の船も江差へ一回行っている。

など、断片的ではありますが、室津の廻船が北海道から西回り航路で長期にわたり活動していたことがわかりました。「嶋屋」の廻船活動を示す紙片は商売の領収書であり明細書の類ですが、「一航海千両」と言われた船主たちの活動を生々しく今に伝えてくれます。

◇――嶋屋の船頭

活発な廻船活動を行っていた嶋屋ですが、江戸時代後半の嶋屋の船頭について記した越前三国港の資料があります。船頭文蔵は、越前三国湊の内田家より事情があって五、六年前に嶋屋半四郎に貸していたという。文蔵の父が難破して亡くなったので文蔵を返して、代わりに四郎兵衛が嶋屋に遣わされたということです。北前船は買積を行う商船ですから、儲けは船頭の才覚によるところが多く、有能な船頭を雇うことも廻船問屋としては重要なことでした。文蔵は明治二年に再び嶋屋の船頭に戻っていることからも、有能な船頭であったのでしょう。どのような経緯でこの文蔵が雇われ越後から播磨へやってきたのかはわかりませんが、北前船などの廻船が寄港する港と港においてネットワークが形成されていたことは容易に想像できます。当然そのネットワークは物資の流通のみならずそれに携わる人々をも巻き込んだものであったことでしょう。

ちなみにですが、前述の襖の下張り文書から発見された間尺書によると嶋屋の持つ栄勇丸の大きさは、

栄勇丸　長サ　五丈三尺　（約一六m）
　　　　幅　　壱丈八尺四寸（約六m）
　　　　深サ　五尺　（約一・五m）

中型の弁財船だったことがわかります。

北前船（弁財船）の復元模型（室津海駅館）

◇――室津の日本遺産構成文化財

室津の廻船活動の概要を紹介してきました。最後にこのような歴史的背景を大切にしなが

らこの度日本遺産に認定された室津の構成文化財五つを紹介します。

室津の町並み　北前船をはじめ多くの廻船が入港した室津は、「室津千軒」と呼ばれるほど賑わいました。最盛期には六つの本陣がおかれ、外国との交易が制限されていた江戸時代においても、朝鮮通信使の一行、オランダ商館の一行、琉球使節団の一行が寄港した室津は国際色豊かな港町でもありました。港に出入りする船を監視する御番所跡なども重要な港であったことを伝える遺構です。これらが残る室津の町並みは港町として栄えた当時の様子を今に伝えています。

室津海駅館（嶋屋の遺構）　室津海駅館は廻船問屋三木半四郎が建てた家屋で、屋号を「嶋屋」といいました。買積船で瀬戸内と蝦夷を往復し財を成しました。北前船で持ち帰った干鰯などを保管する蔵も海駅館から北側（山側）の港沿いにあったそうです。ふたつの市の指定文化財の建築物です。

石仏　その嶋屋半四郎が奉納した石仏が室津の古刹見性寺の参道入口にあります。西国三十三ヵ所巡りを現した地蔵のう

三木半四郎が奉納した石仏

ち第一番目の石仏です。嘉永四年（一八五一）に奉納されたもので他の石仏よりひときわ大きな石仏に嶋屋の経済力がうかがえます。西国三十三ヵ所観音巡礼も日本遺産に認定されました。全部を巡るのはなかなか大変ですが、室津の日本遺産と同時に見性寺の地蔵を巡ってみるのはいかがでしょうか。

もやい石　船が係留するときに綱《もやい》をつないだ石です。室津では湾曲した港に沿って花崗岩のもやい石が並んでいました。現在も埋立てされた護岸の表面にもやい石の頂部が見ることができます。もやい石のある場所がかつての海岸線ですから、その痕跡から現在と昔の海岸線を比較できます。また、護岸の工事の際に湊口御番所跡にもやい石が移動させられているため、通常は結ぶ箇所のみ護岸から出て下部は埋まっているもやい石の全てを見ることができます。長さは約二メートルです。そのうち結ぶ箇所として地上に出ているのは六〇センチメートルです。ほとんどが地中に埋まっています。船をつなぐ石ですからこれぐらいの強度が必要だったのでしょう。石柱の最大径は三六センチメートル。令和二年の六月に地元室津では、このもやい石を整備し、全体像が見ることができます。もやい石の全体像を見られることは貴重です。ぜひ、室津にお越しいただきご覧ください。

日和山　海運にとっては天候を予測することは重要なことでしたから、必ず港付近には日和山と呼ばれる見晴らしのよい小山がありました。北前船の船乗りたちは出航前にその山から日和を見たのでしょう。日和山は、海上からもよく見える位置にもありました。室津の日和山は大きな榎があったといわれ、古写真にもその風景を見ることができます。

◇——播磨の津々浦々と共に

播磨の多くの海岸部は近代化のなか埋め立てられ日本屈指の工場群が並び立つ工業地帯となりました。一方では室津のようにのどかな雰囲気と共に歴史的景観が残る港もあります。その景観は近代以降も著名な作家や画家が訪れるなど多くの人を魅了してきました。そのことは単に景観が優れているということだけでなく、眼前に広がる景色の向こうに悠久の歴史を感じることができるからではないでしょうか。

先祖代々の土地を守ってきた庄屋や地主がいるような平野部と違い、廻船などの商売で成り立つ港町の栄華は浮き沈みが激しく、江戸から明治などの時代の変化を強

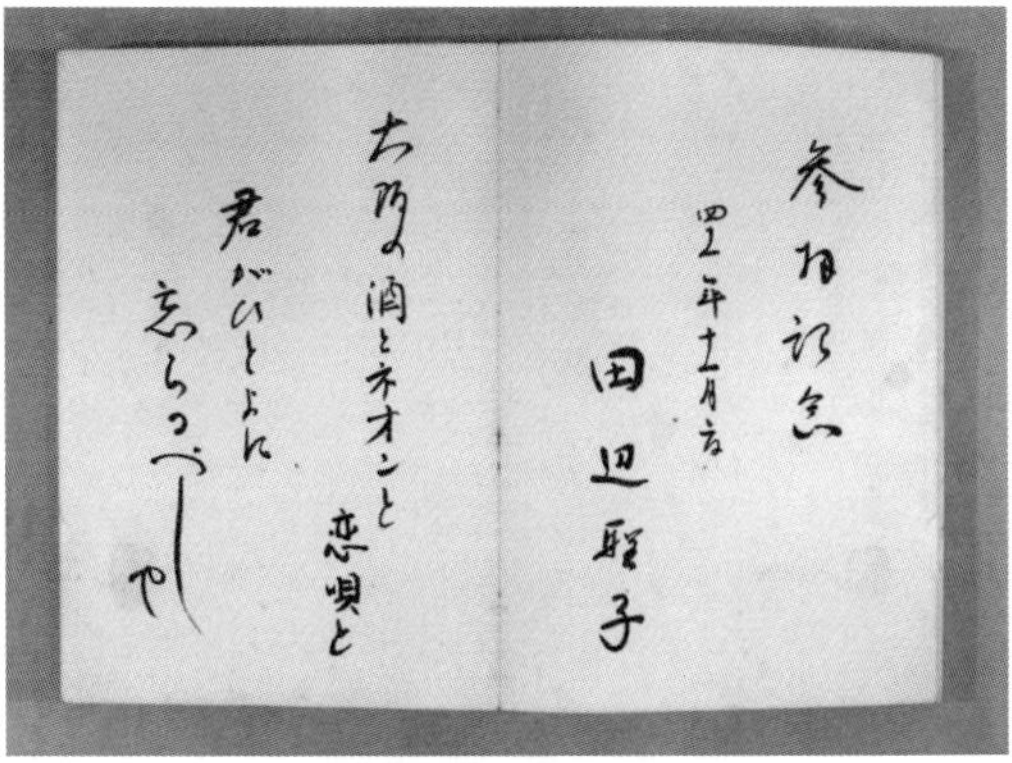

田辺聖子筆の浄運寺画帳

く受けたこともあり、港・海運の資料は残りが少ないと言われています。それでも、これまで紹介してきたように、津々浦々は確かに日本史上に大きな役割をはたしてきたのです。近世の航路図などをみると沿岸の村々は遭難の際の危険回避のためもあり詳しく記載されています。資料に現れない港・漁村はなく、沿岸部の村々は港町としての機能を果たしていました。北前船寄港地として注目される港はもちろん、そこだけではない津々浦々の魅力にも注目していきたいものです。

日本遺産の認定については、観光行政の性格が多分にありますが、そこに描かれ刻まれたストーリーにはそれぞれの地域の歴史・文化がかならず盛り込まれています。それらに触れ次代へ伝えることは大切なことです。地域の歴史遺産を伝えていくには、研究・専門機関や研究者だけでなく地域住民方々と一緒になって共有し守っていくことが必要です。ふるさとの歴史の専門家はそこに住む住民ではないでしょうか。

これからの歴史遺産は、これまでのように経済活動の余剰から活用されるものでなく、地域活動や経済活動の基盤となり、その一翼を担っていくものとして位置づけられなければなりません。新しい時代に求められる、歴史遺産の活用方法を地域で考えていきたいものです。

赤穂の廻船業と北前船

荒木 幸治

赤穂市は二〇一八年に北前船の寄港地の一つとして日本遺産「荒波を越えた男たちの夢が紡いだ異空間 ～北前船寄港地・船主集落～」に追加認定され、今年度はさらに、塩の歴史文化が「『日本第一』の塩を産したまち 播州赤穂」として認定されました。今日は坂越の廻船業と赤穂の塩という、非常に結びつきが強いその二つを合わせた話をしたいと思います。

坂越にある茶臼山から瀬戸内海を望むと、奥には家島諸島が見え、この一帯が多島景観をなしていることがわかります。なお手前の生島《いきしま》は大避神社の神域で、島の樹林は国の天然記念物「生島樹林」になっています。坂越湾沿いに瓦葺きの歴史的建造物群が広がり、そこが、古くから歴史のある港町・坂越です。なぜ坂越は港町になったのでしょうか。そして港町とはどういうものでしょうか（図1、写真1）。

◇——古代から中世の坂越

「坂越」という地名は、延暦一二年（七九三）『東大寺文書』に「坂越郷聖生山」と出てくるので、かなり古い歴史を持っています。承平年間（九三一～九三八年）『和名類聚抄』に「赤穂郡坂越 佐古之《さこし》」とあり、読み方が「さこし」だとわかります。『台記』（藤原頼長の日記）の久寿元年（一一五四）に「坂越庄が藤原教長《のりなが》に預けられる」という記述があります。『兵範記』（平

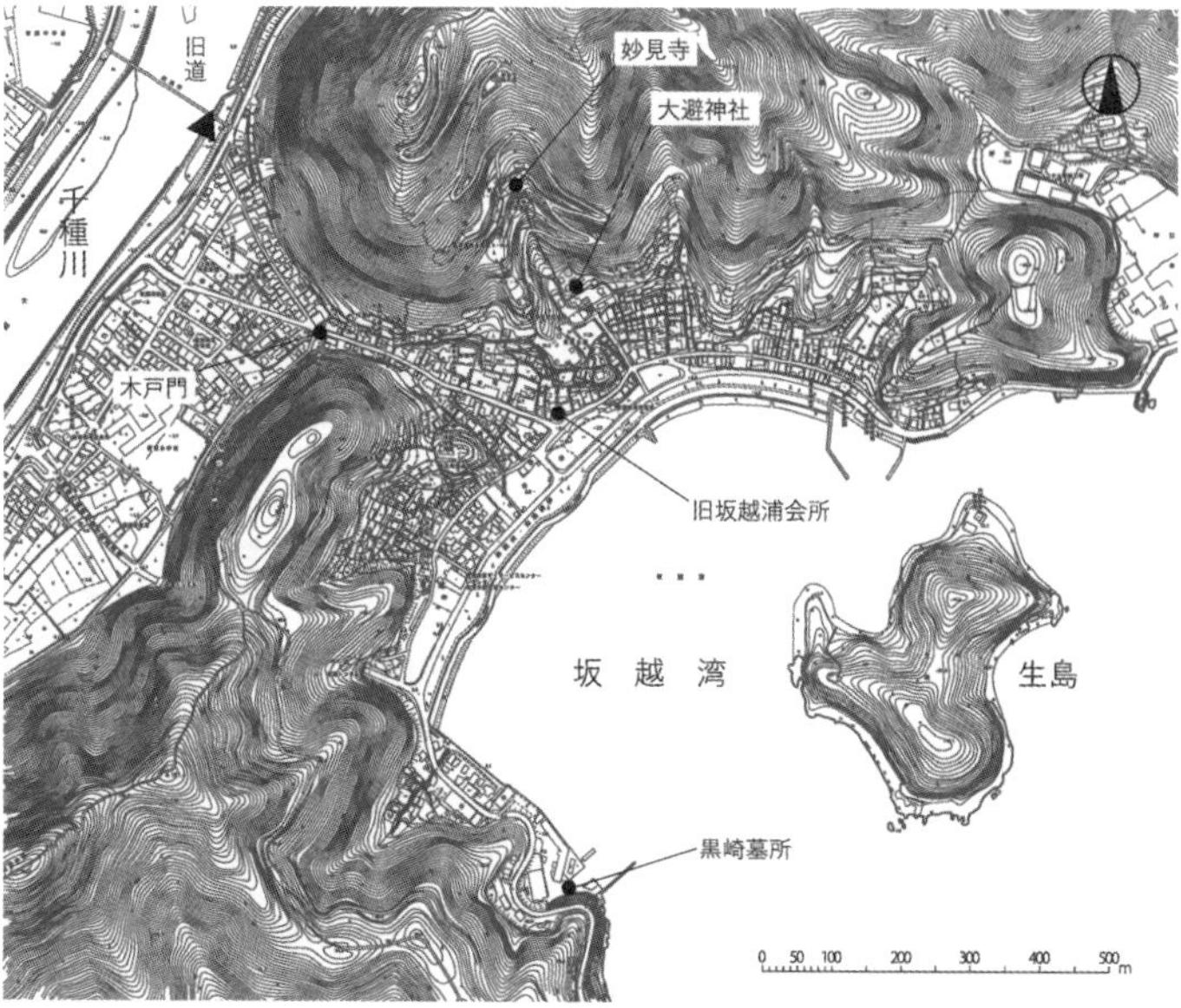

図１　坂越湾周辺地図

写真１　坂越湾全景

信範の日記）の仁安三年（一一六八）に「坂越庄々問男《といおとこ》」が船に乗って大坂の淀まで行った」とあるので、船や航海技術を持つ集団がその頃にはあったということです。有名な世阿弥の『花伝書』（応永七・一四〇〇年頃成立）には、七世紀前半の官人、秦河勝が難波から逃げてきて坂越浦に着くという記事があります。

◇──坂越はなぜ港町になったのか？

約五五〇年前の坂越の様子を伝えるのが室町時代の『兵庫北関入船納帳』という記録です。兵庫津の二つの関、南関と北関のうち、北関の文安二年～三年（一四四五～四六）の約一年間の入船の記録で、船籍地、積載品目および数量、関料と納入日、船頭名、船主の問丸を記載したものです。載っている港は主に瀬戸内海の港で、すでに坂越浦からの入船記録が認められます。

昔の船は風の力で進む帆船でした。小さなものがほとんどで、広い海に出るのは難しいことでした。船が小さいということは水面から下の部分も小さいということで、遠浅の場所でも船を寄せることができます。姫路のほうにも多くの港がありました。瀬戸内海の特徴で、海流は一方向ではなく、潮の干満によって正反対に動いたりします。時間帯によってはどちらの方向にも海流が動くという状態です。そんななかで小さい船は一度で遠くに進めないため、沿岸航法といって陸地に沿って進みました。船は昼間だけ運航して、夜は見通しが利かないから港に泊まらざるを得ませんでした。港には、風の影響が少ない場所が選ばれました。

坂越は、海が荒れていても家島諸島と生島が波を防いでくれるので、波の影響を受けにくい。坂越の東西にある港は波が直接当たるので、大きな波が来ます。坂越湾の拡大図を見ると、生島があり、東に半島が突き出ている地形なので、波から守られます。船を安全な場所に置けるということが当時の港で一番大事です。

坂越はなぜ港町になったのか。まず、強い風や波が防がれ、船を泊められる地形であったからです。さらに岩礁が少なく、水深が四、五メートルあって、船が近寄ることができた。現在も残る坂越大道《さこしだいどう》という大きな道で北の千種川と直接結ばれ、千種川を南北に上下する高瀬舟で品物を運送するのに便利だった。つまり「天然の良港」であったのです。現在、その高瀬舟舟着場跡（坂越地区上高谷《かみたかや》）は、かつてあった石橋をそのまま利用して、モニュメントとして整備されています。

『兵庫北関入船納帳』から現在の赤穂市に属する港だけを取り上げてみると、坂越と中庄《なかしょう》という港が出てきます。中庄は今の赤穂城のすぐ近くの村ですが、遠浅だったので江戸時代になると大きな船は入れなくなり、港があったのは中世だけでした。この文献によると、坂越の船はゴマ、小イワシ、ナマコを運んでいたことがわかります。当時、ナマコやイワシが瀬戸内海の特産だったらしく、どこの港もだいたいこれらを運んでいました。このように、すでに五五〇年前には船で運んで他所へ売る商売を行なっていたことがわかります。またルイス・フロイス『日本史』の永禄七年（一五六四）の項には「堺に行きたかったが、塩飽に堺行きの船がなかったので坂越に来た。塩飽港になかった堺行きの大型船が坂越にあった」と書かれています。坂越はこの頃、瀬戸内海で有名な港であったことがわかります。

◇――江戸時代の坂越

江戸時代は、慶長八年（一六〇三）に江戸に首都が置かれた時代です。首都が京都から江戸に変わり、田んぼや山野だらけの土地だった江戸の人口は急に増え始めました。江戸の推定人口は、江戸時代の始め頃（一六〇〇年頃）は二〇万〜三〇万人だったのが、江戸時代の終わり頃（一八五〇年頃）は一〇〇万〜一五〇万人になりました。ちなみに現在の東京都市圏の人口は三五〇〇万人で世界最大です。

急に人口が増えた江戸では、まわりの地域でつくる食べ物や商品だけでは足りなくなり、特産品もありませんでした。そこで全国から江戸にモノを運んでくること（流通）が必要になり、日本全国をめぐる船の航路が開発されました。

江戸時代になると船の構造や航海技術が改良されました。帆船は、風が弱くても進めるようになり、また一度に遠くまで行けるようになりました。また、大きな船をつくることができるようになり、積荷を増やせるようになりました。寛文一一年（一六七一）に東廻り航路、寛文一二年（一六七二）に西廻り航路が開かれました。まったく新しくつくったわけではなく、それぞれ各地区で使われていた航路を全部つなげたものです。そしてこの頃、日本海側と太平洋側を結ぶルートが京都、滋賀、福井辺りを通った陸上交通から、海上交通に変わっていきました。

坂越は西廻り航路の港の一つとなり、全国とつながりました。室町時代の『兵庫北関入船納帳』では瀬戸内海の流通にとどまっていたものが、江戸時代の初め頃には、全国のものを運ぶようになったわけです。元禄四年（一六九一）、坂越には廻船が一一三艘あり、そのうち西廻り航路を通る大型廻船が三一艘あったことが文献からわかります。その約八〇年後の安永五年（一七七六）年四月一二日〜二一日の九日間の記録によると、坂越港には九一艘が入港し、その内訳は東北四艘、山陰二艘、山陽二九艘、九州二五艘、四国一八艘、近畿一一艘、東海が一二艘でした。その約六〇年後の天保九年（一八三八）には「難しい風のときは大型の一〇〇石（積載重量一五トン）の廻船が一四〇〜一五〇艘ぐらい坂越湾に停泊していた」という記録が残されています。

◇――江戸時代の海運と北前船

「船賃銀定法《ふなちんぎんじょうほう》」（赤穂市指定有形文化財）というものがあります。長さ一八〇センチメートルほどの大きな板に、元文四年（一七三九）における坂越から全国各地の港へ行くときの乗組員の賃金が朱漆で書かれたもので、鞆《とも》、酒田、江戸、秋田などといった地名が見えます。

江戸時代の海運には、物資を運ぶ運賃で商売する「運賃積廻船」と、自ら物資を売り買いする商売船の「買積《かいづみ》廻船」の二種類がありました。日本史の教科書に出てくる樽《たる》廻船や菱垣《ひがき》廻船は「運賃積廻船」で、大坂と江戸を往復する船でした。樽廻船は主に酒を積むための専用船です。菱垣廻船は船の側面に「垣立《かきたつ》」という壁をつくり、商品をどんどん高く積んで、物資をできるだけたくさん運ぶ船で、その垣立に菱形紋様の格子があったことからこう呼ばれました。

江戸は先ほどお話ししたように、急に人口が増えたために食料品や物資が足りず特産品もなかったので、「天下の台所」であった大坂から江戸へ運ぶものはたくさんありました。赤穂の塩や瀬戸内で多くつくられていた綿花といった必需品のほか、年貢米も運ばなければなりません。しかし、消費するだけの大都市だった江戸から運ぶものは何もありませんでした。つまり大坂で物を積んで江戸で売っても、江戸で物を買って大坂で売ることはできないのです。では江戸の商人はどうするかというと「運賃を払うから運んできてくれ」、と言う。この商売が運賃積廻船になります。ですから運賃積廻船は全国を結ぶ西廻り航路ではなく、大坂と江戸を結ぶものでした。

買積廻船は、自ら物資を売り買いする商売船です。たとえば今回の話の北前船がそうです。それぞれの港に立ち寄って自分で商売をしながら、大坂と蝦夷地（北海道）を往復しました。

蝦夷地でとれたニシンは灯明油の材料や肥料として売れ、瀬戸内でつくられた塩は北陸や東北、蝦夷地に行けば仕入れ値よりかなり高く売れました。「北前船」というのは、江戸時代に日本海側のことを「北前」と呼んだことからついた名前といわれ、大坂を拠点として瀬戸内海、日本海経由で蝦夷地に行き、各地で売り買いをしながら航海しました。

北前船は、学術上、広義の北前船と狭義の北前船に分けられます。広義の北前船は西廻り航路を使って大坂や瀬戸内海、日本海経由で蝦夷地や北国を結び、各地で売り買いをしながら航海した船のことで、赤穂や坂越の船は、この広義の北前船に含めることができます。一方、狭義の北前船は、北国（越前・加賀・若狭）の廻船業者が瀬戸内海、日本海経由で蝦夷地に行き、各地で売り買いをしながら航海した船のことです。

そういうことで日本遺産としては、広義では坂越は「北前船船主の港」であり、狭義では「北前船寄港地」、立ち寄った港という位置づけになります。

狭義の北前船、北国の廻船業者の一年は、①大坂に船を繋留。米や布などを買い込む。②春先に大坂を出港、下関経由で蝦夷地まで二カ月ほどかけ、各港で商売をしながら航行。③蝦夷地でコンブやニシンなどを買い込む。④七月頃、蝦夷地を出帆。⑤各地の港で商売をしながら、秋頃に大坂へ到着。⑥北国に徒歩で帰郷、正月を迎える。⑦また大坂に徒歩で向かう、というものでした。情報網が整っていない江戸時代、特産品の値段が各地で知られていないことを利用し、北前船は大儲けすることも多かったようです。

◇——赤穂の廻船業と北前船

坂越の廻船業は先ほど言ったように、広義の北前船となります。

赤穂では「西（塩屋）の柴原、東（御崎）の田淵」といわれ、塩田地主として成長した二つの豪商と、慶長六年（一六〇一）年以来、酒造りのほか大庄屋、廻船業によって得た富によって大地主となった坂越の奥藤《おくとう》家が隆盛を誇りました。寛文年間（一六六一～七三年）築と言われる奥藤家主屋は現在も残り、隣接する酒蔵は奥藤酒造郷土館として利用されています。その奥藤家文書の宝永七年（一七一〇）『口上書之覚』（『赤穂市史』第五巻所収）からは、坂越の廻船業者が、出羽国酒田に行く途中に赤間関（下関）で木綿の古手《ふるて》を「行買」（購入）して「塵紙」を売り、酒田で売却する、つまり広義の北前船であったことがわかります。

享保三年（一七一八）「三十六人御用帳」（『酒田市史』史料編第一集所収）には「竹原の塩を二〇〇〇俵積んだ播州坂越の商船が出羽国酒田で壊れた」という記録がありますので、坂越の船が、竹原（広島県）の塩を北国に運んでいたことがわかります。

柴原家は、赤穂の西浜塩田最大の塩業者で、赤穂藩蔵元も務めた塩屋村の豪商です。その家に残された文書が『真光寺旧蔵・柴原家文書』で、赤穂市に寄贈され、三年ほど前から翻刻作業を進めています。この文書には廻船に関する記録もたくさん残されています。例えば「一拾七端帆《たんほ》……右は私舟此度北国ゟ《より》罷下り直ニ西国江遣申度候」、つまり北国から西国へ行きますとあり、運ぶものが書かれていないので、買積廻船、広義の北前船ではないかと思います。また、今一つを見てみますと「一　古浜塩《こはましお》七百七拾石……右之通大坂表ニ而　商仕《あきない》」。赤穂には赤穂城の東に東浜塩田、西に西浜塩田という大きな塩田があり、「古浜塩」は、主に大坂向けの高級品の塩をつくっていた西浜塩田の塩を指します。赤穂でつくった西浜塩田の塩を大坂に売りに行きます、という藩への届け出です。柴原家は西浜塩田の地主ですので、自分のところで生産した塩を大坂に運んで売っていたと思われます。

最近、明和七年（一七七〇）から文化一五年（一八一八）の柴原家の文書の廻船記事から、船の行き先を調査してみました（表1）。例えば明和七年を見ると、九州2、関東3とあります。

3というのは、「仕立て」の回数を示しており、この一年間で船が三回往復したということです。一つの船が一年間に江戸との往復をする限界が三回であり、明和七年は関東へは一つの船で往復しています。明和八年（一七七一）になると、関東は4あり、二つの船で分けて行っています。関東の欄を見ていくと、寛政六年（一七九四）まで継続的に行っています。天明五年（一七八五）以後は、北国に継続的に行くようになりました。広義の北前船と呼んでいるものかと思います。しかし寛政七年（一七九五）でぱったりとなくなり、柴原家の船については、それ以後は

表1　『真光寺旧蔵・柴原家文書』にみえる廻船記事一覧

	九州	下関	西国	大坂	伊勢	関東	北国
明和7年 1770	2					3	
明和8年 1771			1			4	1
明和9年 1772						7	1
安永2年 1773						8	
安永3年 1774						6	
安永4年 1775						5	1
安永5年 1776						5	
安永6年 1777						4	
安永7年 1778							
安永8年 1779							
安永9年 1780	1					2	
安永10年 1781						5	
天明2年 1782			1			4	
天明3年 1783						5	
天明4年 1784						4	
天明5年 1785	1					5	1
天明6年 1786	1	2				5	
天明7年 1787			2			2	2
天明8年 1788			5			1	1
寛政元年 1789	1	2	8	8			2
寛政2年 1790	3	1		9		2	3
寛政3年 1791			1	8	1	1	2
寛政4年 1792		1		2	2	4	4
寛政5年 1793			1	3		3	3
寛政6年 1794				5	1	6	1
寛政7年 1795			1	9			2
寛政8年 1796				7			
寛政9年 1797			1	12			
寛政10年 1798				10	1		
寛政11年 1799			2	6			
寛政12年 1800				12			
寛政13年 1801				10			
享和2年 1802				4	1		
享和3年 1803				12			
享和4年 1804				7			
文化元年 1804				1			
文化2年 1805				10	1		
文化3年 1806				4	3		
文化4年 1807				1			
文化5年 1808							
文化6年 1809						1	
文化7年 1810						3	
文化8年 1811						4	
文化9年 1812						2	
文化10年 1813						5	
文化11年 1814						3	
文化12年 1815						3	
文化13年 1816						3	
文化14年 1817						3	
文化15年 1818						4	

広義の北前船ではないということになります。寛政元年（一七八九）と翌年、大坂行きの船が8、9と多く行っていますが、こちらは距離が近いので一つの船で年間八、九往復しています。大坂へは寛政元年から文化四年（一八〇七）に至るまでは頻繁に往復していますが、文化五年（一八〇八）はなぜかまったく船を出さず、翌文化六年（一八〇九）からは突然関東に船が行くようになりました。この調査により、廻船業のダイナミックな動きがようやくわかってきました。

坂越の廻船業と北前船の関係を考えてみます。坂越の大型廻船の所有数は、元禄四年（一六九一）は三一艘、享保一〇年（一七二五）は二七艘、宝暦元年（一七五一）は二二艘だったのが、文政八年（一八二五）は五艘、元治二年（一八六五）は三艘と減ってしまいます。減った理由のその一は、廻船所有者が坂越から、江戸や大坂の都市商人に移ったことです。廻船所有者は運びたいときに物を運ぶことができ、商売において優位だったので都市商人が船を持つようになり、坂越の大型廻船の所有数が劇的に減っていったと考えられます。理由のその二は、狭義の北前船、西廻り航路で蝦夷地から大坂まで運ぶ船の活躍です。商売は、安く買って高く売るものですから、全国の情報を知っている狭義の北前船に負けてしまったということです。先ほどの一覧表でも、北国への輸送が寛政七年（一七九五）を境にしてなくなりましたが、流通の争いに負けたためだろうと思います。その後坂越の船は、塩廻船として生き残ることになります。北前船の活躍によって打撃を受けたのは坂越だけではなく、全国で没落していく廻船業者が増えたといいますが、赤穂は「塩」という武器を持っていたおかげで充分商売することができた、しかも自分のところでつくっているものを運んだので、かなり有利に商売ができました。

◇――古代から中世の赤穂の製塩

赤穂の塩はいつから始まったのか。約一九〇〇年前、弥生時代の後半に、瀬戸内海の主に岡山県周辺で、土器の中に入れた海水を煮詰めて塩をつくる「土器製塩」が始まります。赤穂でも堂山《どやま》遺跡から製塩土器が見つかっています。

奈良時代になると、「塩浜」が登場します。塩浜を使った塩づくりは、一番古くは天平勝宝五年（七五三）が端緒と推定されます（「塩浜」の初出は貞観五（八六三）年だが、「石塩生荘」「塩堤」「塩山」という語の出現から推定）。大伴家の開発した赤穂郡坂越郷の墾田を渡来系氏族とされる秦大炬《はたのおおい》が預かり、塩堤《しおづつみ》の構築を試みて失敗したというものです。同八年（七五六）には成功したようで、坂越郷の「聖（墾）生山（塩山）」三十余町（三〇ヘクタール）が東大寺に施入されて東大寺の荘園になりました。聖（墾）生山は「はぶやま」と読むものとされ、海水を煮詰めるのに必要な薪を採るための塩山です。墾田永年私財法が天平一五年（七四三）に出され、開発した田の永久私有が認められたので、有力な寺院が全国の開発に乗り出し、各地に荘園や塩浜をつくり出します。宝亀一一年（七八〇）には赤穂郡内に西大寺の塩木山（塩山）がみられるなど、塩浜と塩山が一体となって有力寺院の荘園になっていたことがわかります。

平安時代の承和九年（八四二）、東大寺の石塩生荘《せきえんぶしょう》園（または、いわのしおなすしょうカ）という製塩を営む荘園の範囲が「東　赤穂川　西　大依松原《おおえのまつばら》　北　百姓口分《ひゃくしょうくぶん》并《ならびに》塩生山崎」「五十町九反七十二歩（〇・五キロ平方メートル＝約五〇ヘクタール）」とあります。

奈良時代～平安時代の赤穂では、現在よりも深く海が入り込み、堂山遺跡の周辺や、「古浜」の周辺に塩浜があったと推定されています。

赤穂では、海だったところが陸地化していくのですが、人の手で埋めたわけではありません。赤穂を流れる千種川の五〇キロメートル北の上流には、佐用や千種といった中世から製鉄が盛んになった地域があります。砂鉄を採る過程で、山を削って土砂を川に流す「かんな流し」と呼ばれる方法は、江戸時代には非常に大規模になり一回に一〇トンぐらいの土を流したといわれます。その土がどんどん流れてきて、千種川流域に花崗岩の真砂土《まさつち》が溜まっていきます。東の揖保川に比べて、千種川流域は五倍近い速さで陸地ができたといわれます。一年間で五メートル、一〇年経ったら五〇メートルという、非常に恐ろしい速さで陸地ができていったわけです。陸地といっても安定した地面ではなく干潟の状態で、水を止めてやればある程度乾燥した陸地を造り出すことができたのです。そして、このようにしてできた広い干拓地を活用し、塩田が開発されていきました。

塩屋地区高山の山麓には「ハブ谷」という地名が残っていて、先ほどの塱（壟）生山はこの辺りだったと考えられます。

室町時代の文安二〜三年（一四四五〜四六）に兵庫津北関に寄港した船の記録『兵庫北関入船納帳』に坂越・中庄の名が見えます。北関に入港する船の積荷で最も多いものは塩でしたが、赤穂の塩を運んだ記録は一つしかなく、赤穂は、まだ大規模な製塩地ではなかったと考えられます。その一つというのは、兵庫津籍の船が「あかう塩」を運んだ記録です。地下《じげ》と記載され、地下は兵庫津から出る船のことをいいますので、兵庫津から出港して赤穂の塩を買い、兵庫津から東方へ通過する船があったことがわかります。

◇——近世の赤穂の製塩

こうして弥生時代から塩づくりを続けていた赤穂では江戸時代になると、赤穂藩の歴代藩主が広大な「入浜塩田」を開発していくことになります。入浜塩田とは大規模な堤防や水路を造り、潮の干満を利用して塩田に大量の海水を引き込むもので、それ以前の揚浜式や古式入浜と呼ばれる塩田と比べると、飛躍的に生産量が増加しました。

慶長一四年（一六〇九）の塩屋村検地帳に、約三・八ヘクタールの西浜の塩田の帰属が大津村から塩屋村に変わったという記事があります。元和六年（一六二〇）同検地帳では、塩屋村の塩田は三五ヘクタールに広がっています。寛永三年（一六二六）、池田光政の家臣、岡田弥兵衛が尾崎《おさき》浜で塩づくりを始めたという伝承があります。慶長五年（一六〇〇）、池田輝政が播磨五二万石を与えられて姫路城に入り、その最も西端の領地となった赤穂に、輝政は末弟・長政を二万二〇〇〇石で配しました。現在の赤穂城の地には土を掻き上げたような小さな城、掻上《かきあげ》城がつくられました。このころから本格的な塩田が開発されるようになりました。城下町や城の東に東浜塩田、西に西浜塩田ができはじめたのです（図2）。

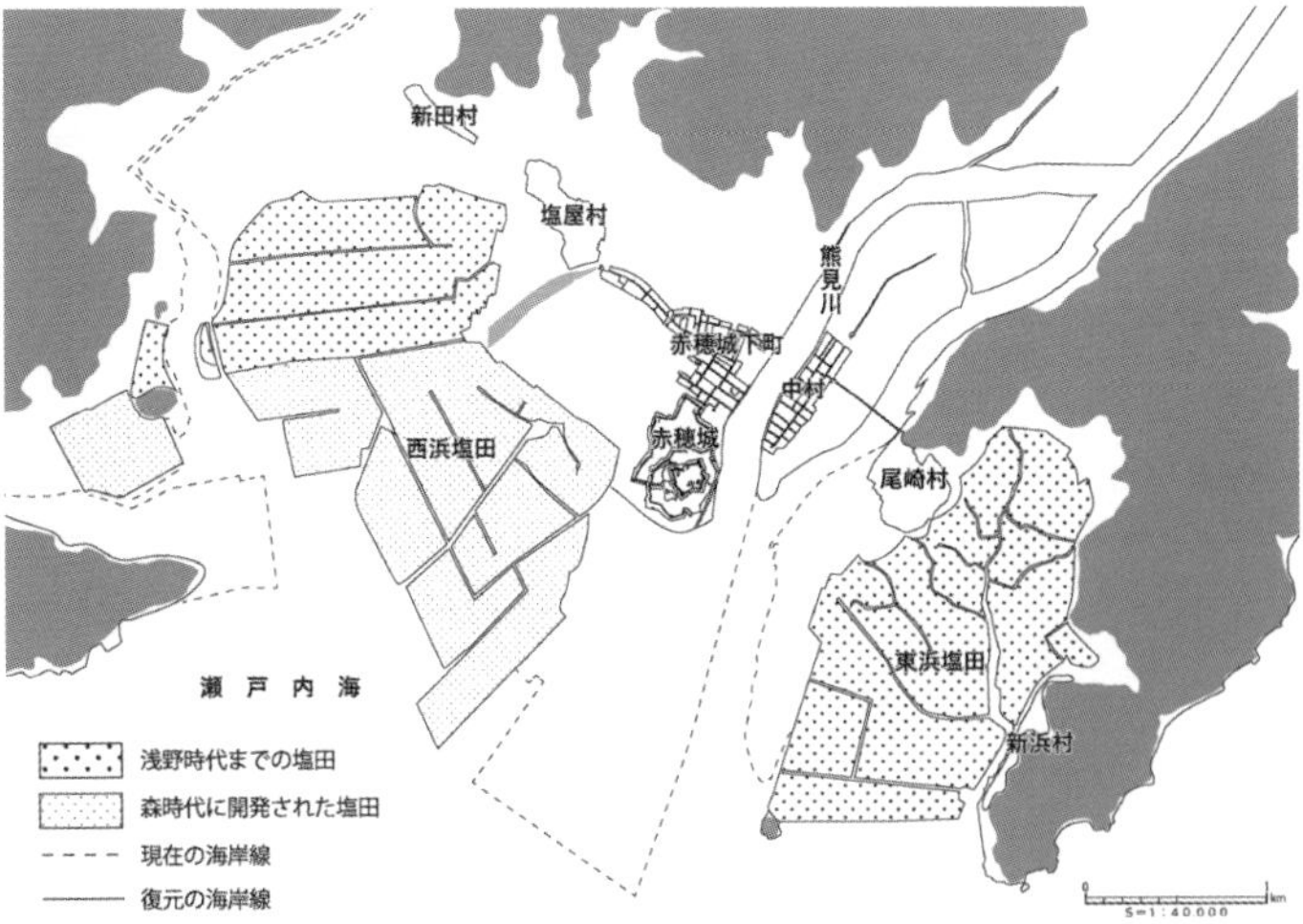

図2　赤穂塩田全体図

慶長一八年（一六一三）の輝政の死後、元和元年（一六一五）赤穂郡三万五〇〇〇石は輝政五男の池田政綱に与えられ赤穂藩が成立しました。政綱の死後、寛永八年（一六三一）輝政六男の輝興が入封しますが、乱心して妻を斬り殺したため、正保二年（一六四五）改易され、浅野長直が五万三五〇〇石で入封しました。

翌正保三年（一六四六）、姫路、高砂などから塩田労働者を移住させたという記録があります。浅野家が入封してすぐでしたから、池田家の塩田拡張の計画を浅野家が引き継いだのではないかという説が有力です。承応元年（一六五二）「三崎《みさき》新浜検地帳」によると、三崎新浜村に三〇ヘクタールの塩田がありました。寛文七年（一六六七年）、唐船《からせん》大土手が築造されて、東浜塩田が現在と同じ陸地範囲の非常に大きな塩田に拡張されました（図

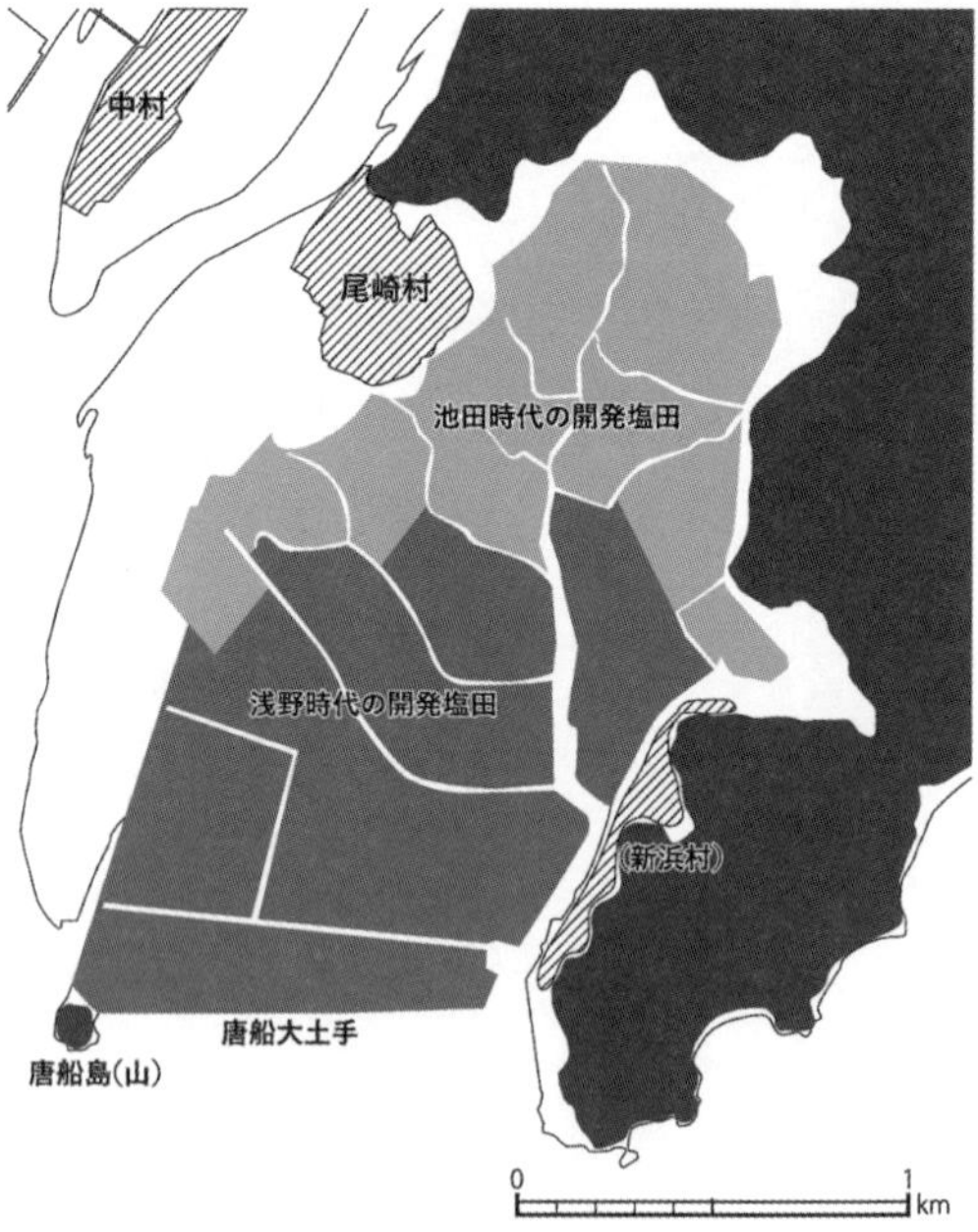

図３　東浜塩田の開発

3）。残っている絵図とも整合します。西浜は池田家時代とまったく変わっていません。

赤穂の地誌『播州赤穂郡志』（藤江忠廉、享保一二・一七二七年）には「長直公海を埋て築く、海波あらく、大石を入れて船を沈む、久して成就す、印南郡荒井（高砂市）・的形（姫路市）の辺から浜人を招て塩を作らしむ」と、大石を入れた船を沈めて堤をつくったことが書かれています。

長直は赤穂城の築城も始め、寛文元年（一六六一）に完成させました。長直のあと長友、長矩と続きますが、元禄一四年（一七〇一）長矩による赤穂事件が起きて浅野家は断絶、その後永井家を経て森長直が宝永三年（一七〇六）に二万石で入ってきました。森家の時代に西浜塩田が大規模に拡大されました。浅野家の時代は五万三五〇〇石の石高があり、塩田収入もプラス五万石ぐらいあったので結構お金持ちでしたが、森家は二万石だったので財政は非常に苦しかったということです。

塩田の面積は、元禄赤穂事件の頃の一七〇〇年段階は約一〇〇ヘクタールです。それが森家の時代になるとずっと大きくなり、西浜塩田は二五〇ヘクタールを超えました（図2参照）。理由としては、浅野家の時代までは塩田開発は藩主導でしたが、森家の時代には塩田開発に民間がどんどん入ってきたからと思われます。浅野家時代の赤穂藩は、塩を大坂や江戸に売って銀をもらい、商人はその銀を藩札という赤穂の領地の中だけで使えるお札と交換しなければなりませんでした。そうなると赤穂藩は銀をたくさん持ち、塩を売る商人は赤穂藩だけでしか使えない藩札しか持たないので藩内だけで経済が回ることになります。この政策で浅野家時代は大儲けをしました。森家の時代になると石高が減ったこともあって借金がかさみ、先ほどの奥藤家、柴原家、田淵家に借金を重ねました。そうなってくると商人に対して強く出られなくなり、銀を藩札に替えることを商人に断られるようにもなりました。そういう流れのなかで塩田開発に民間が入ってくるようになり、商人が塩田をつくるようになったのです。

◇――全国的に有名になった赤穂の塩

入浜塩田の最適な条件は次のとおりです。
- 遠浅の海があって干満差が激しい。
- 晴れが多くて日照時間が長い→赤穂は現在、雨の日が年間六〇日程度で、残りは晴れと曇り。
- 千種川が運んできた、塩田に最適な真砂土（花崗岩起源）による広大な干潟がある。
- 風波による堤防被害が少ない→家島諸島が大きな波を防ぐ。
- 干拓しやすく、防潮堤の根石《ねいし》のための花崗岩が採れる。

・千種川はさほど大きい河川ではなく、河川からの淡水流入が少ない。

現在の赤穂市の西端、福浦地区は昭和三八年（一九六三）に赤穂市に合併しましたが、元は岡山県和気郡に属しました。岡山藩領だった一九世紀初め、そこで塩田をつくりましたが、結局は赤穂の西浜や東浜のような塩はつくれませんでした。岡山藩の総合的な地方（在方）資料集『撮要録《さつようろく》』（文政六・一八二三年成立）の享和元年（一八〇一）の項に、赤穂の塩田について、以下のような記述があります。「塩田に上下甲乙の違いはあるが、赤穂は他に例がないほど莫大な塩田であり、……極めて上質の塩ができている様子である。……防潮堤は格別念入りに仕立ててある。他の塩田と抜群の違いがある。／……底が泥土であって、よく締まっていなければ防潮堤が安定せず、潮がよくても塩田として成り立たない。赤穂表は遠干潟であって、それらの好条件がそろっていると聞いた。他の塩田と比較にならない良塩田である」。東浜・西浜から少しでもずれたら、いい塩ができなかったのです。塩田を大規模に開発して有名になった赤穂の製塩技術は「赤穂流塩技」と呼ばれ、瀬戸内沿岸部の国々のほか全国各地に伝えられ、播磨を含め「十州塩田」と呼ばれる一大産地をつくることとなりました。

正保三年（一六四六）に塩田労働者を移住させたことからもわかるように、元々は姫路・高砂のほうが塩田の歴史は古かったのですが、「古式入浜」という、入浜塩田の古い形態のものでした。そして大規模な開発ができませんでした。赤穂は先ほどお話ししたように地面が急速にできていき、一六四五、六年段階には数十ヘクタールのまっさらな干潟があったので、そこを一度に大規模に入浜塩田にすることができました。計画的に大規模な堤防や水路を造り大塩田をつくったのは、赤穂が全国初でした。潮の干満を利用して塩田に大量の海水を引き込むことのできる入浜塩田では、それ以前の揚浜式や古式入浜と呼ばれる塩田と比べ、飛躍的に生産量が増加しました。

赤穂の塩は、年間生産高三五万〜四〇万石のうち七割が江戸、二割が大坂、残りが赤穂近辺と北国で消費されたといい、主な販売先は大坂と江戸でした。大坂と江戸では売る塩の種類が違い、薄味を好む大坂へは真塩《ましお》という高級品を売り、人口が非常に多く味の濃いものを好んだ江戸へは、大量生産の差塩《さししお》を売りました。差塩はにがり分が多く、真塩に比べれば質がよくないものです。東北にも量はわずかです

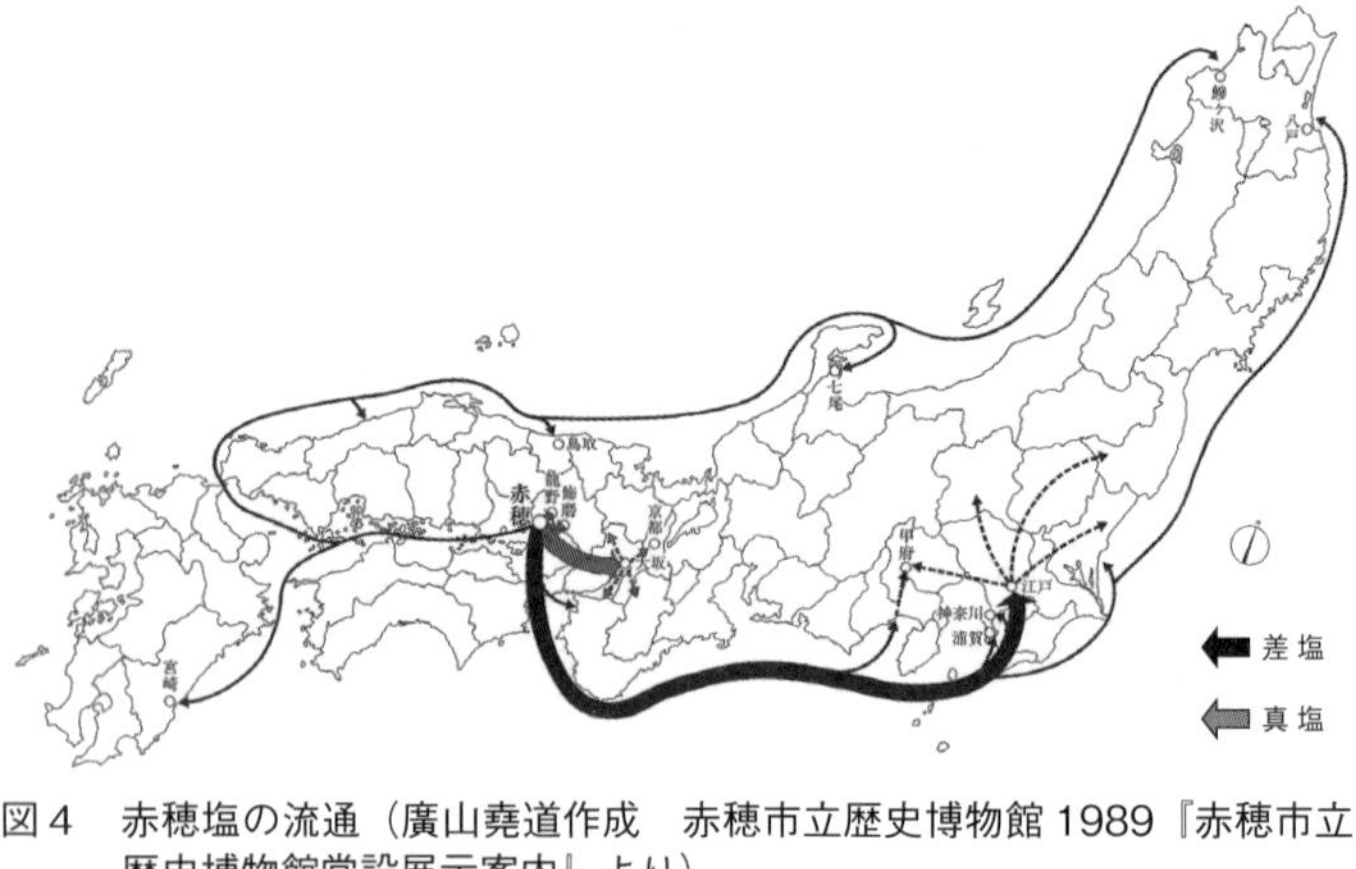

図４　赤穂塩の流通（廣山堯道作成　赤穂市立歴史博物館 1989『赤穂市立歴史博物館常設展示案内』より）

が販路がありました。同じ播磨の龍野は醤油が有名で、赤穂の真塩を使ってつくっていました。この塩が高いので自前の塩田で塩をつくってみたものの全然駄目だったので赤穂の塩をまた買うことにしたという文献や、将軍に献上する醤油をつくるために関東の業者が赤穂の塩を注文したという記録も残っているほど、赤穂の真塩は良質でした（図4）。

こうして赤穂の塩は全国的にも有名だったので、それを使った商売で廻船業が生き残ったわけです。瀬戸内塩業の動向ですが、一九世紀初頭の全国製塩高は四二五万〜五〇〇万石といわれます。江戸時代の周防（山口県）の製塩家、三浦源蔵が書いた『塩製秘録』（文化一三・一八一六年）には「全国六八州のうち八州の塩は諸国の浜でできた、残りの六〇州のほとんどの塩は瀬戸内九カ国でつくっている」とあります。

瀬戸内の塩廻船の動向を見てみましょう。承応三年（一六五四）三月二八日〜四月一五日の江戸への下り塩（売った塩）は「塩船八〇艘のうち三五艘が荒井塩（高砂市）、三五艘が大俵《おおたわら》塩（赤穂の東浜塩田の塩）、一〇艘が斎田《さいた》塩」でした。江戸時代、大坂へ運ばれる塩の九割は讃岐・播磨産で、大坂には赤穂の「赤穂塩問屋」、讃岐・小豆島の「島塩問屋」、大塩・的形の「灘塩問屋」の三つの塩問屋がありました。この三つの産地で大坂の塩をつくっていたということです。天明二年（一七八二）の「廻船問屋式法」には、江戸への塩の輸送に従事した塩廻船の所属地として、以下の三カ国が挙げられています。徳島＝津田・内原・日和佐・黒津知・原ヶ

崎・栗島・答島・牟岐浦▽讃岐＝塩吹・小豆島・積浦・丸亀▽播磨＝赤穂・坂越浦。

◇――赤穂の塩はなぜ北国へ行かなかったか

防長（周防と長門。今の山口県）塩業の動向ですが、防長の塩は、北国が第一の売り払い先でした。赤穂の塩はあまり北国に行きませんでしたが、防長の塩は北前船の往来する地に行っていたのです。広島の『竹原塩田誌』所収の文政八年（一八二五）の史料には「塩のはけ口は三万俵は自分の国、四〇万俵は北国、一万俵が石見、二万俵は九州、二四万俵は江戸・清水・尾張」とあり、北国に一番多く売っています。ですから瀬戸内のうち広島・山口辺りの塩は、基本的には北国に運ばれていました。

山口県の三田尻《みたじり》浜は、防長地方最大の塩田を形成していました。そこの寛政一三年（一八〇一）の「覚書」には「瀬戸内の浜の相場より銀一〇〇目に付き一石より二石余分に下の値段で売り払う」とあります。瀬戸内海の塩の値段を見て、それより絶対安くするという売り方を三田尻はしていたのです。そして防長塩業では「先買い入銀」という先物取引が行なわれていました。北前船が防長の港に入ったときに売買契約を行ない、買い付け値を決定しておき、その後また防長の港に入ったときに、契約時より塩が値上がりしていれば、北前船は契約時の安い価格で買えたということで大儲け、値下がりしていたらその下落価格で買いました。瀬戸内よりも安く塩が買えるとなると必ず三田尻で買いますので、防長の塩は商圏確保のために優遇措置をとり、瀬戸内塩業に対抗していました。

赤穂の塩はどうして北国に運ばれなかったのかというと、①防長地域の製塩地が商圏確保のためにに商人に対して優遇措置をとっていた。②防長地域が北前船にとって最終の塩購入地であった。③大都市への塩供給確保のため、都市商人が廻船を所有した。①はすでに説明しました。②は、北前船が赤穂で日本海側向けの塩を載せてしまうと新たに荷物を積めませんが、防長で買えばその間もほかの商いができるということです。③は、「赤穂の廻船業と北前船」の項で説明したように、都市商人が商売の優位性を保つために船を持つようになったことにより、坂越の大型廻船の所有数が劇的に減っていき、赤穂の商人が自由に決められることは少なかったのです。

◇──奥藤家・柴原家の文書から見た赤穂の塩廻船業

赤穂の塩廻船業の収益はどれくらいだったのでしょう。元治二年（一八六五）、赤穂廻船は三三艘ありました。安政〜万延年間（一八五四〜六一）で、一艘の積載量は約五〇〇〇俵でした。三三艘の総積載量は、大俵塩（五斗入）で一六万九二九四俵、約八万五〇〇〇石と推定されます。先ほど言ったように江戸への廻船は年平均で三回往復して、九割以上は塩が積まれていました。坂越の奥藤家の、安政から明治の記録では九割以上が塩だったわけです。廻船一仕《し》立《たて》（往復）当たりの利益は平均一三〇〜一四〇両とあります。一両一〇万円とすると、三回往復したとして廻船一艘当たりの年間利益は四〇〇両ですから四〇〇〇万円、三三艘で一三億円となります。

赤穂に現在残る「塩仕切書」（廻船一艘の売上伝票）の一つには、「赤穂塩五千六百俵／代金千八百貳拾両也」と書かれています。赤穂の塩を一回江戸に運んだだけで、一億八〇〇〇万円相当売り上げたわけです。この塩仕切書は裏に紙を貼り綺麗な布で仕立てられ、おそらく赤穂の塩廻船のなかでも有数の売り上げがあったので、大事に残しておこうということになったのでしょう。

次に、西浜塩田の柴原家の文書から赤穂の塩廻船を見てみましょう。寛政元年（一七八九）大坂への運賃積が開始しました。物は塩です。寛政一一年（一七九九）、買積が一時中止されました。文化七年（一八一〇）、江戸への塩廻船の隆盛が始まりました。柴原家は西浜塩田で真塩をつくる塩田地主で大坂向けが本業だったはずですが、文化七年以降江戸向けになったということは、自分のところでつくったものではない塩を運んだ可能性があります。これらの変化や、「赤穂の廻船業と北前船」の項でお話しした、寛政八年（一七九六）以降北国への廻船がぱったりとなくなり、柴原家の船が広義の北前船でなくなったことは、江戸時代の経済状況をよく示していると思います。

◇――坂越の歴史文化遺産

［坂越の町並み（市景観形成地区）**］**　江戸時代の建物は、一階は普通の建物の高さがあって、二階は厨子《つし》二階建てといって階高が低いものが多いのですが、坂越の建物では高いものが多く、明治時代以降の建物が多いとのことです。坂越は江戸時代に大火災で全焼していますので、それ以降の建物しか残されていません。坂越港から千種川に続く坂越大道と呼ばれる道筋は、地域の方々の努力によってほぼそのまま町並みが残されています（写真2）。最近は古民家を活用したジェラート屋さんなど、若い人たちが来るような店ができています。また、大道

写真２　坂越の景観

のあいだに路地が多くあり、昔の雰囲気を残しています。

［旧坂越浦会所（市指定文化財）］　坂越浦の村会所（役所）です。坂越に入ってくる廻船の管理をしていたところで、ここで使われた文書もたくさん残されています。建築年代は天保二～三年（一八三一～三二）です。

［大避《おおさけ》神社奉納物］　大避神社は七世紀前半の官人とされる、秦河勝を祀った神社です。絵馬堂には廻船業で財を成した人たちが奉納した絵馬が四〇も掲げられ、一番古いものとしては一七四〇年代の船絵馬が残されています。絵馬というと、「柴原家文書」に尾崎の赤穂八幡宮と塩屋の荒《こう》神社に一七〇〇年代に船絵馬を奉納した記事があり、調査したところ絵馬が実際に残っていて、現在赤外線などを使った調査を行なっています。

［坂越の船祭］　秋に行なわれる大避神社の祭礼「坂越の船祭」は「瀬戸内三大船祭り」の一つに数えられ、国の重要無形民俗文化財に指定されています。「十二社家」という十二の家が、江戸時代からずっと祭りを差配しています。十二社家すべては残っていませんが、昭和五九年（一九八四）刊『赤穂の民俗　その一　坂越編一』には赤城など九家が確認できるとあります。神輿船を中心に、櫂伝馬《かいてんま》船、獅子船、頭人船、楽船、神輿船、歌船など、ロープでつながった和船一一艘が旗やのぼりを立てて生島の御旅所まで往復する荘厳な祭りです。

［黒崎墓所（県指定史跡）］　坂越浦海域で死亡した船員や乗客を埋葬する墓地「他所三昧《よそざんまい》」で、

出羽・越後・能登など北前船の活動範囲の三〇以上の国の出身者が確認できます。色が違う墓石があり、それは江戸時代にたとえば出羽の人が亡くなったら、出羽の人たちが出羽の石を持って供養しに来ることがあり、各地の墓石があるためです。墓石には時代と、地域の名前が書いてあるので、それを見ていくと、どれだけ坂越の船が全国を行き来し、また港が全国に開かれていたのかがわかります。

［**生島**（樹林が国指定天然記念物）］　坂越湾に浮かぶ小島で、寄港した北前船の廻船が風よけとして利用しました。

［**船賃銀定法**（市指定文化財）］　先ほど説明したように、坂越を起点に全国七二港への船乗りの賃金が板に朱漆書きされたものです。

以上の七件は「北前船寄港地」の日本遺産の構成文化財になっています。

［**坂越まち並み館**］　坂越大道沿いにあります。奥藤家は明治に入ってからは銀行や電燈等の事業も興しましたが、大正時代の奥藤銀行坂越支店が修景整備され、現在、資料館兼観光案内所「坂越まち並み館」となっています。中には古いアメリカ製の大金庫が残されています。

［**妙見寺観音堂**（市指定文化財）］　大避神社のさらに上にあります。妙見寺は一一〇〇年代には十数坊の僧坊があったといわれる大きな寺ですが、全焼してその後廃れてしまい、現在は享保七年（一七二二）に再建されたこの観音堂が残ります。京都の清水寺と同じく懸け造りと

いわれる斜面建築で、ここから見る坂越湾と生島はすばらしい眺めです。観音堂のある宝珠山には八十八箇所石仏があります。

［船岡園］　妙見寺観音堂と大避神社のあいだにあり、大正三年（一九一四）、後醍醐天皇の忠臣児島高徳の五五〇年忌を記念して開設されました。海の見える桜の名所です。

［みかんのへた山古墳（県指定文化財）］　赤穂市内で三番目に大きい全長三四メートル、古墳時代中期前半（五世紀初頭～前半）の古墳です。眼下に瀬戸内海が広がる立地から、漁業関係の海人《かいじん》集団によって築かれたのではないかと思われます。

海といえば坂越の牡蠣は有名ですが、播磨灘で牡蠣養殖を最初に始めたのはここ坂越湾で、昭和四九年（一九七四）のことでした。この辺りはプランクトンが豊富ということで、牡蠣は一年という短期間で大ぶりに成長します。

これら坂越の歴史文化遺産は、祭りと「船賃銀定法」を除き、いつでも見ることができます。現在、旧坂越浦会所には年間約二万人の人が訪れ、これからもどんどん増えていくと思います。美しい風景、そして今日お話しした豊かな歴史に裏打ちされた町並みが、人を惹きつけるのではないかと考えています。

姫路の豪商・奈良屋

大谷 輝彦

二〇一九年五月の日本遺産の認定で姫路市は、「北前船寄港地・船主集落」の追加認定を受け、また「西国三十三所観音巡礼」が認定されて書写山圓教寺がその構成文化財の一つとなりました。今日は北前船と姫路の関わりということで、北前船による取引を行なっていた姫路の豪商・奈良屋の話をしていきたいと思います。

◇――近世後期の姫路

関ヶ原の戦いのあと江戸時代に入り、平和な時代が続いていきます。そして元禄（一六八八～一七〇四）のころから、時代がゆるやかに動いていきます。そして江戸時代の真ん中辺り、一八世紀・一九世紀ぐらいの流れとして、大きく三つのことが挙げられます。一つ目は、経済の発達と都市の繁栄です。とくに顕著なのが、近世の生産基盤である農業の技術の発達で、機械化農業になる以前の農業技術が、ほぼ完成の域まで達します。二つ目は、流通経路の発達です。それまではきちんとした流通が難しかったのが、中世から近世の前半にかけて流通経路が非常に発達していきました。河村瑞賢が航路をつくっていくのが一七世紀後半で、東廻り航路の確立が寛文一一年（一六七一）、西廻り航路の確立がその翌年でした。安全で安定的な海上交通の流通経路を整備していったということです。経済の発達が都市の繁栄につながり、都市の発展が次に、暮らしの変化をもたらしていくことになります。

その暮らしの変化のなかでも、衣類に木綿が一般化していくことが、今回の奈良屋の話のなかでもキーポイントの一つになります。木綿自体はもっと古い時代から日本に入ってきましたが、戦国の末期ぐらいに実用化されはじめて、本格的に普及していくのがこのころです。それからもう一つ、経済の発達とも関係するのですが、食生活がかなり変わってきて、今の食生活に近づいてきます。たとえばそれまでは一日二食だったのが、朝昼晩と三食になるのもこのころです。それから気候的な特徴として、江戸時代はすごく寒かったようです。太陽の活動からいっても世界的に寒い時期で、日本も江戸時代を通じて、今より相当寒かったというのが過去の気象データやほかの自然科学のデータからもわかってきています。寒いとどうなるかというと、夏が寒いと雨が非常に多くて作物が育ちません。また、噴火や地震も多かった。現代の日本も、阪神・淡路大震災以降、地震が多い時代に入ったという話もありますが、江戸時代全般を通して、寒さに加えて自然災害が非常に多いわけです。江戸時代に、寛永の大飢饉（一六四二〜四三）、享保の大飢饉（一七三二）、天明の大飢饉（一七八二〜八七）、天保の大飢饉（一八三三〜三九）と四つの大きな飢饉がありました。このうち享保と天明の飢饉が有名ですが、とくに西日本の目線でいくと享保の飢饉がものすごくて、餓死者が一〇〇万人という、とんでもない状況でした。

そういう日本全体の大きな動きのなかで、姫路はどうだったのか。関ヶ原のあと姫路に入ってきたのは池田輝政です。その輝政が亡くなったあとには、重要な拠点だということで親藩・譜代の大名が非常に目まぐるしく替わるようになり、一八世紀代には第二次榊原家、第三次結城松平家、そのあと寛延二年（一七四九）に酒井家が入ってきました。姫路の場合、以降幕末までずっと酒井家だったというのが大きかったと思います。藩主の家が頻繁に替わるのは、決していいことではありません。しかも雅楽頭家《うたのかみけ》という酒井家でも筆頭クラスの家で、幕末には酒井忠績《ただしげ》が大老にもなったという安定した力のある大名家でした。姫路酒井家の初代の藩主は忠恭《ただずみ》で、次の忠以《ただざね》は風流大名として有名な人です。そのあともとくに大きな御家騒動もなく代替わりしていき、非常に安定していたというのが近世後半の姫路の特徴ではないかと思います。

ただ、安定はしていましたが問題はありました。これは姫路だけの問題でもないと思いますが、江戸時代の中ごろから後半にかけて、大概の大名家は財政がもたなくなっていました。これは経済の発達とも密接に関係しています。酒井家も借財がどんどん増えていって、諸説ありますが、借財七三万両というのはよくいわれる話です。今の日本も借金が一〇〇〇兆円という話がよく出ますが、そのレベルを超えているのではないかと思います。そういうなかで忠以の嫡男忠道が藩主の時代、河合道臣（一七六七～一八四一）のちの寸翁を家老として登用し、財政改革を進めていくなかで、木綿等の専売制というのが重要な話として出てきます。これからの話とリンクしてくるところもありますので、これらの時代の大きな流れを頭の片隅に置いておいていただければと思います。

◇――豪商・奈良屋

奈良屋についての研究で、一番成果をあげられたのは関西学院大学名誉教授の三浦俊明先生です。今日の話の大半も、三浦先生の研究成果を私なりに解釈させていただきお話ししますが、話の元となる論文や書籍、『姫路市史』にも詳しく書かれていますので、皆さんもぜひご覧ください。

奈良屋は江戸時代の姫路の商家で、今の中ノ門筋と魚町通りの交わる辺りに広大な屋敷を構えていました。奈良屋というのは屋号で、名前としては「馬場」を使っていたようです。文書には、「馬場何々」「奈良屋何々」の両方が出てきますが、今日は演題にもなっていますので、奈良屋ということで通させていただきます。

一〇代目に当たる馬場東作さんが姫路市に寄贈された「馬場東作氏文書」に含まれている系図があります。系図がいつ書かれたかというのが読み切れないところがあって、史料としては結構扱いが難しいものかと思われます。二代目の字喜右衛門のところに「古手業元祖」と書いてあり、このことを覚えておいていただきたいと思います。

江戸時代の酒井家の時代の絵図と今の地図を重ねた図面に、奈良屋のほか、当時の主要な大年寄クラスあるいは本陣を張ったような那波屋、国府寺家、三木家（椀箱屋）の屋敷地の場所を示しました（図）。

中ノ門は、門そのものが今はなくなっているのでわかりにくくなっていますが、本町の国道二号線と大手前通りの交差点の少し西、「大手前西」交差点の辺りが中ノ門です。中ノ門から

奈良屋（馬場氏）系図

古手業元祖
紋所九枚笹改算木

① 某　元祖　字甚左衛門　慶安2年（1649）3月13日没

② 某　加信男　字喜右衛門　亨保4年（1719）2月15日没

③ 某　可真男（宗加カ）　字権兵衛　宝暦6年（1756）11月20日没

④ 某　了可男　字源右衛門　安永8年（1779）9月3日没
（六之助（早世）、要（早世）、源十郎、甚左衛門）

⑤ 昌喜　了真男　字権兵衛
（室　房、後　表屋七兵衛養女）

⑥ 親廣　昌喜男、字権兵衛
（無妻子短命）

（高砂三浦家から文政5年（1822）9月に養子を迎える）
⑦ 行之　馬場権兵衛（高砂三浦宗載　四男　継明）　文化3年（1806）生

⑧ 和行　弘化4年（1847）年生

⑨ 倉蔵　明治9年（1876）年生

⑩ 東作

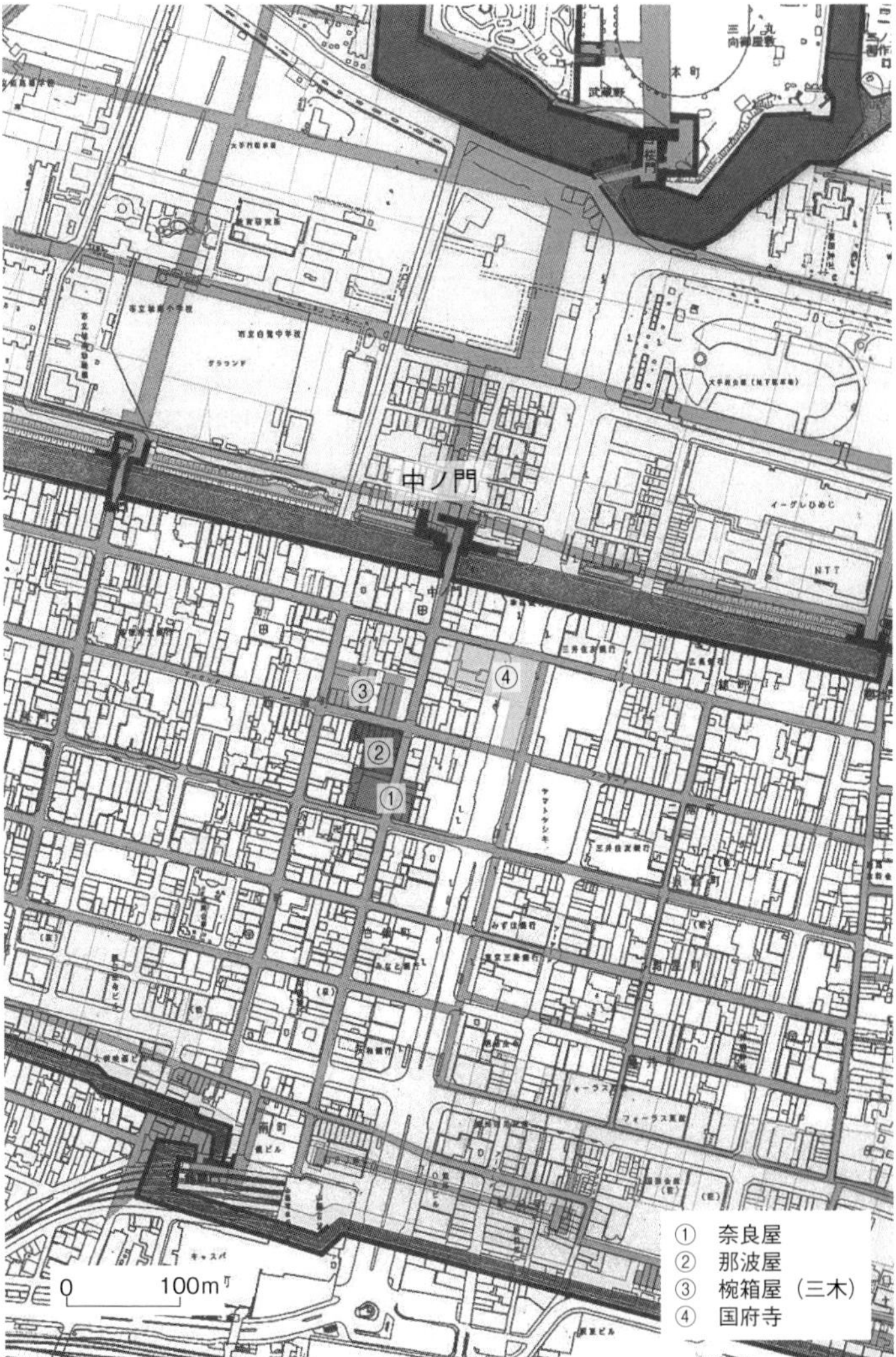
中ノ門
①
②
③
④
0
100m
① 奈良屋
② 那波屋
③ 椀箱屋（三木）
④ 国府寺

奈良屋他の屋敷所在地

まっすぐ南に通っている道があり、今の道路と当時の道と、道の幅や場所はほぼ変わっていません。①が史料から推察される奈良屋の屋敷地で、「西呉服町」と呼ばれていた辺りです。現在の大手前通りの幅と比較すると、屋敷の広さのイメージがつかんでいただけると思います。もう一つ有名なところでは、奈良屋の北側に、②の那波屋がありました。姫路では有名な大年寄格の主要な町人の一人です。③の三木家、④の国府寺も本陣として使われた非常に大きな家です。

中ノ門は、お城の城門のなかでも主要なものの一つで、別の言い方をすると大手、正面入口でした。そういう意味でも奈良屋が屋敷を構えていた辺りは、当時の姫路の町の中心で、主要な本陣を張るような大店《おおだな》あるいは大年寄格の町人たちが屋敷を構えるエリアでした。また、奈良屋の屋敷の北側、現在の西二階町通りの一本北の通りと中ノ門筋の交わる南西角には「高札場」がありました。今はなんの痕跡も残っていませんが、藩からのお達しや、今でいうところの法律の公布のようなものも含めていろいろな情報がここに最初に掲示されたわけです。このように姫路の町の中心で、大店がいくつも屋敷を構え、高札場の置かれたような場所に奈良屋の屋敷があるというのが、奈良屋の話をしていくうえでの一つのヒントになるという意味で、この図をまず見ていただきました。

姫路城ガイドツールという事業のなかで、当時の城下町の景観をＣＧで復元しました。那波屋の北側の通りを西から東に向かって見た図です。那波屋は平面図が残っているので、こういう復元ができました。奈良屋の屋敷は図面が残っていないので状況がよくわからないのですが、敷地の広さは那波屋とほとんど一緒なので、この復元CGから当時の大店の奈良屋をイメージしてもいいかなと思います。奈良屋は那波屋のように本陣は務めていませんので、本陣と同じ格の建物があったとは思えませんが、蔵があって玄関があってこれぐらいの間口があったというような、奈良屋の屋敷を考える一つのヒントにはなるかと思います。

「せめてなりたや殿様に」

屋敷の平面図がないこともそうですが、奈良屋は非常に一次史料が少なく、ほとんどわからないというほうがいい。先ほど申し上げた三浦先生が奈良屋の研究をされているのですが、それでも奈良屋単独の史料ではわからないことが非常に多いのです。そのため奈良屋の話をするにあたって、関係するほかの資料を参考にしないと何も言えないということがありますので、これからは関係性の深い取引先をいくつか例示的に挙げながら、奈良屋のことを少し浮かび上がらせていきたいと思います。

その相手先に、奥羽地域（今のおもに山形県）の酒田市に、本間家という商家があります。

奈良屋を語るうえでは避けて通れない、本間家の話をすることによって奈良屋のことがわかるというぐらい非常に強いつながりのあるところです。姫路と山形県とは、今はあまり関係性がなくなってしまっていると思いますが、当時は非常に強い関係性がありました。たとえば「本間ゴルフ」という会社がありますが、創業者は、本間氏の一族です。それから、山形県には最上川という大きい川がありますが、さかのぼっていくと大石田町《おおしだまち》という町があり、そこにあった豪商の一つ、二藤部《にとべ》家も奈良屋と関係の深い商家です。今日、とくに中心的に話をしていきたいと思っているのが本間家です。

山形県で有名なものには、出羽三山と呼ばれる月山、湯殿山、羽黒山があります。標高二二三六メートル、酒田の人にとって象徴的な山である鳥海山もあります。「出羽富士」ともいわれる富士山のように形のきれいな山で、今も活動している火山でもあります。鳥海山の麓には山に囲まれた広い庄内平野があります。江戸時代は庄内藩でしたが、ここを治めたのも酒井家で、左衛門尉《さえもんのじょう》酒井家という家です。

本間家のある山形県酒田市は姫路から約八〇〇キロ。飛行機でも二時間ぐらい、新幹線で行くと朝出て夜にならないと着かないぐらい姫路からは非常に遠い場所の一つです。一九八〇年代にＮＨＫで放映された「おしん」のロケ地でもあり、ストーリーのなかで何度も出てくる場所でもあります。酒田のイメージを皆さんにも共有していただきたいと思いますので、いくつか酒田のイメージが湧くものを用意しました。日和山眺望（「酒田十景」文久年間［一八六一～六三］）という、江戸時代後半の酒田の港の状況を描いたもので、港から船が出入りしている様子です。日和山という少し小高い山があり、そこから日本海の方向がよく開けて見えます。今は近代化されて、日和山から風力発電所が見えるのが、時代の流れを象徴しています。

　酒田でこの人のことを知らない人は誰もいない、というほど有名なのが本間光丘（一七三二～一八〇一）です。姫路の我々にとってはなじみがないのかと思いきや、そうではないということをこれから話していきたいと思います。酒田の豪商・本間家の三代目当主です。江戸時代ですから諱をはじめいろいろな名前があります。幼名久治、長じて友治郎、久四郎《くしろう》、のちに

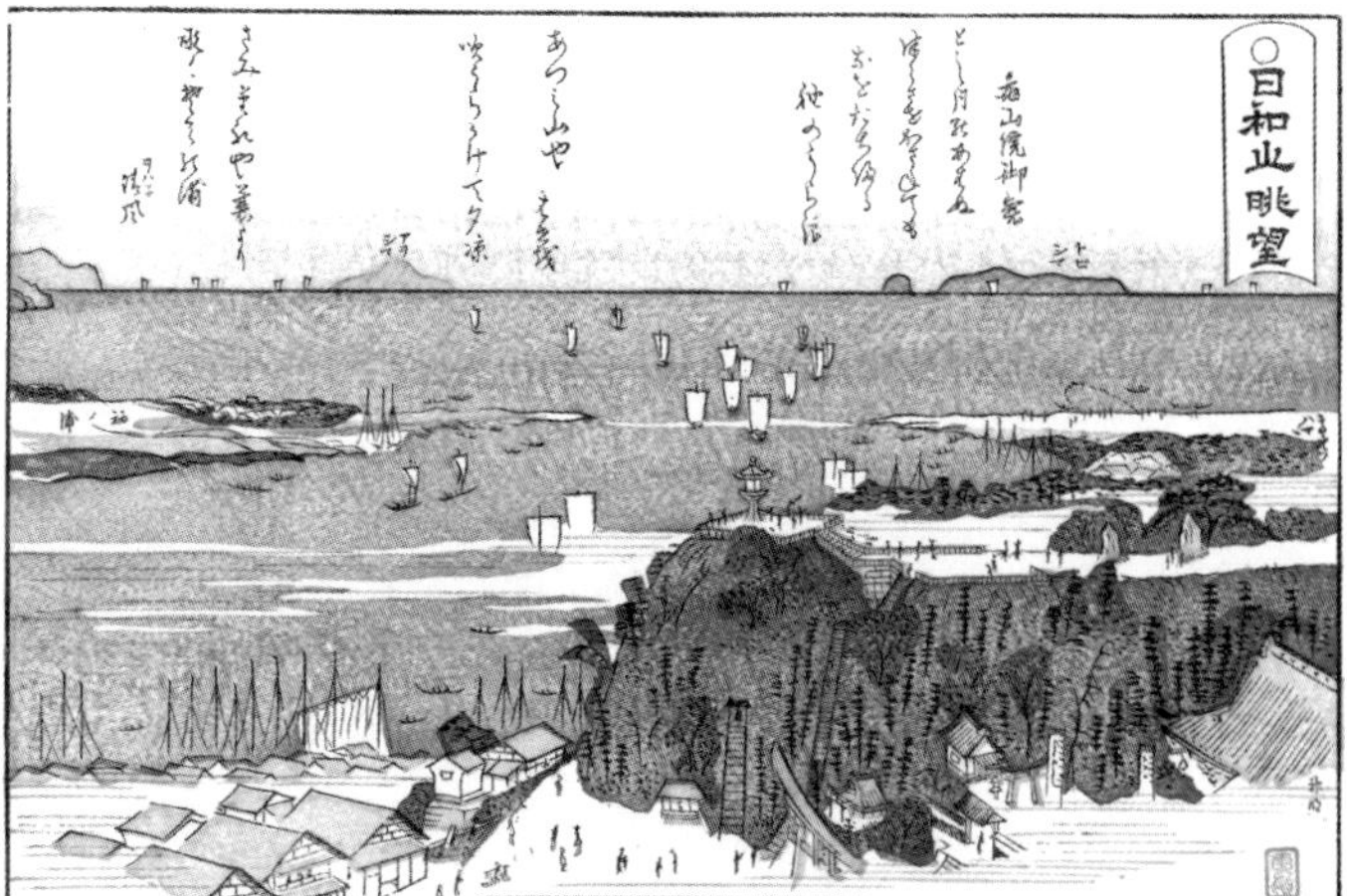

日和山眺望（「酒田十景」1863 年、酒田市立光丘文庫所蔵）

四郎三郎《しろうさぶろう》と称しましたが、本間光丘というのが酒田でもよく通っている名前です。晩年を描いた光丘の肖像画を見ると、二刀を差しています。本間という名前もそうですが、武士として扱われて苗字帯刀を許され、その繁栄ぶりから、「本間様には及びもないが　せめてなりたや殿様に」と歌われたといいます。

本間の初代は原光《もとみつ》といいます。元文五年（一七四〇）没です。本間家には別に本家筋があって、この原光のときに分家し、商いを始めたといわれています。本間光丘のおじいさんに当たります。本間原光は肖像画もなくわからないことが多いのですが、いろいろな史料の断片をつなぎ合わせていくと、一七四〇年に亡くなっていますから一七世紀の後半ぐらいから播磨・姫路の商人たちとやり取りをして、結構手広く商いをしていたことが、少し見えてきます。二代目の光寿はわからないことが多いのですが、三代目の光丘は生年・没年がはっきりとしています。享保一七年（一七三二）生まれで、享和元年（一八〇一）に亡くなっていますので当時としては長命です。本間家は現在一一代で、このあいだ亡くなられたという話がありましたが、今も本間家は続いています。

酒田市の中心街に「本間家旧本邸」という屋敷があります。山形県の指定文化財（建造物）になっています。母屋だけでも桁行三〇メートル超、梁間二〇メートル近い、巨大で非常に豪勢な造りの家ですが、元々は、地方の状況を見て回る幕府の巡見使を泊めるための建物として本間光丘が建てたものでした。それを当時の酒井家に寄進したものをそのあと酒井家から払い下げを受け、そのまま本間家が使い始めたということで、本間家が所有し、今は中に入れるようになっています。鬼瓦に「丸に本」と書いてあるのが本間家の家紋です。

◇――奈良屋と本間家の関わり

ここから姫路と、酒田の本間家との関わりの話です。姫路市平野町に正法寺《しょうぼうじ》というお寺があり、その本堂正面の写真がこれです（次頁＝本堂は建て替えられましたので、いま正法寺に行かれてもこの本堂を見ることはできません）。この戸を見ていただきたいのですが、蛇腹開きになっていて、両側に唐戸《からど》（開き戸）があります。先ほど本間家の紋は「丸に本」だと言いましたが、ここにも同じ「丸に本」の紋があるのです。左側には「丸に算木」の紋があります。算木というのは占いの易に使う道具で、六個一組の長さ一〇センチほどの角棒のことです。左側の紋の丸の中に横棒が並んでいるのは、易の卦を表しています。「天火同人《てんかどうじん》」という卦で、「家や親戚のみんなが仲良く協力すると、妨げがなく、天にのぼるようにどこまでも発展していく」という、非常にいい卦だそうです。奈良屋（馬場家）の系図の二代目の某の上に「古手業元祖紋所九枚笹改算木」と書いてあります。奈良屋　古手業元祖となった二代目の喜右衛門のときに、元々九枚笹だった紋を算木に改めたということです。ですからこの「丸に算木」の紋は、馬場家の紋だと考えてもよさそうです。本間家と馬場家が仲良く紋を並べて、この唐戸を正法寺に寄進しているわけです。

そして正面の戸の裏には「唐戸并まいら戸拾四枚寄進之　羽州庄内酒田本間久四郎光丘」、対になっている扉には「明和五戊子年霜月　為真誉了可十三週忌遠志」と書いてあります。了可の十三回忌に本間久四郎が寄進したというのがわかり、この史料は非常に重要です。明和五年(一七六八)と年号が書かれてあって、本間久四郎光丘と個人名が出ている、それから、奈良屋(馬場家)、系図に出てくる了可という名前もでてきます。正法寺が馬場家の菩提寺だというのはわかっていましたから、馬場家の菩提寺に本間家から戸を寄進す

正法寺本堂。唐戸に本間家と馬場家の紋が見える

る行為がなされていたことが、実物史料ではっきりしたわけです。

唐戸に刻まれていた明和五年は一七六八年ですから、了可が亡くなったのは、一七五〇年代でないといけない。系図でみると、宝暦六年（一七五六）一一月二〇日没の奈良屋権兵衛がいます。ちょうど十三回忌です。

馬場東作さんの所有していた古文書のなかの一つに、「本間久四郎」から「奈良屋権兵衛様」に宛てた文書があります。系図によれば三代目、五代目、六代目、七代目が権兵衛です。年記はありません。文書の中身は、一つは了可の十三回忌のことを書いてあります。「十三回忌でなかなか自分は動けないけれども、菩提寺の玄関の普請をやりたい、それを寄進したい」といったことが書いてあります。それに加えて「もう少しあとの時期に寄進をしようと思っていたけれども、寄進用に置いていた材木を別に使ってしまい、材料が揃うかどうか心配なので、どんなものが要るか望みがあれば言ってほしい」といったことを書いています。了可の次の代の人に対する文章であるはずです。

この古文書に年号はありませんが、先ほどの唐戸によると、十三回忌の明和五年には寄進されているわけですから、明和五年より少し前のものと考えたほうがいい。そういうことから、差出人の「本間久四郎」は、原光も久四郎ですが、三代の光丘しか年代的に合わないので、光丘でほぼ間違いないといえます。また、宛先の「奈良屋権兵衛」は、宝暦六年に亡くなった了です。
可のあとの代に、五代目昌喜の字権兵衛がいますから、昌喜とするとぴったり合ってくるわけです。

了可の十三回忌に、本間光丘が奈良屋と何度もやり取りしたうえで唐戸を寄進するという非常に密な関係があったことが、唐戸と文書の両方からうかがい知ることができるということです。その唐戸が、本間家の家紋と馬場家の家紋が両方並び立つものであることからも、関係の濃密さがうかがえます。

享保一七年（一七三二）生まれの光丘が若かりし頃、寛延三年（一七五〇）から宝暦三年（一七五三）のあいだに奈良屋で修業したという話があります。初代の原光は一代で本間家を豪商に仕立て上げた凄腕で、享保一五年（一七三〇）に隠居した後、息子の一人を京都に修業に出しました。そのとき、原光は高砂の豪商・三浦家を通じて、奈良屋に光丘の奉公を依頼したのではないかということです。この高砂の三浦家とは、本間家が播磨全般との商取引があったというちの一つだと思いますが、原光の代にすでに取引があったことが、いろいろな史料からうかがえます。

光丘の奈良屋への奉公を仲介したというその高砂の三浦家と奈良屋にも、つながりがあります。奈良屋の系図では、六代の親廣で一回途切れます。親廣は「無妻子短命」、奥さんもめとらずに子供もなくて早く亡くなってしまい、そのときに養子に迎えたのが、高砂の三浦家の四男でした。

そういうことで光丘は、一六歳のときに姫路の奈良屋に来て三年強、商売の見習いをしたのですから、非常にお世話になったわけです。お父さん代わりのようにかわいがってもらったのか、本間光丘が馬場了可に対して特別な思いがあったということが、正法寺の唐戸や文書類からうかがえます。

もう一つ、今度は奈良屋から光丘に対する史料があります。酒田・日和山公園の近くにある日枝《ひえ》神社は、酒田の有名な神社の一つです。日枝神社は全国各地にある山王信仰の神社で、東京・赤坂の日枝神社などが有名です。酒田の日枝神社の拝殿は一度江戸時代に火災で焼けて、天明四年（一七八四）に本間光丘が再建したといわれていますが、この社殿に絵馬が奉納されています。「菊慈童図」という中国の周の時代の不老長寿の話を題材にした絵馬で、「願主　播州姫路奈良屋権兵衛」「天明八年　浪速の法橋蔀関月徳基写《ほっきょうしとみかんげつのりもと》」と書いてあります。奉納したのが「奈良屋権兵衛」で、蔀関月という大坂の有名な浮世絵師が描いた絵を写したものだ、と書いてあるわけです。奈良屋権兵衛が大坂で絵馬をつくらせて、それを本間光丘が再建したという酒田・日枝神社に奉納したということです。天明八年（一七八八）ということになると、五代の権兵衛か六代の権兵衛かのどちらかの可能性が高いでしょう。

馬場了可に対して、本間光丘が強烈な思い入れを持っていた可能性が高いことが正法寺の唐戸や文書類からうかがえるわけですが、了可のあとの代になっても関係が切れていないことが、この絵馬からもわかります。

◇――播州木綿の専売と奈良屋

このように奈良屋と本間家の非常に密接な関係があぶり出されましたが、どちらも商家ですので、商売関係が裏になければそういうことが成り立たないと考えるのは、ごく自然なことでしょう。本間家は何をしていたか。本間光丘は、今で言うところの総合商社的なことをしていましたが、そのほかに、光丘が一番大きく手掛けたのは土地の取引です。酒田は港町としても非常に重要でしたし、最上川の水運が非常に大きな位置を占めていました。水運で何をしていたかというと、この辺りには幕府の直轄領が結構あって、その直轄領の領米をここから船で出していました。それからもう一つ、この辺りは紅花の産地です。紅花は赤い染料で、口紅や京染めの染料としても使いますので、染料として需要が多く、価値も高かった。領米と紅花の両方で、最上川の海運は重要でした。その積出港として酒田の港がどんどん重要な位置を占めていって、本間家もそういう流れのなかで商売をさらに進めていった。そして光丘は途中で武士に取り立てられ、自分の蓄財をもって、藩の財政改革をする立場に抜擢されます。最終的には郡代格といいますから、上級武士クラスと考えていいと思いますが、そのクラスまで上がっていきます。姫路でいうと、河合寸翁でしょうか。

酒田と姫路にはいくつか共通点があります。両方とも酒井家でした。姫路の酒井家は雅楽頭家で家は違いますが、同じ酒井家です。それから同じように財政改革を行ないました。非常に借財が増えて困ってしまい、姫路の場合は河合寸翁という家老クラスが直接財政改革を行ないましたが、酒田の場合は本間光丘が武士の身分に取り立てられて改革を進めていきました。

奈良屋に関してもう一つ、姫路にある史料で言えることがあります。姫路市大膳町に九所御霊天神社という神社があります。正面の鳥居には、幕末に近い元治元年（一八六四）に寄進したと書かれています。この鳥居をつくったときに合わせて寄進を受けていて、玉垣に大口の寄贈者の名前が書かれています。その中央の玉垣に、「×　馬場権兵衛」とあります。「×」は店印だと思います。馬場権兵衛は、屋号・奈良屋の権兵衛ということです。元治元年だと七代か八代でしょうが、幕末の馬場家の当主が九所御霊天神社に寄進しているわけです。

もう一つ注目したいのが、同じ列の別の玉垣に「御国産江戸積仲間」と書いてあることです。河合寸翁（一七六七〜一八四一）が姫路藩の財政改革として専売制を行なったことは最初にお話ししましたが、そのなかでも木綿の専売を盛んに行ないました。

冒頭でもお話したように、近世後半になって衣食住の衣で一番大きく変わったのは、木綿が一般化したことです。当時、播磨は木綿の主要な生産地の一つでした。当時は姫路一帯から加古川の辺り、播磨ほぼ全域にわたって非常に上質な木綿の一大生産地で、播州姫路の木綿は江戸で高級品として扱われていました。しかも当時は大坂商人を通して売るのが普通だったのを、江戸に直接持っていって売る専売制を行ないました。姫路藩だけが売ることができるという強い政策で、七三万両という借財を一気に減らしていったのが河合寸翁の功績であると、一般的に評価されています。

その木綿を江戸に直送するための地元の組織が御国産江戸積仲間で、専売制をする商人たちの集まりです。今のように自由に商売ができるわけではなく、当時「株」といわれた権利を確保し、藩からの許しがないと商売もできませんでした。

その御国産江戸積仲間という玉垣に全部で五〇人ほどの寄進者の名前があり、そのなかに馬場権兵衛が入っていますから、元治元年には奈良屋（馬場家）が木綿を主たる商売にしていたことがこれではっきりしたわけです。先ほどの了可のころは、どんな商売をしていたかというのが、示した史料のなかではははっきりしませんでした。

奈良屋が元治元年の時期、木綿を主に商っていたことがはっきりしたということは、江戸積仲間というのはずっと前から始まっているので、もう少しさかのぼった時代にも、木綿関係を取り扱っていた可能性はきわめて高い。むしろそう考えるのが自然でしょう。

木綿の取り扱いは、とくに江戸時代の後半になると、主要な商取引のなかで圧倒的な部分を占めてきます。そういう意味でもこの辺りの史料から、奈良屋の実態の片鱗が見て取れる部分があります。同じ九所御霊天神社の玉垣で、「×　奈良屋」というものもあります。こちらは奈良屋という名前で寄進していると考えてもいいのでしょう。

◇――古手（古着）業と奥羽地方

奈良屋の系図には、二代目の字喜右衛門のところに「古手業元祖」と書いてありました。古手というのは古着のことです。木綿の売買は、木綿を生産して反物にして出荷するのが、最終的な製品で付加価値が高く一番いいのですけれども、それとは別に、古着の出荷が江戸時代には大きな商いの部分だったことが史料からわかっています。木綿は元々暑いところの植物なので、寒い北のほうでは栽培できず木綿を生産することができません。ところが木綿が江戸時代の後半になって非常に広い範囲の層に浸透していくと、一番欲しがるのは寒い地方の人です。木綿は、それまでの麻などを主体にした衣類に比べれば圧倒的に暖かくて軽いですから、需要はどんどん伸びていきます。なぜ奈良屋とつながりの強いところが北のほうにあったかというのは、木綿の商取引の需要が結構あったからということです。

それから山形県大石田町《おおしだまち》の二藤部《にとべ》家にも、奈良屋が二藤部家を通じて古着の取引をしていたという文書が残っています。今回は主に本間家との関わりをお話ししましたが、奥羽地方の商人たちと奈良屋がやり取りしていた、その奈良屋のなりわいの主な物が木綿だったというのは、こういうところからはっきりしてくるわけです。

最後に、今回の講座の全体のテーマが「日本遺産」ですので、奈良屋と日本遺産のつながりを少しお話しして締めくくりとしたいと思います。酒田の日和山公園に二分の一スケールで復元された北前船が置かれています。船の構造としては、当時の言い方で弁才船《べざいせん》という構造です。帆一つで航海する、シンプルな構造で、帆は木綿です。この帆の改良をしたのが、有名な高砂

『播州名所巡覧図会』に描かれた飾磨津

の工楽松右衛門です。

『播磨名所巡覧図会』（文化元年・一八〇四）に飾磨津の様子が描かれています。大型の弁才船が荷物を満載してやって来ています。奈良屋の馬場権兵衛たちはこういう廻船を使って遠隔地とやり取りをしていたわけです。北前船の中に載せていたものには、木綿製品、それから古手がありました。古着は、今のように着物そのものではなくて、解《と》き物といって、ばらばらにした衿だけとか袖だけとかいうものも含まれていました。それらを廻船に載せて、本間家などに持っていきやり取りしていたということです。

廻船の航路はいろいろありました。北前船とよくいわれるのは、蝦夷地から日本海を経て大坂と結ぶルートです。大坂から江戸へ運んでいくルートもありますし、北から江戸に太平洋を通っていくルートもありました。

今では姫路と山形県酒田市との関わりはほとんどなくなってしまったと思いますが、北前船という大きな流れのなかで、江戸時代の後半の時期、日本海側を通じて結構ダイナミックな動きをしていたことを今日の話でわかっていただければと思います。

西国巡礼の成立と信仰

小栗栖 健治

はじめに

西国巡礼と四国遍路、この二つは日本を代表する巡礼としてひろく知られています。四国遍路は二〇一五年に「四国遍路～回遊型巡礼路と独自の巡礼文化～」、また、西国巡礼は二〇一九年に「一三〇〇年つづく日本の終活の旅～西国三十三所観音巡礼～」としてそれぞれ日本遺産に認定されました。

西国巡礼は三十三か所の霊場に祀られている観音菩薩に結縁し、さまざまな御利益を得ることを目的に行われています。私たちが知っている西国巡礼は、第一番青岸渡寺（和歌山県）に始まり、第三十三番華厳寺（岐阜県）に終わります。この他に番外として元慶寺（京都府）、法起院（奈良県）、花山院（兵庫県）があります。近畿地方の大阪府、京都府、兵庫県、奈良県、和歌山県、滋賀県の二府四県と、中部地方の岐阜県に分布しています。兵庫県では摂津に第二十四番中山寺（宝塚市）、播磨に第二十五番清水寺（加東市）、第二十六番一乗寺（加西市）、第二十七番円教寺（姫路市）の四つの霊場があります。

本稿では、現代社会に受け継がれる西国巡礼の形式がいつの時代に形を整えるのか、西国巡礼がいかなる信仰の上に形成されているのか、そうした点について述べてみようと思います。

◇――札所寺院と順番の定着

西国三十三所という巡礼の形式がいつの時代に形を整えてくるのか、具体的なことはよく分かっていません。鎌倉時代に編纂された園城寺（寺門派）の高僧の伝記を集めた『寺門高僧記』という記録があり、西国巡礼はその中に「行尊（一〇五七―一一三五）」という僧が第一番の長谷寺から第三十三番の千手堂（三室戸寺）を一二〇日かけて巡礼したことを記す「観音霊所三十三所巡礼記」があり、初出とされています。

二番目に古い史料は、同じ『寺門高僧記』に「覚忠（一一一九―七七）」という僧が応保元年に（一一六一）に第一番の那智山（青岸渡寺）から第三十三番の御室戸山（三室戸寺）を七五日かけて観音巡礼をした「三十三所巡礼記」が収められています。

三番目に古い史料として、承元五年（一二一一）の「観音三十三所日記」をあげることができます。この日記は国別に寺院名を書き上げていますので、巡礼の順番であるのかどうかは分かりません。

四番目の史料として享徳三年（一四五四）に成立した『撮壌集《さつじょうしゅう》』に「三十三所巡礼」が記述されています。これによれば第一番紀州那智山に始まり、第三十三番濃州谷汲寺（華厳寺）で

資料1　西国三十三所巡礼寺院の順番の変遷

順番	寺院	所在府県	④室町時代 『撮壌集』享徳３年(1454)	③鎌倉時代 『高山寺文書』承元5年(1211)	②平安時代末期 (覚忠)応保元年(1161)	①平安時代中期 (行尊)嘉保(1094)以前
1	青岸渡寺	和歌山県	1	紀伊国	1	6
2	紀三井寺	和歌山県	2	紀伊国	2	5
3	粉河寺	和歌山県	3	紀伊国	3	4
4	施福寺	大阪府	4	和泉国	8	7
5	葛井寺	大阪府	5	河内国	9	8
6	壺阪寺	奈良県	6	大和国	4	3
7	岡寺	奈良県	7	大和国	5	2
8	長谷寺	奈良県	8	大和国	6	1
9	興福寺南円堂	奈良県	9	大和国	7	32
10	三室戸寺	京都府	10	大和国	33	33
11	上醍醐寺	京都府	11	山城国	25	24
12	岩間寺	滋賀県	12	近江国	24	23
13	石山寺	滋賀県	13	近江国	23	22
14	三井寺	滋賀県	14	近江国	22	21
15	今熊野観音寺	京都府	15	山城国	26	25
16	清水寺	京都府	16	山城国	28	27
17	六波羅蜜寺	京都府	17	山城国	27	26
18	六角堂頂法寺	京都府	18	山城国	29	28
19	革堂行願寺	京都府	19	山城国	30	29
20	善峰寺	京都府	20	山城国	31	30
21	穴太寺	京都府	21	丹波国	32	31
22	総持寺	大阪府	22	河内国	10	9
23	勝尾寺	大阪府	23	摂津国	11	10
24	中山寺	兵庫県	24	摂津国	12	11
25	清水寺	兵庫県	25	播磨国	13	12
26	一乗寺	兵庫県	26	播磨国	14	13
27	圓教寺	兵庫県	27	播磨国	15	14
28	成相寺	京都府	28	丹後国	16	15
29	松尾寺	京都府	29	丹後国	17	16
30	宝厳寺	滋賀県	30	近江国	18	17
31	長命寺	滋賀県	31	近江国	21	20
32	観音正寺	滋賀県	32	近江国	20	19
33	華厳寺	岐阜県	33	美濃国	19	18

終わります。この順番が現代社会に受け継がれている札所と一致しています。これら四つの史料に登場する札所寺院を整理したのが資料1です。これらの史料からいくつかのことが分かってきます。

①西国巡礼は十一世紀の終わり頃には行われていたこと。

②初期の西国巡礼は天台宗の寺門派（園城寺、三井寺）の僧と結びついていること。

③巡礼寺院の順番には異同があり、現代社会に受け継がれている順番に固定するのは享徳三年（一四五四）に成立した『撮壌集』であること。

西国巡礼を現代生活の源流として捉えようとする時、享徳三年が重要であることです。

三十三所を構成する寺院は、院政期の歌謡集『梁塵秘抄』に、

聖の住所はどこ〳〵ぞ、箕面よ勝尾よ、播磨なる書写の山、出雲の鰐淵や日の御崎、南は熊野の那智とかや。

聖の住所はどこ〳〵ぞ、大峯葛城石の槌、箕面よ勝尾よ、播磨なる書写の山、南は熊野の那智新宮。

と謡われた聖の棲家となる山寺を中心とし、これらは庶民の信仰を集める寺々でした。

◇―信仰の広がり―庶民化という視点から―

西国巡礼の庶民化を信仰的側面から明らかにするために、①西国三十三所本尊曼荼羅、②巡礼札、③参詣曼荼羅の三つの視点を設けてみたいと思います。

① 西国三十三所本尊曼荼羅

西国巡礼は三十三の寺院によって一つの信仰形態を形成していますので、三十三の観音像を集合させた宗教画「三十三所観音曼荼羅」が製作されていました。第三十三番華厳寺には鎌倉時代、第三十二番観音正寺には室町時代の作例が伝えられていま

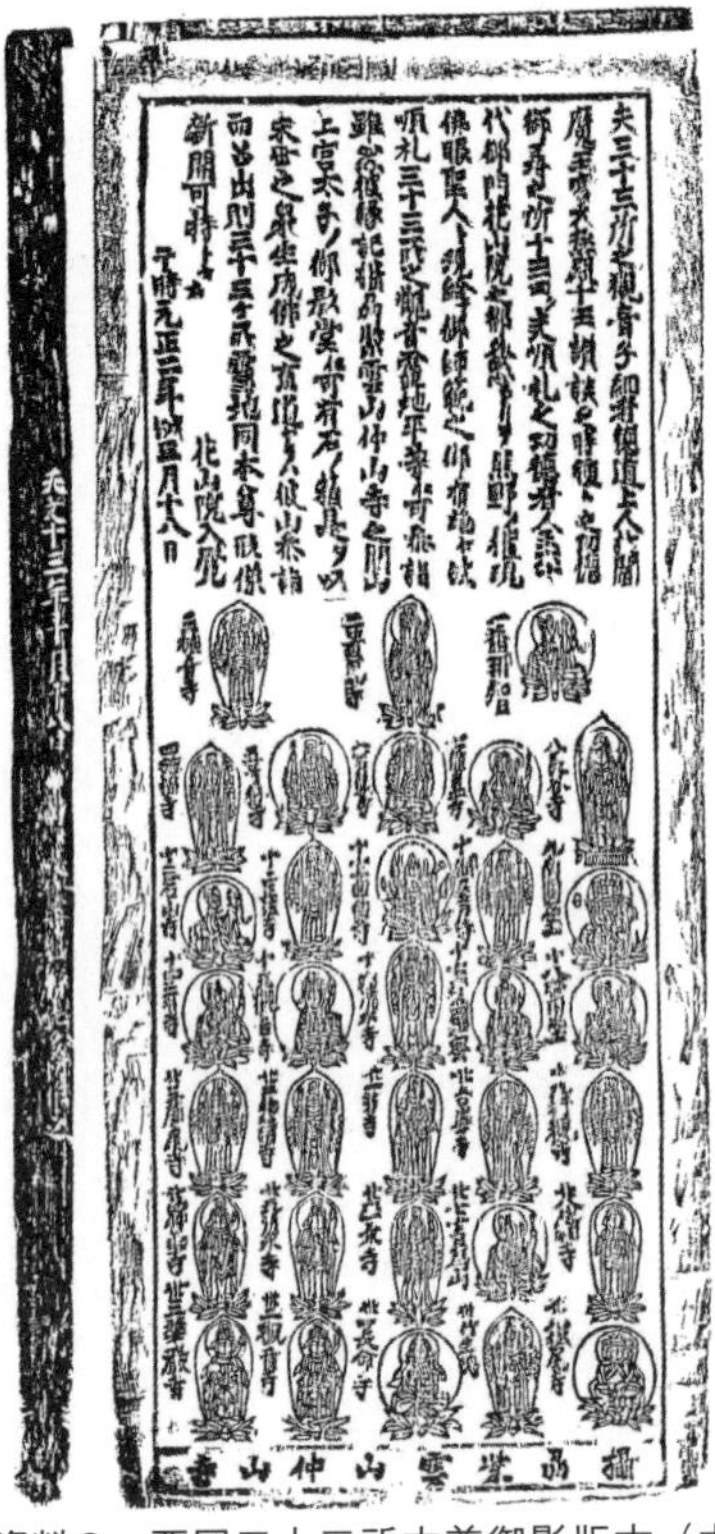

資料2　西国三十三所本尊御影版木（中山寺蔵　出典：『西国三十三所霊場寺院の総合的研究』より）

す。華厳寺の曼荼羅はタテ一九七・一センチメートル、ヨコ一四六・一センチメートル、観音正寺の曼荼羅はタテ一五二・一センチメートル、ヨコ九四・二センチメートル、双方ともに大きな掛け軸です。西国巡礼の人気が高まり参詣者が増して、多くの人たちが本尊の御影・曼荼羅を求めるようになると、版木を作り印刷したものを頒布するようになります。中山寺（兵庫県宝塚市）には「天文十三年（一五四四）十月十八日　喜多坊作之」と陰刻された「西国三十三所本尊御影」の版木が伝えられています（資料2）。「西国三十三所本尊御影」は「三十三所観音曼荼羅」を小さく一枚刷りにした簡易なものです。大量に本尊御影が必要とされた時代に版木が製作された、それらの中で最も古い年紀を有しているのが天文十三年の版木です。

②　巡礼札

巡礼札は、巡礼者が霊場に参拝したことを記念して納める札のことで、そこには参詣した霊場の名称、巡礼者の名前、出身地、参詣した年月日、人数などが書かれています。播磨でよく知られているのは、第二十六番の一乗寺（加西市）です。本堂に参拝して天井を見上げると、たくさんの巡礼札が打ち付けられています（資料3）。しばらく前に巡礼札が整理されましたので比較的すっきりしていますが、以前はもっと雑多に打ち付けられていました。

中世の年紀を有す巡礼札は、第十三番石山寺（滋賀県大津市）に伝えられています。永正三年（一五〇六）卯月（四月）二八日付けの巡礼札の奉納者は、武蔵国吉見（埼玉県比企郡吉見町）の住人道音と書かれています。また、弥勒二年六月付けの巡礼札があります。弥勒は私年号で、弥勒二年は永正四年（一五〇七）にあたります。この巡礼札は、甲州巨麻郡布施庄（山梨県中巨摩郡田富町）の小池図書助によって奉納されていました。この二つはともに遠く関東から訪れた巡礼者が奉納したものであることから、この時期、西国巡礼が広く普及していたことが分かります。

改めて巡礼札の銘文を整理してみると、広峯神社に巡礼札のあることが分かりました。銘文は次のとおりです（重要文化財広峯神社社殿修理委員会編『重要文化財広峯神社本殿並に社殿修理工事報告書』一九六八年刊）。

同行只二人　良弥成賢

（梵字）　参拾三処順礼　丹州竹林寺住

文安五年戊辰九月廿一日

資料３　西国第二十六番一乗寺本堂天井の巡礼札

文安五年（一四四八）年九月二一日に「参拾三処順礼」として「丹州竹林寺」の住僧である良祢と成賢が訪れたという内容です。「丹州竹林寺」は丹波市山南町谷川にある「竹林山常勝寺」のことです。広峯神社は札所寺院ではありませんが、西国の札所である書写山円教寺の参詣に合わせて広峯神社を訪れたと推測することができます。こうした西国の巡礼札が広峯神社に残されていることは、広峯神社が巡礼のコースに組み込まれていたことを表しています。これらの巡礼札から、一五世紀の中頃の活況を知ることができます。

③　参詣曼荼羅

戦国動乱の時期から近世の初頭（一六世紀～一七世紀）にかけて、多くの寺社において参詣曼荼羅と通称される縁起絵が製作されていました。参詣曼荼羅は寺社信仰の庶民化を背景に製作されるのですが、一方、寺社が経済基盤を失うなかで勧進活動にも用いられた絵画でした。

ここでは、参詣曼荼羅を代表する「那智参詣曼荼羅」を紹介してみようと思います（資料4）。寸法はタテ約一六〇センチメートル、ヨコ約一七〇センチメートルという大きな絵画です。熊野には熊野本宮大社・熊野那智大社・熊野速玉大社があり、これらを熊野三山と総称しています。熊野三山において縁起、境内の賑わいをはじめとして理想化された社寺景観と賑わいを描いた参詣曼荼羅は、那智の滝の信仰を中心に展開していました。

大画面には同一人物が多く描かれています。これは、画中に描かれた特定の人物に那智一山をめぐらせることによって、この絵の説明（絵解き）を聞く聴衆に那智への参詣を体験させ、那智の宗教的世界を喧伝するための工夫でした。下方の海、上方の山によって仕切られた空間に那智の浜の大鳥居、補陀洛渡海、補陀洛山寺、那智の滝、那智大社の本殿、青岸渡寺、妙法山阿弥陀寺、和泉式部、花山法皇の行幸、文覚の滝行な

資料4　那智参詣曼荼羅（大円寺本　出典：小栗栖健治『熊野観心十界曼荼羅』2011 年　岩田書院刊）

ど那智の堂塔伽藍や名所旧跡をひもとき、御利益を得んとする参拝者で賑わっている様子が描かれています。

現在確認されている「参詣曼荼羅」を霊場ごとに整理したのが、資料5です。霊場の数は四二件、作例数を合わせると一〇七点になります。霊場の所在地は東北・関東・中部・北陸・近畿に及んでいますが、甲信越・四国・九州からは確認されていません。

この表の中で№26「那智参詣曼荼羅」は三七点、全体の約三五パーセントを占めています。その次に多いのが「富士参詣曼荼羅」の六点ですから、「那智参詣曼荼羅」がいかに多く製作されたのかが分かります。

この四二の霊場の中に、西国巡礼の札所寺院が含まれています。前述した「那智参詣曼荼羅」には青岸渡寺が登場しますので、和歌山県の青岸渡寺・紀三井寺・粉河寺、大阪府の施福寺・葛井寺、京都府の清水寺・三室戸寺・善峰寺・成相寺・松尾寺、兵庫県の中山寺、滋賀県の宝厳寺・長命寺の一三か寺、全体の霊場数の約三〇パーセントを占めています。作例数は、「竹生島祭礼図（竹生島参詣曼荼羅）」二点、「長命寺参詣曼荼羅」五点、「清水寺参詣曼荼羅」二点、「三室戸寺参詣曼荼羅」一点、「善峰寺参詣曼荼羅」二点、「成相寺参詣曼荼羅」一点、「松尾寺参詣曼荼羅」一点、「那智参詣曼荼羅」三七点、「紀三井寺参詣曼荼羅」一点、「粉河寺参詣曼荼羅」二点、「施福寺参詣曼荼羅」三点、「葛井寺参詣曼荼羅」一点、「中山寺参詣曼荼羅」一点、

資料5　各地に残る参詣曼荼羅

地方	No.	名称	所在	点数	備考
東北	1	中尊寺参詣曼荼羅	宮城県	3	
関東	2	妙国寺絵図（参詣曼荼羅）	東京都	1	
中部	3	富士参詣曼荼羅	静岡県	6	
	4	熱田社古絵図（参詣曼荼羅）	愛知県	2	
	5	真清田社参詣曼荼羅	愛知県	1	
	6	甚目寺参詣曼荼羅	愛知県	1	
	7	東観音寺古境内図	愛知県	1	
	8	伊勢参詣曼荼羅	三重県	4	
	9	朝熊山参詣曼荼羅	三重県	1	
北陸	10	石動山参詣曼荼羅	石川県	1	
	11	白山参詣曼荼羅	石川県	5	
近畿	12	多賀社参詣曼荼羅	滋賀県	3	
	13	長命寺参詣曼荼羅	滋賀県	5	西国巡礼第31番
	14	竹生島祭礼図（参詣曼荼羅）	滋賀県	2	西国巡礼第30番
	15	清水寺参詣曼荼羅	京都府	2	西国巡礼第16番
	16	三室戸寺参詣曼荼羅	京都府	1	西国巡礼第10番
	17	善峰寺参詣曼荼羅	京都府	2	西国巡礼第20番
	18	成相寺参詣曼荼羅	京都府	1	西国巡礼第28番
	19	松尾寺参詣曼荼羅	京都府	1	西国巡礼第29番
	20	北野社参詣曼荼羅	京都府	2	
	21	八坂法観寺塔曼荼羅	京都府	1	
	22	六道珍皇寺参詣曼荼羅	京都府	1	
	23	祇園社大政所参詣図	京都府	1	
	24	法輪寺参詣図	京都府	1	
	25	吉野曼荼羅	奈良県	1	
	26	那智参詣曼荼羅	和歌山県	37	西国巡礼第1番、山形県、新潟県、和歌山県、岐阜県、静岡県、愛知県、三重県、滋賀県、京都府、岡山県、香川県に分布
	27	施無畏寺参詣曼荼羅	和歌山県	1	
	28	高野山参詣曼荼羅	和歌山県	2	
	29	紀三井寺参詣曼荼羅	和歌山県	1	西国巡礼第2番
	30	粉河寺参詣曼荼羅	和歌山県	2	西国巡礼第3番
	31	日光山古絵図（参詣曼荼羅）	和歌山県	1	
	32	施福寺参詣曼荼羅	大阪府	3	西国巡礼第4番
	33	葛井寺参詣曼荼羅	大阪府	1	西国巡礼第5番
	34	瀧安寺参詣曼荼羅	大阪府	1	
	35	善光寺参詣曼荼羅	大阪府	1	
	36	中山寺参詣曼荼羅	兵庫県	1	西国巡礼第24番
	37	明要寺参詣曼荼羅	兵庫県	1	
	38	須磨寺参詣曼荼羅	兵庫県	1	
	39	道脇寺参詣曼荼羅	兵庫県	1	
	40	報恩寺参詣曼荼羅	兵庫県	1	
	41	千光寺参詣曼荼羅	兵庫県	1	
	42	成相寺参詣曼荼羅	兵庫県	1	

参考　大高康正『参詣曼荼羅の研究』（2012年　岩田書院刊）

これらを合わせると五九点、全体の約五五パーセントを占めることになります。このように参詣曼荼羅を捉えると、その製作主体の一つに西国巡礼の札所寺院があり、その中にあって「那智参詣曼荼羅」と強く結びついた熊野の存在を軽視できないことが分かってきます。少なくとも一三か寺において確認されていることは、巡礼に訪れた人に対して寺の由緒と御利益を説く、そうした活動が積極的に行われていたことを裏付けています。

西国巡礼の庶民化を考える視点として、西国三十三所本尊曼荼羅の流布、巡礼者が札所寺院に奉納した巡礼札、庶民に札所寺院の功徳を説いた参詣曼荼羅を取り上げてみました。既に述べたように、最も古い「西国三十三所本尊御影」は天文一三年（一五四四）、巡礼札は文安五年（一四四八）、参詣曼荼羅は一六世紀頃の製作になります。さらに、西国巡礼の由来と功徳を説いた古い縁起の一つとして、天文五年（一五三六）の「西国巡礼縁起」（浅野清編『西国三十三所霊場寺院の総合的研究』一九九〇年刊）をあげることができます。ただ禅僧の著作である『竹居清事』（一四五五年頃）、『天陰語録』（一四九九年頃）に同系統の縁起が記されています。西国巡礼の信仰を窺うことができるこれらの要素が一五世紀中期から一六世紀中期にかけてその形式を整えていることは、室町時代の中後期に信仰の庶民化が進み西国巡礼の縁起が整えられたことを示しています。

◇——西国巡礼縁起の成立

では、西国巡礼の由来や功徳はどのように説かれていたのでしょうか。西国巡礼は一一世紀を淵源とし、鎌倉時代には三十三所の観音を集合させた「三十三所観音曼荼羅」が完成されていました。ところが、平安時代や鎌倉時代に成立した西国巡礼の縁起は伝わらず、松尾寺の天文五年（一五三六）の「西国巡礼縁起」が最も古いものとなっています。この縁起は、松尾寺を開いた威光上人が閻魔王宮を訪れ、閻魔王から生身の観音三十三所へ一度参詣することによって現世は豊かに、後世は悪趣から救われると教えられるところから始まります。次いで、この縁起は、花山院が権化人（仏眼上人）と出会い、仏眼上人は花山院に衆生の成仏のことを説き明かします。この衆生の成仏と結びついて、三十三所の観音の功徳が説かれていきます。次のような物語です。

①大和国長谷寺の開山である徳道上人が養老年中に往生された時、閻魔庁庭の大極殿に出仕された。十王は讃嘆して倶生神に「娑婆世界の日本国に正真の観音が三十三所におられる。その観音に一度結縁した衆生は地獄に落とさない」のが十王の誓願であると書かせた。「一度順礼した人を地獄に堕とすことがあれば、十王はともに地獄に堕ちる」という意趣を書

きつけ、「順礼の縁起」を徳道上人に渡した。
②徳道上人は摂津国中山寺の太子の御影堂に「順礼の縁起」を納めた。閻魔王は、天下に観音順礼をひろめるよう仏眼上人に話した。「順礼の縁起」を披見された花山院は、永観二年三月一八日に内裏を出で立ち、巡礼を始められた。先達は仏眼上人、中山寺の了長僧都・弁光法印・能範法印の三人を供とし、まず熊野へ参詣する。この巡礼は那智山如意輪堂（青岸渡寺）に始まり美濃谷汲寺（華厳寺）を参り留めとされ、六月一日に帰洛された。
③その後、仏眼上人が熊野権現の化身であったことが明らかになり、花山院は再び熊野に詣でて本宮証誠殿に参籠し、仏眼上人との対面を一心に祈念された。証誠殿の扉が開かれ、合掌した姿の仏眼上人は一度も巡礼をしていない人は救われないこと、巡礼をした人は現世が息災・延命・安楽であること、巡礼に一夜の宿を貸した人は三世の仏を供養するよりも優れていることを説いて、証誠殿にお入りになった。
この縁起の大切なことは、十王の誓願により三十三所巡礼の観音と結縁した衆生は地獄に堕ちない、という功徳を説いていることです。そして、西国巡礼の始まりに熊野権現（仏眼上人）、つまり、熊野の宗教が関係していることです。

中山寺には前述した天文一三年（一五四四）の「西国三十三所本尊御影」の版木が伝えられているのですが、上部に西国巡礼の略縁起が刻まれています。「西国巡礼縁起」は中山寺太子の御影堂に「順礼の縁起」を納めたと記していましたが、この略縁起には上宮太子の御影堂に「石ノ棺」があり、「彼（の）縁起」はそこに納められていると記しています。

◇——西国巡礼と閻魔王の契約

西国巡礼の縁起の最古本が天文五年（一五三六）であることは、この時期に由来と功徳の整理の行われたことを示しています。西国巡礼の特質は閻魔王と徳道上人との間で交わされた堕地獄からの救済にあったのですが、江戸時代になるとその物語は新たな展開を示します。徳道上人によって始められた三十三所巡礼は退転し、その後花山院によって中興されるのですが、ここで播磨の書写山円教寺を開いた性空上人が登場し、西国巡礼の縁起は完成することになります。この物語を江戸時代に成立した「西国縁起」（前掲『西国三十三所霊場寺院の総合的研究』）によって紹介することにします。

（1）徳道上人

まず、徳道上人です。一四世紀中期に成立した播磨国の地誌『峯相記』は、徳道上人が神亀年中（七二四〜七二九）に揖東郡矢田部村（揖保郡太子町矢田部）に生まれたこと、俗名を武吉丸と称し、出家してからは徳道上人と号したこと、大和国の長谷寺、播磨国の普光寺と恩徳寺を開基したと記しています。普光寺（天台宗）は加西市河内町、恩徳寺（浄土宗）はたつの市揖西町中垣内にある寺院です。太子町矢田部の清光寺の門前に「徳道法師元草庵之地」の石碑が建ち、境内には徳道上人の産湯の井戸が残っています。また、北側には、徳道上人を祀る徳道上人堂が建立されています（資料6）。物語は次のとおりです。

①徳道上人は養老年中の二月一五日、俄に死して冥土に行き、そこで閻魔王と対面した。閻魔王は、人は死して後、地獄に堕ちて苦患を受けている。日本国には観音の霊場が三十三所あり、ひとたびその霊地に詣でると三悪道（地獄・餓鬼・畜生）を免れ、善所に生まれることができる。もし、このことが嘘で、一人でも地獄に堕ちる者があれば、私は十王とともにその人の苦を受けよう。急ぎ娑婆に帰り、王臣庶民を導き、順礼をするようにと仰せになった。

②それに対して、徳道上人は、凡人は疑い深く、証拠になるものがないと信仰してくれない。なにとぞ璽

資料6　徳道上人堂（揖保郡太子町矢田部）

（しるし、印章）を賜りたいと。閻魔王もそのようにお考えになり、宝印と記文の二品を下賜された。徳道は随喜して現世に帰り、摂州の中山寺はわが国で最初に観音の霊容が伝わった寺であるので、記文は石の箱に入れて中山寺に納め、宝印は長谷寺に納めることとした。極楽往生の印証の由来はこのとおりである。

③その後、諸人に巡礼の功徳を説くと大勢の者がそのことを信じた。これは閻魔王のありがたいお言葉によるもので、人々が極楽往生を得る手立てとなった。

この「西国縁起」は長谷寺の本願院が製作したもので、この縁起には記文と宝印が登場し、記文は石の箱に入れて中山寺に納め（資料7）、宝印は長谷寺に納めたことになっています。天文五年の「西国巡礼縁起」では「巡礼の縁起」を聖徳太子の御影堂に納めたことになっており、また、「摂州河辺郡紫雲山中山寺来由記」（『続群書類従』）では宝印を納めたと記しています。縁起によって異なりのあることが分かりますが、三十三所の観音を信仰

資料７　巡礼縁起を納めた中山寺にある石の唐櫃（白鳥塚古墳）

した者は地獄へは堕とさない、この契約に変更はありません。

なお、中山寺では、閻魔王から授かり徳道上人が冥土から持ち帰った「印章（宝印）」に偈を添えた「御印文」を、極楽往生の通行手形として販売されています。

（2） 性空上人

次は、性空上人です。筑前国から上洛する途次、瑞雲に従い書写山に入り草庵を結びます。持経者である性空上人の名声は次第に高まり、都の花山院の元へ届きます。花山院は寛和二年（九八六）七月二八日と長保四年（一〇〇二）三月五日に御幸され、上人に結縁されています。花山院は円教寺の寺号を付し、御願寺にされたと伝えられています。「西国縁起」の物語は次のとおりです。

①ある時、閻魔王は「利生安民」のために十万部の法花経を書写され、その供養を行うために法華修行の行者である性空上人が選ばれた。冥土へ行き、供養を終えた性空上人は、閻魔王に「現世の者は因果を知らず、みだりに悪業を作って地獄に堕ちている。大勢の人たちを救う方法はあるのか」と、尋ねる。

②閻魔王は現世の者は思うままに悪を作り、その業によりここにやって来る。善悪の業は秤と同じで重い方へ傾く。今日、日本国で死んだ者は一二〇三人、そのうち極楽に往生する

者はわずかに男子九人のみである。
③性空が往生する者の内に女性はなぜいないのかと尋ねると、閻魔王は、「女性は高慢嫉妬の心が強いので、往生することは難しい」、と答える。
④性空はまた尋ねる。全ての極悪人、そして、罪深い女性が簡単に極楽にいくことができ、三悪道（地獄・餓鬼・畜生）を免れる修行があれば教えていただきたい。閻魔王は涙を浮かべて娑婆・現世へ帰り、罪・悪業のあるものは仏所に詣でること、とりわけ閻浮提（人の世界）には生身の観音を祀る霊地が三十三か所あることは、徳道上人に告げたとおりである。もう一度示しておく。国の数は一二か国、霊場は三十三所、この霊場へ一度参詣した者は、現世では悪事・災難から免れ、子孫は繁昌し、一切の業障（悪業による妨げ）を除き、死して後は三悪道へ堕ちることから逃れられることを説き、巡礼をすすめるように仰せになった。
⑤性空は現世に戻り、王臣諸人に三十三所の観音の功徳を説いたが、その中に花山法皇・第六十五代天皇がおられた。法皇は長谷寺に七日の間参籠し、観音の霊夢によって閻魔王と徳道が交わした「往生契諾」の宝印を御覧になった。その後、河内国石川寺（叡福寺＝大阪府南河内郡太子町）の仏眼上人にお会いになり、上人のすすめによって中山寺の「記文」を御覧になられた。

⑥法皇は、仏眼上人を先達として、書写の性空上人・弁光僧正・良重・祐懐などと熊野那智山如意輪堂（青岸渡寺）から徳道上人の跡を慕って巡礼を始められた。その時、仏眼上人は法皇に三十三所観音の御前で和歌を一首ずつ詠まれるように申し上げられた。この時の和歌が御詠歌である。そして、三月一五日から六月一日までの七五日をかけて三十三所を巡礼し、都の花山寺（がんけいじ　元慶寺）にお帰りになった。熊野権現に変じた仏眼上人は、法皇が徳道上人の再誕であると話された。

以上が「西国縁起」の性空上人に関わる物語の要旨になります。①閻魔王が法華経を供養するために性空上人を冥土に招いたこと、②三十三所巡礼の功徳を説いたこと、③性空上人が花山院に三十三所巡礼の功徳を説いたこと、④花山院は仏眼上人を先達とし、性空上人などとともに徳道上人の跡を慕って巡礼したことが記されていました。性空上人は中山寺の了長僧都に代わり登場しているのですが、退転した三十三所巡礼を再興する契機となる大きな役割が与えられていました。

なお、円教寺には、性空上人が閻魔王から布施として送られた冥土石がかつて伝えられていました。冥土石は生身の観音が影向する冥土の重宝で、一度礼拝すれば三十三所巡礼の功徳があると説かれていました。

（3）十三人の「先達」

西国巡礼の縁起に新たに登場した性空上人ですが、その物語はいつ形を整えるのでしょうか。観音巡礼には、西国三十三所巡礼、板東三十三所巡礼、秩父三十四所巡礼があるのですが、その糸口は秩父にあるようです。長享二年（一四八八）の年紀がある秩父巡礼の「番付」は、縁起を次のように記しています。

性空上人は閻魔王の請を受け、冥土に召されて七日にわたる説法によって百三十六の地獄で苦しむ罪人を救済した。性空上人は閻魔王から布施を受け、第一に秩父巡礼、第二に板東巡礼、第三に西国巡礼のあることを示される。熊野権現は伊勢の諸神を悉く召し、阿弥陀如来の化身である性空上人とともに秩父の巡礼を行った。

秩父の巡礼ではこのような内容の縁起が一五世紀の後半には語られ、その後の縁起から性空上人は秩父巡礼の開創者としての位置を得ることになります。「秩父三十四箇所順礼観音縁起」（久下正史『寺社縁起の形成と展開』二〇一六年刊）は、西国、板東、秩父の巡礼の始まり、そして、秩父巡礼の草創の同行者を記しています。

しから《（然らば）》は冥土よりしゆんれい《（巡礼）》のはしまる年は、西国はやふろう《（養老）》二年、坂東はゑいくわん《（永観）》二年、ちゝぶ《（秩父）》は文暦元年きのえ午年三月十八日に御はじめましまして、七日に結願なし給ふなり、順礼の御道つれはちゝぶ《（秩父）》ちんじゅ《（鎮守）》妙見大菩薩・同蔵王権現の御道引ましまして、善光寺の如来・熊野権現・倶生神・十王・花山の法皇・しよしや《（書写）》かいさん《（開山）》しやう《（性空）》空上人・春日の開山異空上人・白河の法皇・長谷の開山得道上人・良忠僧都・尊くわん法印以上十三人、

西国は養老二年（七一八）、板東は永観二年（九八四）、秩父は文暦元年（一二三四）三月一八日に始まり、七日間による結願でした。秩父巡礼の「御道つれ（同行者）」は、秩父の鎮守である妙見大菩薩と蔵王権現が先導し、善光寺如来・熊野権現・倶生神・十王・花山法皇・書写の開山性空上人・春日の開山異空上人・白河法皇・長谷の開山得道上人・良忠僧都・尊くわん法印の十三人であったと語られています。秩父巡礼の元祖となった十三人は仏や神が衆生を救うために現れた仮の姿という意味で、秩父では「権者《ごんじゃ》」とも称されていました。

江戸時代になると、秩父巡礼では「秩父三十四箇所順礼先達直作御影并ニ十三人御印文」「文暦元甲午年三月二十日　秩父二番大棚真福寺ニ安置」と記し、十三人の先達を配した刷り物が作られていました（資料8－1）。上から熊野権現・倶生神・医王上人・良忠僧都・花山法王・白川法王・通観法印・蔵王権現・閻魔大王・性空上人・徳道上人・妙見菩薩・善光寺如来の十三人の権者が描かれています。興味深いことに、西国巡礼においても同様の刷り物が作られていました。「西国三十三所順礼元祖　十三人先達御影像」「和州　壺坂寺蔵梓」と記され、上か

ら先達仏眼上人・倶生神・威光上人・顕密上人・円融院法王・花山法皇・能範法印・蔵王権現・炎魔大王・性空上人・徳道上人・妙見菩薩・善光寺如来の十三人の元祖を描いています（資料8－2）。

この二つの刷り物に登場する人物の名前は、秩父・西国の巡礼縁起に基づいているのですが、西国巡礼には十三人の元祖・先達・権者という発想はありません。西国巡礼であるにも関わらず秩父と結びついた妙見菩薩・蔵王権現・善光寺如来を描いているのは、西国巡礼の十三人の元祖が秩父の巡礼縁起を下敷きに作られていることを推測させています。

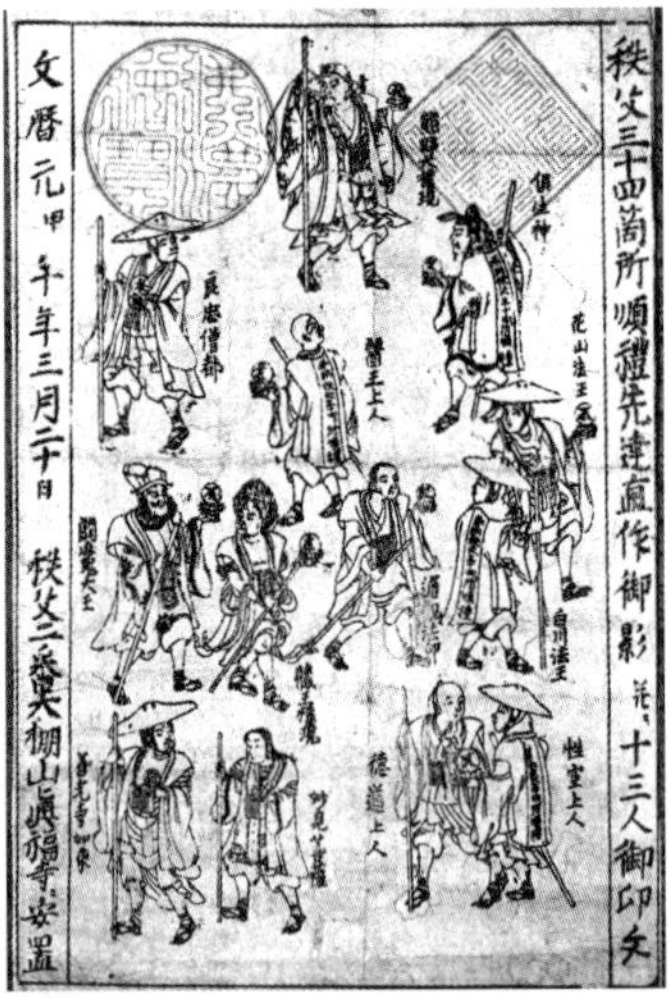

資料8－1
秩父三十四箇所順礼先達直作御影像
（出典：清水武甲『秩父巡礼』1976年　春秋社刊）

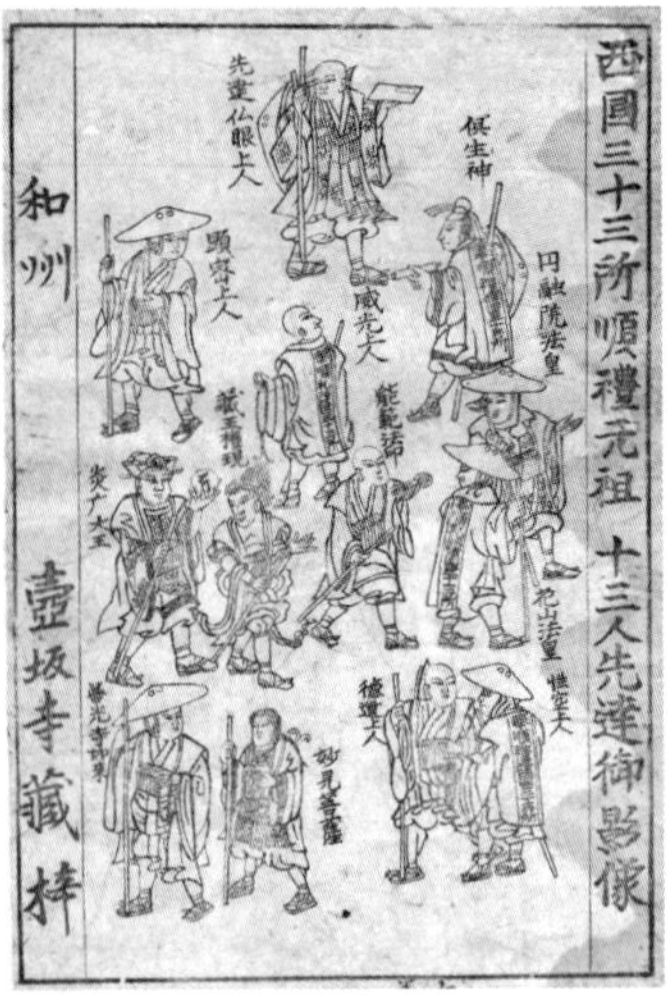

資料8－2
西国三十三所順礼元祖十三人先達御影像（個人蔵）

西国三十三所巡礼、板東三十三所巡礼、そして、秩父三十四所巡礼、この三つを合わせて百観音巡礼と総称しています。それぞれの巡礼を連結してより大きな巡礼の枠組みが作り出されたことになります。秩父巡礼には「西国板東秩父百ヶ所順礼」と記された天文五年（一五三六）の巡礼札が残されており、西国巡礼が庶民化する頃、西国と秩父の巡礼に交渉・交流のあったことが分かってきます。

◇――性空上人と熊野

性空上人は長享二年（一四八八）の年紀がある秩父巡礼の「番付」に登場することからすると、観音巡礼との結びつきは早くから語られていたと考えられます。「西国縁起」での性空上人の役割は退転した三十三所巡礼の功徳を娑婆世界にもたらすことにあったのですが、なぜ、性空上人が選ばれたのでしょうか。法華経の持経者としての性格を指摘できるのですが、ここでは性空上人と閻魔王、円教寺と熊野信仰を視点に述べておきたいと思います。

まず、閻魔王です。長保四年（一〇〇二）、再び性空上人の元を訪れた花山院が書写山の縁起と上人の行状を記述させた『悉地伝』に「炎魔（閻魔）」が登場します。性空上人がはじめて書写山に入った時、化人（文殊菩薩）は講堂（三つの堂）、如意輪堂（摩尼殿・本堂）、準胝の峯（鎮守白山神社）、三つの「吉処」を示したのですが、この準胝の峯に閻魔が通っていました。閻魔と書写山は草創期よりの因縁があり、性空上人が巡礼縁起に登場する背景の一つにあるようです。

次は、熊野信仰です。現在、書写山には熊野権現を祀った神社はありませんが、円教寺会館の西の坂を権現坂と呼び、かつて湯屋橋を越えたところに熊野権現社がありました。『琩拾集』によると、役行者の行儀を修得し、大峯山・葛城山・一乗峯で修行をした東谷東院坊の大夫律師能全（如音房）が元徳二年（一三三〇）に「熊野三所之御正体」を勧請して社殿を建立しました。また、この時期のこととして、坂本土井村に住む「生得熊野信仰之尼公」である富裕な老尼法一房の話を載せています。

ある時、見ず知らずの旅人が法一房のところへやってきて熊野権現の霊像を質物にした。礼拝すると、立派な熊野権現像であり、旅人が所望するだけの金を与えた。旅人は重代の本尊であるので、時の経たないうちに請け返しに来ると話したが、数年が過ぎても来なかった。在所や名前は話さなかったが、因幡の者と聞いていたので尋ねてみたが知る者はいなかった。化人が現れたかと信仰した。法一房はこの熊野権現像を如音房が建立した権現社の本尊に寄進した。

書写山の山麓で金貸しを営む法一房の存在は、熊野信仰のひろがりを窺わせています。また、永徳二年（一三八二）には書写山筑前律師の門弟が先達となり、熊野に檀那を導いていました（『熊野那智大社文書』）。書写山は遅くとも鎌倉時代、熊野と積極的な関係を有していたことが分かります。

熊野との関係を考える上で、もう一つ大切な要素があります。それは和泉式部の伝説です。奥の院開山堂のところに宝篋印塔があり、和泉式部の歌塚と伝えられています。物語を紹介しておきましょう。世の憂いから仏の道を志した上東門院（一条天皇の中宮彰子）は和泉式部など七人の女房を連れて、性空上人の徳を慕い書写山を訪れます。これを察知した上人は弟子に仏法弘通のため鎮西方面へ出かけたと言わせ、自身は持仏堂に籠もります。落胆した一行でしたが、和泉式部は、

　冥きよりくらき道にぞ入りぬべき　はるかにてらせ山の端の月

と詠いました。これを聞いていた上人は仏道を求める深い志を知り、一行に対面したという物語が伝えられ

資料9　観音霊験記　西国巡礼第一番紀州那智山　和泉式部（個人蔵）

ています（『誓願寺縁起』）。

熊野に伝えられた和泉式部の物語も有名です。和泉式部が熊野に詣でた折、月の障り（月経）となったことから、

晴やらぬ身のうき雲のたなびきて　月のさはりとなるぞかなしき

と詠じました。すると、その夜の夢に、熊野権現から、

もとよりもちりにまじはる神なれば　月のさはりは何かくるしき

と返歌がありました。月の障りで参拝できないことを悲しんでいたところ、熊野権現が月の障りは支障にならないと返歌したことから、和泉式部は参詣することができました（資料9）。

書写山にも熊野にも、和泉式部の歌塚と伝えられる石塔があります。書写山に残る和泉式部伝説は、熊野の和泉式部伝説の影響を受けたものと考えられます。

おわりに

西国巡礼の始まりとその展開について述べてきました。三十三所の観音巡礼が確認されるのは、平安時代の中頃のことでした。当初は、僧の修行として始まったと考えられるのですが、その功徳が説かれる中で次第に庶民化していきました。西国巡礼の庶民化への転機は、縁起、巡礼札、西国三十三所本尊御影の刷り物、参詣曼荼羅が製作される一五世紀の頃と考えること

ができます。そして、この一五世紀は、現代社会に受け継がれている札所の順番が固定する時期と重なっていました。

信仰の背景に、閻魔王の示した堕地獄からの救済がありました。この閻魔王の救済を現世に持ち帰るのが、播磨とのゆかり深い宗教者徳道上人と性空上人です。性空上人は一六世紀に入り百観音巡礼が成立し、西国・板東・秩父の交渉・交流が進む新たな展開とともに表舞台に登場してきます。

西国巡礼の成立は、縁起からも明らかなように仏眼上人・熊野権現・青岸渡寺など熊野の宗教と強く関わっていたことは間違いありません。西国巡礼の草創期に寺門派の高僧が登場するのは、園城寺（三井寺）が熊野三山検校に補任されたことと無縁ではありません。また、現在の三十三番の順路に定まる一五世紀、熊野は山伏・比丘尼・三十三度行者など諸国を廻国する半僧半俗の宗教者を擁していました。こうした宗教者の活動・ネットワークが百観音巡礼を生み出す原動力になったと推測されます。西国巡礼の成立と展開、そこに熊野の宗教が強く作用したことを指摘して、結びとさせていただきます。

播磨文化の多層性―あとがきに代えて

「日本遺産」とは、歴史、産業、風土など日本各地で育まれてきたいわゆる地域資源について、物語性を持ったストーリーを紡ぎ出し、新たな価値を創造してその魅力を内外に発信しようという文化庁のプロジェクトです。新型コロナ禍で不透明になりましたが、オリンピック・パラリンピックに照準を合わせて、最終的には全国で百か所の選定を目指そうというものです。二〇一七年から各地の遺産が順次指定され、二十年度分で締め切られましたが、例えば兵庫県内の「デカンショ節」「立杭焼き」（丹波）、「国生み」（淡路）「灘の生一本」（神戸・阪神）などをはじめ、全国で百四件の日本遺産が誕生しました。

播磨では、「播但貫く、銀の馬車道　鉱石の道～資源大国日本の記憶をたどる七三キロの轍」「荒波を越えた男たちの夢が紡いだ異空間～北前船寄港地・船主集落」「日本第一の塩を産したまち　播州赤穂」「一三〇〇年つづく日本の終活の旅～西国三十三所観音巡礼」―この四つの遺産が選定されています。「銀の馬車道」は、但馬の「鉱石の道」と、また、「北前船」は瀬戸内、日本海沿岸各地の遺産と、「巡礼道」は西国三十三所の霊場と共に一括指定され、その一角を担っているのですが、一つの旧国エリアで四か所もの日本遺産を有する地域は、大和（奈良県）の七件は別格とし、ほかにありません。旧五国からなる兵庫県の九件は日本最多ですが、播磨も、日本遺産の一大集積地と言っていいと思います。しかも、遺産ごとに付せられているいわば「キャッチコピー」には、「日本の」という枕詞がうたわれていることに注目したいと思います。

江戸時代の流通経済の根幹をなし日本の近代化を促した「北前船」。その近代化を産業面からけん引した〝高速道路〟――「銀の馬車道」。さらには最高品質の塩で日本の味覚を支える一方、近代化学工業の発展に大きく貢献した「赤穂の塩」。そして、日本人の心に寄り添う「巡礼道」――。近代日本、及び日本人そのものの成長と本質を象徴するような多彩な遺産が、ここ播磨に分厚く分布していることが確認できるのではないでしょうか。それは取りも直さず、播磨文化の多層性を物語っていることになります。

こうした播磨の歴史的、文化的状況をもう一度見つめ直してみようと考え、播磨学研究所では、「播磨の日本遺産」をテーマに二〇一九年（令和元年）度の「播磨学特別講座」を企画、四月から十一月にかけて播磨広域連携協議会、兵庫県立大学、姫路市などと共催して連続公開講座を開催しました。本書は、この連続講座の各講義内容を一部修正加筆してまとめたものです。「巡礼道」については、講座のプログラミング段階でまだ選定されていなかったため、講座では触れていませんでしたが、今回出版に当たって新たに書き下ろしていただき、収録することができました。ご多忙中、講義をお引き受けいただいたほか、原稿執筆も快諾してくださった先生方に、心より感謝申し上げます。

本書は、播磨の日本遺産を総合的に概観する初めての書物となります。生野鉱山を発する「銀の馬車道」は播磨の中央部を縦断して飾磨津に至ります。その飾磨津は高砂、室津、赤穂（坂越）とつながる「北前船」の重要ルートを構成し、赤穂では、「日本第一の塩」を生産してきました。また、全国有数の古刹、清水寺、一乗寺、円教寺は、「巡礼道」の中核を形成しています。播磨では、日本遺産ゾーンが縦横に走り、交差して、特異な文化地帯を作り上げていることを十分に認識していただくことができるのではないでしょうか。あらためて本書でこの地の文化的蓄積の豊かさを実感していただき、地域活性化に何らかのお役に立つことができるなら、望外の幸せです。

播磨学研究所では、一九八八年（昭和六十三年）以降、毎年、播磨に関するテーマを決め十回前後の公開講座を開催するとともに、その講義録を出版してきました。播磨学特別講義本は、これまでに二十六冊を数え、本書で二十七冊目となります。特別講座、出版事業に当たり、姫路市、姫路市文化国際交流財団、兵庫県立大学、播磨広域連携協議会、神戸新聞社の皆さん、また、熱心に聴講していただいた三百名を超える受講者の方々にも、心強いご支援をいただきました。あらためて感謝申し上げます。また、本書の出版にあたり、神戸新聞総合出版センターの皆さん、講義録の内容整理に当たっていただいた山本桂さんにも大変お世話になりました。ありがとうございました。

令和二年七月

播磨学研究所長
兵庫県立大学特任教授　中元孝迪

前畑 温子　まえはた あつこ
1984年生まれ。産業遺産写真家。産業遺産を旅・記録・活用するNPO法人J-heritage戦略企画室室長としてツアーの企画などを担当。
著書／『ぐるっと探検　産業遺産』（神戸新聞総合出版センター、2017）、『女子的産業遺産探検』（創元社、2014）ほか。

中川 すがね　なかがわ すがね
1960年生まれ。愛知学院大学教授。専門は日本近世経済史。
著書／『幕末維新大阪町人記録』（共編、清文堂出版、1994）、『大坂両替商の金融と社会』（清文堂出版、2003）、『新修高砂市史』第二巻（共著、高砂市、2010）、『近世の瀬戸内の湊と渡海船』（科研報告書、2015）ほか。

新宮 義哲　しんぐう よしのり
1970年生まれ。たつの市立龍野歴史文化資料館館長。専門は日本中世史、民俗。たつの市立龍野歴史文化資料館、たつの市立室津海駅館を担当。
著書／『揖保川町史』第一・二巻（分担執筆、揖保川町、2001）、『家康と播磨の藩主』（共著、神戸新聞総合出版センター、2017）ほか。

荒木 幸治　あらき こうじ
1977年生まれ。赤穂市教育委員会文化財課文化財係長。専門は日本考古学。特に弥生時代の社会分析。
著書・論文／『発掘された赤穂城下町』（赤穂市教育委員会、2005）、『赤穂城攻略本』（赤穂市教育委員会、2020）、「西播磨における製塩土器の様相」（『製塩土器からみた播磨』、第21回播磨考古学研究集会実行委員会、2020）ほか。

大谷 輝彦　おおたに てるひこ
1964年生まれ。姫路市教育委員会文化財課長。専門は日本考古学。専門職として市内の発掘調査を担当後、世界遺産をはじめとして歴史文化遺産の保護・活用からまちづくり・観光との連携など幅広い分野を担当。
著書・論文／『姫路市史』第7巻下　資料編考古（共著、姫路市、1990）、「姫路市歴史文化基本構想」（姫路市、2011）などの文化財に関する基本計画、姫路市埋蔵文化財センター「宮山古墳」等の展示図録、ほか。

小栗栖 健治　おぐりす けんじ
1954年生まれ。播磨学研究所副所長。神戸女子大学古典芸能研究センター客員研究員。専門は日本文化史。
著書／『宮座祭祀の史的研究』（岩田書院、2005）、『熊野観心十界曼荼羅』（岩田書院、2011）、『地獄絵の世界』（河出書房新社、2013）、『ふるさとの原像　兵庫の民俗写真集』（共著、神戸新聞総合出版センター、2012）ほか。

◎執筆者紹介（掲載順）

村上 裕道　むらかみ やすみち
1954年生まれ。京都橘大学文学部教授。専門は文化財保護政策。文化財建造物保存・活用。
著書・論文／『文化財建造物の耐震的保存方法に関する研究』（共著、思文閣、1997）、『兵庫県の近代化遺産』（共著、兵庫県教育委員会、2006）、「地方公共団体の挑戦　歴史文化が地域の持続性に果たす役割」（『月刊文化財』5月号、2016）、『ヘリテージマネージャーが寺を蘇らせる』（Taipei Dalongdong Bao An temple、2019）、「文化財保存活用計画を活かす課題」（『月刊文化財』11月号、2019）ほか。

飛田 恵美子　とびた えみこ
1979年生まれ。朝来市埋蔵文化財センター学芸員。専門は日本考古学。
論文・著書／「山陰地方における製塩土器について」（『出雲古代史研究』12、2002年）、『池田古墳』（共著、朝来市文化財調査報告書　第3集、2013）、『展示図録　武装する豪族たち - 但馬の金銅装製品 - 』（朝来市教育委員会、2011）、『展示図録　鉄の国・銀の国 - 金属が彩る但馬の歴史 - 』（朝来市教育委員会、2018）、『朝来市の城郭集成』（編集・一部共著、朝来市教育委員会、2019）ほか。

白井 智子　しらい さとこ
博士（学術）、神戸大学・立命館大学・兵庫県立大学講師、神戸大学国際文化学研究推進センター研究員、姫路日仏協会会長、日本仏学史学会理事。専門は日仏文化交流史。
著書・論文／『フランスと日本―遠くて近い二つの国』（共著、早美出版社、2015）、「別子銅山古文書に見る明治初期の生野銀山と別子銅山の相互関係―お雇い外国人コワニェと広瀬宰平の交流を通して―」（『仏蘭西学研究』第39号、2013）、「高島北海と生野銀山お雇いフランス人―日仏交流から生まれた影響関係―」（『仏蘭西学研究』第42号、2016）、「日本鉱山近代化の父、ジャン＝フランソワ・コワニェに関する人物研究と成功の秘訣」（『仏蘭西学研究』第46号、2020）ほか。

水谷 康夫　みずたに やすお
1957年生まれ。姫路市立姫路高等学校教諭。専門は地理学。地歴・公民科の教鞭をとる傍ら市川町史編集委員を務める。
著書・論文／『やさしい市川町の歴史―史料の宝庫から―』（共著、市川町史編集室、2005）、「宿駅屋形から見た生野街道」（『バンカル』2018年春号「特集：生野街道を行く」姫路市文化国際交流財団、2018）ほか。

宇高 雄志　うたか ゆうし
1969年生まれ。兵庫県立大学環境人間学部准教授。専門は建築学。
著書／『神戸モスク：建築と街と人』（東方出版、2018）、『多民族＜共住＞のダイナミズム：マレーシアの社会開発と生活空間』（昭和堂、2017）、『南方特別留学生ラザクの「戦後」：広島・マレーシア・ヒロシマ』（南船北馬舎、2012）、『マレーシアにおける多民族混住の構図：生活空間にみる民族共存のダイナミズム』（明石書店、2009）、『住まいと暮らしからみる多民族社会マレーシア』（南船北馬舎、2008）ほか。

日本遺産《にほんいさん》と播磨《はりま》

2020年9月10日　初版第1刷発行

編者――――播磨学研究所
〒670-0092　姫路市新在家本町1-1-22
兵庫県立大学内　　TEL 079-296-1505
発行者――吉村一男
発行所――神戸新聞総合出版センター
〒650-0044　神戸市中央区東川崎町1-5-7
TEL 078-362-7140／FAX 078-361-7552
https://kobe-yomitai.jp/
装丁／神原宏一
印刷／神戸新聞総合印刷

ISBN978-4-343-01092-6 C0021